中国科技之魂

中宣部主题出版重点出版物

文逾九章 吴文俊

中国编辑学会◎组编

纪志刚 李文林◎著

上海交通大学出版社

上海

图书在版编目（CIP）数据

文逾九章：吴文俊/中国编辑学会组编；纪志刚，李文林著. --上海：上海交通大学出版社，2024.12.（中国科技之魂）. -- ISBN 978 7 313-31393-5

Ⅰ.K826.11

中国国家版本馆 CIP 数据核字第 202442GC60 号

内 容 提 要

吴文俊是中国科学院院士，首届国家最高科学技术奖获得者，2019 年被授予"人民科学家"国家荣誉称号。本书按照吴文俊成长的时间节点，描述吴文俊的中学读书、交大求学、负笈法国、回国报效、自主创新的生命历程，重点叙述吴文俊一生的辉煌成就与卓越贡献，特别突出吴文俊在拓扑学上的惊人成就、对中国古代数学研究的贡献以及开创数学机械化之路的精彩历程，旨在以故事细节还原吴文俊丰富的人生经历、思想变化、科学态度和奉献精神，同时辅以历史图片和视频，再现吴文俊的业余爱好、生动趣闻和家国情怀，勉力刻画一位鲜活而又谦和的数学家的形象。

"中国科技之魂"丛书 ZHONGGUO KEJI ZHI HUN CONGSHU

文逾九章：吴文俊 WEN YU JIUZHANG WU WENJUN

◆ 组　　编　中国编辑学会

　　著　　　纪志刚　李文林

　　责任编辑　钱方针　曹婷婷

◆ 上海交通大学出版社出版发行　　上海市番禺路 951 号

邮编 200030　电子邮件 sjtup@sjtu.edu.cn

网址 jiaodapress.com.cn

上海盛通时代印刷有限公司

◆ 开本 720×960　1/16　　　　音像书号：978-7-88941-681-8

印张：19　　　　　　　　　　2024 年 12 月第 1 版

字数：188 千字　　　　　　　2024 年 12 月上海第 1 次印刷

定价：98.00 元

丛书序言一

弘扬科技之魂　共筑强国之梦

　　站在新的历史起点，回望过去，在中国共产党的坚强领导下，一代代科技工作者以国家民族的前途命运为己任，投身科学救国、科研报国、科教兴国、科技强国的伟大事业。他们为国家富强前赴后继、接续奋斗，取得了无数举世瞩目的成就，实现了中国科技实力一次次的历史性跨越。这一过程中，孕育形成了内涵丰富、历久弥新的科学家精神，成为中国共产党人精神谱系的重要组成部分，长久涵养后人。

　　习近平总书记指出："科学成就离不开精神支撑。科学家精神是科技工作者在长期科学实践中积累的宝贵精神财富。"科学家的观点和思考可能只适用于某个特定的时期，但他们所代表的科学家精神却能超越个体的差异、超越时间的限制，成为一种普遍的文化遗产和精神财富，不断被传承和发扬。近代以来，那些我们所怀念的来自不同领域的伟大的中国科学家，都在自己所处的那个年代提出和倡导过某个促进科技进步、社会发展的思想、理念、观点，虽内容各异，但核心理念一脉相承——实现民族复兴的坚定信念，正如历史的洪流，滚滚向前。

　　当前，世界之变、时代之变、历史之变正加速演进，全球科技创新进入前所未有的活跃期。面对新一轮科技革命和产业变革，我们比以往任何时刻都更深切地感受到"科技兴则民族兴，科技强则国家强"的要义，实现中华民族伟大复兴之大局呼唤科学家精神，应对世界百年未有之大变局需要科学家精神。

在深入学习党的二十大报告提出的"培育创新文化，弘扬科学家精神，涵养优良学风，营造创新氛围"的号召后，中国编辑学会深感弘扬新时代科学家精神的责任重大、使命光荣。2023 年 1 月，中国编辑学会组织人民邮电出版社、人民卫生出版社、科学出版社等多家科技出版强社，共同策划了一套以中国科学家精神为主题的理想信念科普读物及精品传记力作——"中国科技之魂"丛书，旨在与当前中国科技发展的现状和挑战相结合，更好地反映科学家的精神信仰和社会价值，尤其突出科学家在时代洪流中的具体实践，形成当前新时代背景下可传承、发扬、鼓舞人心的精神力量。

"中国科技之魂"丛书共 19 分册，以习近平新时代中国特色社会主义思想和党的二十大精神为指导，以对"中国科学家精神""中国共产党人精神谱系"等"新时代、新精神、新思想"的"新解读"为定位，选取 19 位政治立场正确、党和人民高度认可、在各自领域做出杰出贡献的泰斗级中国科学家，描绘他们热爱党和人民、热爱科技事业、热爱生活的鲜活形象，详述他们可贵的精神品质、突出的科技贡献、创新的思维方式、丰富的生平故事、独特的人格魅力，大力弘扬以"爱国、创新、求实、奉献、协同、育人"为内涵的中国科学家精神，展现以伟大建党精神为源头的中国共产党人精神谱系，尤其突出新时代新思想背景下，传承中国科技之魂对赓续创新奋斗的精神血脉、凝聚民族复兴的磅礴力量的战略意义，启迪中国科技工作者自觉践行、大力弘扬精神之魂，投身科技创新，建设科技强国，让大众深刻理解科学家精神的时代价值和历史意义，激发全社会的科学兴趣和创新热情。

中国编辑学会高度重视"中国科技之魂"丛书的出版工作，集多家科技出版强社的合力精心打造，成立了审读顾问委员会，对丛书架构、目录、样章等多次进行详细指导、审校；成立了编辑委员会，统筹安排出版工作，把握整体进度；成立了出版工作委员会，开展丛书出版过程中的组织与协调工作；充分调动了相关部委和单位的力量，组织了强大的写作团队，各分册均由科学家、科学史资深研究者、党史党建专家、宣传思想工作专家等组成写作班子；力推融合出版，融文、图、音频、视频、动画等于一体，最大限度地提升读者的阅读体验，确保"中国科技之魂"丛书在内容上权威、专业、生动，在形式上创新、多元、互动。

"中国科技之魂"丛书是对中国科学家精神的汇聚，向世界展示了中国科学家的卓越智慧与崇高追求，如繁星璀璨，照亮人类文明的灿烂星河，指引后人不断奋进。出版"中国科技之魂"丛书是对时代的献礼，对历史的致敬，更是对未来的期许，让科学家精神在新时代绽放出新的光芒，这是科技出版人对时代、对历史、对未来的深切责任与庄严承诺。我们坚信，"中国科技之魂"丛书将成为传承科学家精神、弘扬科学文化、激发创新活力的重要载体。让我们携手前行，为实现中华民族伟大复兴的中国梦贡献科技出版人的智慧和力量，在新时代的征程上，共同书写中国科技事业的辉煌篇章，铸就人类文明的新辉煌！

中国编辑学会会长

"中国科技之魂"丛书编委会主任

2024 年 12 月

丛书序言二

传科技之魂　燃复兴之光

　　科技兴则民族兴，科技强则国家强。党的十八大以来，以习近平同志为核心的党中央深入推动实施创新驱动发展战略和人才强国战略，提出加快建设创新型国家的战略任务，确立 2035 年建成科技强国的奋斗目标。党的二十届三中全会提出，教育、科技、人才是中国式现代化的基础性、战略性支撑。要优化重大科技创新组织机制，加强国家战略科技力量建设，统筹强化关键核心技术攻关。在中国共产党的正确领导下，一代代科技工作者以国家民族的前途命运为己任，投身科学救国、科研报国、科教兴国、科技强国的伟大事业。他们宛如璀璨星辰，照亮了强国建设和中华民族伟大复兴之路。习近平总书记号召我们要传承老一辈科学家以身许国、心系人民的光荣传统，把论文写在祖国的大地上。

　　正是在这种背景下，中国编辑学会组织多家出版单位编写了"中国科技之魂"丛书，精心选取 19 位在工业、农业、卫生、国防、基础学科等领域做出杰出贡献的泰斗级科学家。这些科学家政治立场坚定，深受党和人民敬重，在各自领域的贡献卓著。丛书描绘了他们热爱党和人民、热爱科技事业、热爱生活的鲜活形象，详述了他们丰富的生平故事、可贵的精神品质、独特的人格魅力、创新的思维方式、突出的科技贡献。他们的一生，是对科学真理不懈追求的一生，是对国家和人民无限忠诚的一生；他们的事迹，不仅是个人的荣耀，更是时代的缩影。他们的精神启迪着广大科技工作者自觉践行和大力弘扬求疑问真、严谨求实的科学家之魂，展示了中国特色社会主义道路的科技自信和文化自信，体现了"科技为民"的初心和使命，同时也让大众深刻理解科学家精神的历史意义和时代价值。他们不仅激励着我们这一代科技工作者，更影响着未来无数的科研人员，以实现为党和国家"立心"，为科技强国"立力"，为民族复兴"立基"，为人民健康"立命"，为青少年"立志"。

科技是人类进步的阶梯，是打开未来大门的钥匙。在当前这个科技迅猛发展的时代，我们比以往任何时候都更加需要科学家精神的指引。一代人有一代人的奋斗，一个时代有一个时代的担当。"中国科技之魂"丛书的出版是对历史的致敬，对时代的献礼，更是对未来的期许，让科学家精神在新时代绽放出新的光芒。它提醒我们，无论科技如何进步，科学家的责任感和使命感永远不能减退。我们坚信，"中国科技之魂"丛书将成为传承科学家精神、弘扬科学文化、激发创新活力的重要载体，为实现中华民族伟大复兴的中国梦贡献智慧和力量。

希望广大读者能从这套丛书中感受到科学家们的伟大精神，汲取奋进力量，积极投身科技创新与民族复兴的伟大事业。今有感书将付梓，谨呈敬意，是为序。

张伯礼

中国工程院院士、国医大师

中国中医科学院名誉院长

天津中医药大学名誉校长

"中国科技之魂"丛书编委会主任

2024 年冬于天津静海团泊湖畔

本书序言

　　人工智能是近年来的热点话题，也正在颠覆我们的生活方式：大模型技术开始迅速应用于各个行业，并深度进入普通人的生活；机器人与人工智能的结合使得机器人的应用领域大幅拓展；多样的生成式人工智能开始为越来越多人所知所用，所引发的相关争议也说明了其极具冲击性的影响力。人工智能的背后是数学机械化的广泛应用，而吴文俊先生正是数学机械化的开创者。中国人工智能学会发起主办的"吴文俊人工智能科学技术奖"被誉为中国智能科学技术最高奖，由此可见他的重要地位。

　　吴文俊先生是我们上海交通大学 1940 届数学系的杰出校友。他和交大的缘分很深，开始得也很早。他的父亲就毕业于南洋公学（交大前身），所以他从小就对交大有了比较深刻的认识。1936 年，吴文俊以理学院第二名的成绩考入交大，老师点燃了他的数学热情，引领他走上了数学道路。毕业后，上海被日军占领，找工作很难，交大的郑太朴教授专程赶到他的家里，劝他去报考教育部的"中法交换生"，希望他继续深造，最后他成功被录取；他在交大结识的好友赵孟养把自己在交大上海临时大学的助教职位让给了他，自己赋闲在家，还把他介绍给了著名数学大师陈省身，他于是得以进入中央研究院数学所工作，从此开启了人生的新篇章。吴文俊后来说："如果没有交大郑太朴教授和大学同学赵孟养的指引和热心推荐，如果没有交大朴实无华的学风为我打下良好的数理基础，我不会有今天的成绩。每每回想起这一切，我就会想到母校，想到我的恩师和我的同学。"

吴文俊先生对我校的感情非常深厚。在上海交大百年校庆的时候，他专程回到母校看望了老师，与同学们举行了"科学观与人生观"座谈会；2000年，他回来参加了数学系 1940 届毕业 60 周年联谊会；2001 年，他又从百忙中回母校作学术报告。吴文俊说："我很少回上海，但是，一旦回了上海我必须要做的一件事情，那就是回母校看看，然后去看望在我的事业中给我带来极大帮助的赵孟养同学。我们之间的友情是非常深厚的。我们在一起常回想起大学时的情景，并可以从他那里了解一些母校的情况。"

能拥有吴文俊先生这样的校友，交大感到非常荣幸，多年来也一直以吴文俊为豪，希望同学们以他为榜样，学习他的精神，为学界、为国家做出自己的贡献。我们从 2019 年开始实施"吴文俊人工智能荣誉博士班"计划，该计划以探索人工智能拔尖博士生培养模式，打造顶级博士生人才培养体系，培养具有宽阔视野、创新能力与社会责任感的人工智能领域领军人才为目标，学生大部分来自 985 高校，包括中国科学技术大学少年班、上海交通大学计算机科学班等精英班级。我们闵行校区还有以吴文俊命名的文俊路，希望他的精神能一届一届地传承下去。

吴文俊先生身上有强烈的爱国情怀、严谨治学的探究精神、奖掖后学的育人精神，更有一种勇攀高峰、敢为人先的创新精神。他曾说："外国人搞的我就不搞，外国人不搞的我就搞，这是我的基本原则。"受计算机与古代传统数学的启发，20 世纪 70 年代后期，他开创了崭新的数学机械化领域，提出了用计算机证明几何定理的"吴方法"，被认为是自动推理领域的先驱性工作。此后，他将这一理论应用于多个高技术领域，解决了曲面拼接、机构设计、计算机视觉、机器人等高技术领域核心问题，走出了完全是中国人自己开拓的新的数学道路，产生了巨大的国际影响，可以说是达到了一个科学家所能达到的最高境界。

创新精神是推动科学进步和技术发展的灵魂和核心动力，也是我们曾经最缺少、现在仍需高度重视的一种精神。现在，我国在科研方面虽然取得了许多世界瞩目的成就，完成了众多从前不敢想象的创举，但在许多方面与世界领先水平仍有差距，独创性成果还不够多，需要更多像吴文俊院士一样的国之栋梁。这本图文并茂的书可以让读者跟随吴文俊先生一生的轨迹，学习他的科学精神和奉献精神，激发学生乃至教育者、研究者的爱国之情，从而为加快建设教育强国、科技强国、人才强国、文化强国等贡献出自己的力量，推荐大家都读一读。

丁奎岭

2024 年 12 月 12 日

前　言

　　一位初中生因缺课，期末数学考试成绩是"零分"；一位刚走上讲台的年轻老师，第一次讲"负负得正"，讲得一塌糊涂。他写了一篇小论文请名家指点，得到的答复是"杀鸡焉用牛刀"！

　　就是这位初中生，自创"三三制"学习方法，数学成绩突飞猛进；也是这位中学老师，得到"高人指点"，负笈法国，在巴黎掀起了"拓扑地震"；在法国获得博士学位后，他毅然回国，成为共和国第一代著名数学家；日后，他开拓了数学机械化的崭新领域，获得了共和国首届国家科技进步奖，从国家主席手中接过红灿灿的证书；后来，还被授予"人民科学家"的崇高称号。

　　他，就是吴文俊！

　　吴文俊的成才之路，曲折坎坷，充满了智慧的启迪。在中学读书的时候，他自悟了一套学习方法，到了大学升华成"三三制"学习方法，即"读—学—懂"，特别强调"自学"，要"读原著""读经典原著""读大师们的经典原著"！

　　吴文俊的成功之路，披荆斩棘，充满了创新的启示。20 世纪 70 年代初，吴文俊从中国传统数学中，领悟出中国传统数学的"机械化、算法化、构造性"特点。正是在这个时代，他迷上了计算机，亲自编写程序，上机实习，他敏锐地意识到，"中国传统数学＋计算机"不正是可以开拓出"数学机械化"的崭新领域吗!

　　本书按照吴文俊成长的时间节点,描述吴文俊的幼年成长、交大求学、负笈法国、回国报效、自主创新的生命历程,重点叙述吴文俊一生的卓越贡献与辉煌成就,特别突出吴文俊在拓扑学上的惊人成就、对中国古代数学研究的贡献以及开创数学机械化之路的精彩历程,旨在以故事细节还原吴文俊丰富的人生经历、思想变化、科学态度和奉献精神,同时辅以历史图片,再现吴文俊的业余爱好、趣闻趣事和生命轨迹,勉力刻画一位鲜活而又谦和的数学家的形象。

　　吴文俊的故事,是励志的故事,催人振奋。

　　吴文俊的故事,是智者的故事,令人深省。

　　读懂吴文俊,一定会帮助我们探讨"赓续中华智慧、谱写教育新篇、开创数学未来"的新道路。

纪志刚　李文林

2024 年 12 月 12 日

不下苦功怎么可能有成就呢，天才是人努力造成的。什么灵光一闪，我还没见到过什么灵光，我自己也没有灵光，我就是个笨人。我有种怪论，数学是给笨人干的。

吴文俊
1919—2017

目　录

序 幕

水乡寻梦

时常，我还能记起这样的画面：晚上母亲进进出出地不知忙些什么，父亲和我，一人抱着一本书，屋子里很安静。如果你从门外看过去，能够看到一个男人捧着一本书悠闲地歪在躺椅上，旁边有两只小手举着的一本大书，看不到脑袋。

吴文俊《走自己的路——吴文俊口述自传》

吴文俊携夫人陈丕和重游朱家角（2004年）

咿呀，咿呀，一只乌篷船缓缓地划了过来。

粉墙黛瓦，拱桥如月，"阿婆茶楼"里浓浓的肉粽香气流溢在长长的石板路上。这是多么熟悉的童年味道！

船上一对耄耋老人难掩内心的激动："阿拉回来了，朱家角！"

这对老年夫妇就是吴文俊和陈丕和。

1919年5月12日，吴文俊出生在江苏省青浦县（今上海市青浦区）朱家角镇。青浦位于上海西南角，系江浙沪三省市交会处。那时青浦隶属苏州，南与浙江嘉兴市嘉善县接壤。吴文俊祖籍浙江嘉兴，据说他的爷爷奶奶为了躲避战乱，携家迁到了青浦。朱家角地处偏僻，又是个小地方，很少有战事波及。也正因如此，如今镇上古迹保留较多，属于中国历史文化名镇，也是上海四大古镇之一。

　　吴文俊的爷爷是个秀才，却始终没能做上官，后来主要靠教私塾养家糊口。到了吴文俊父亲的少年时代，家里的经济情况更加糟糕。吴文俊的外祖父姓沈，沈家是朱家角的大户人家，大都从事小手工业。按照江南一带的民间传统，一个不甚富裕的家庭中有出息的男孩，常常会得到家族或乡绅的财力支持。在沈家的资助下，吴文俊的父亲得以进入南洋公学，读完了预科，相当于高中毕业。

　　吴文俊的父亲叫吴福同，母亲叫沈粹华，他们的婚事在沈家出资帮助吴福同念书时就有苗头了，沈家看中吴福同是个靠得住的人。

　　吴福同在南洋公学接受的是西式教育，英文基础非常扎实。毕业后，他在上海的一家医学出版社找到一份编译工作，薪水还不错，就把家安在了上海。吴福同一直在上海的书局、报馆做翻译工作，而出版人和报人家庭里通常有许多藏书，吴文俊在孩提时代印象最深的便是父亲的藏书，以及父子二人一起泡在书堆里的日子。

　　父亲和我，一人抱着一本书，屋子里很安静。如果你从门外看过去，能够看到一个男人捧着一本书悠闲地歪在躺椅上，旁边有两只小手举着的一本大书，看不到脑袋。[1]

　　父亲的形象在吴文俊的心中永远是高大的：

　　我更感到父亲的高大是在抗战时期。那个时候家里生活非常困难，我大学毕业了开始是没有工作，后来找到了工作收入也很微薄。父亲对我说，"你去看你的书，你做你喜欢做的事，经济方面的事、家里的事情你什么都不要管"。父亲把家庭的全部负担都挑了起来，他白天做一份工作，晚上再

1　吴文俊. 走自己的路：吴文俊口述自传［M］. 邓若鸿，吴天骄，访问整理. 长沙：湖南教育出版社，2015：7.

兼职做另外一份工作，以此来支撑家用，非常辛苦。父亲什么都不要我分心，把我的时间全部留给了我。[1]

　　往事如烟，孩提时代的故事早已随风逝去，而中学的故事大多永远刻在记忆之中。吴文俊的故事，就从他的中学时代开始讲起吧。

1　吴文俊. 走自己的路：吴文俊口述自传［M］. 邓若鸿，吴天骄，访问整理. 长沙：湖南教育出版社，2015：12.

第一篇

走在数学的大道上

我到了陈省身的中央研究院数学所，从此以后研究的方向变了，研究的方法也变了，真正走上了数学研究的道路，走上了坦荡大路。

吴文俊《走自己的路——吴文俊口述自传》

第一章　"正始"之始

难忘的数学零分

1930 年，吴文俊上初中。

他的初中一年级是在铁华中学念的。这是一所私立中学，学费昂贵，但教学质量却糟糕透了。老师像走马灯一样，隔三岔五就要换一批。原来这个学校的校长只想赚钱，应聘的老师试用期一过，校长就找个借口不予聘用。吴文俊现在想来还很义愤填膺，不过，他自己却因一场大病，离开了这所学校。

病愈后，吴文俊插班到民智初级中学上初二，在这所学校里度过了两年愉快的时光。

1932 年 1 月 28 日，日军对上海进行了大规模轰炸。为了躲避轰炸，吴文俊全家躲到朱家角外祖父家里待了四五个月。重返学校时，已经快期末了，其他课程还好说，数学却跟不上了。听不懂，干脆不听。吴文俊就在下面偷偷看小说，结果到期终考试的时候得了个零分，这个零分让他终生难忘。

民智中学为这些躲轰炸落下功课的学生们安排了暑期补习班。不料，补数学课的老师，却让吴文俊感受到了几何的魅力：

暑假补课时，这位几何老师很严格，教法也不一般。除了补讲落下的课程内容外，他还经常要叫我"吊黑板"，就是他出题目，要你到黑板前面去，让你在上面证明。我当然会有许多错误，老师就指出来到底错在什么地方、错误的原因在哪里等等，一点一点地指正。这种教法与通常的"我讲你听"的教法效果当然大不一样，有些像现在带研究生的做法。这样一来，我对几何上的认识、思考和方法就学到家了。[1]

这位老师可以说是吴文俊的数学启蒙老师。

现在看来，初二的数学零分也许使他"因祸得福"："零分"要补课，补课被"吊黑板"，而正是这"吊黑板"，"吊"出了吴文俊与几何的不解之缘。

正始中学

1933年秋，吴文俊上高中，上的是正始中学。或许是应了这所中学的校名，吴文俊对数学的兴趣，从正始中学"正式开始"。

正始中学是杜月笙（1888—1951）出钱办的。杜月笙很有钱，因此学校的学费比较低，每学期只要5块大洋，比一般的市立或省立的学校还要低些。正始中学的校长是国民党元老陈群（1890—1945）。抗战时期陈群在汪伪政府里当了个官，成了汉奸，不过说到办学校，陈群还是很认真的，办得很出色。正始中学课程设置比较正规，聘任的老师大都学有所长，一些重要科目的教师是专门从交通大学聘请来的。

吴文俊后来回忆道：

如果说初中我大都凭兴趣，基本上是什么都喜欢也没什么是特别喜欢的，那么高中三年是我真正开始学业的三年，特别是数学和英文。

正始中学有一个特别的地方，就是对学生很宽松。不论哪门课程，考试

---

1 吴文俊. 走自己的路：吴文俊口述自传［M］. 邓若鸿，吴天骄，访问整理. 长沙：湖南教育出版社，2015：17.

时，学生只要能在试卷上答上一二，偶尔甚至什么都没写出来，也会给 60 分，算及格，这大概是现在的孩子们想都不敢想的事。所以，学生们过得都很高兴。也就是说，学校配备最好的教师，给最宽松的环境，剩下的能不能学得好，就全在学生自己了。[1]

吴文俊在正始中学又遇到了一位在数学上对他影响较大的老师。这位老师教学十分认真，却不大受学生欢迎，因为大家很难听懂他的福建口音。这位老师发现了吴文俊的数学潜能，就把吴文俊抓住了，额外给吴文俊加课，找很多奇奇怪怪的题给吴文俊做。这些"怪题"是这位老师多年积累下来的，他还教给了吴文俊很多解题"花招"。

吴文俊很是得意：

当然我学的东西已经远远超出了学校规定的范围了。经过这样的训练，几何的难题我做起来很熟练的了，题目一拿来，我看两眼就知道怎么做。我中学的时候，几何的底子打得特别好，几何本领大得很。[2]

高中时期的吴文俊兴趣广泛，喜欢看话剧、读话剧剧本、看小说，特别是看了很多大仲马的英文版小说。

相较于数学，吴文俊更喜欢物理：

我希望能学物理，最想到清华大学去念物理，或者到交通大学念物理也好，反正我兴趣在物理。不过我的兴趣偏重于理论方面，比如力学，对操作性强的比如电学则不大有兴趣。我做过大量的力学习题，力学迷人之处在

---

1 吴文俊. 走自己的路：吴文俊口述自传［M］. 邓若鸿，吴天骄，访问整理. 长沙：湖南教育出版社，2015：18.
2 吴文俊. 走自己的路：吴文俊口述自传［M］. 邓若鸿，吴天骄，访问整理. 长沙：湖南教育出版社，2015：19.

于，从几条简明易懂的定律出发，推
导出那么丰富的内容，实在是美妙，
妙不可言。很多年以后我写了一本小
册子《力学在几何中的一些应用》，据
说还挺有影响的。[1]

南开大学副校长陈永川教授的一
段回忆，讲述了吴文俊这本"小册子"
的重要意义：

吴先生在大学里成绩很好，对一
些基本的几何定理有独到的见解，他
用力学方法证明了 Pascal 定理。赵孟
养为了把吴先生的证明送到在浙江大

吴文俊《力学在几何中的一些应用》

学任教的苏步青先生手里，可是动了一番脑筋。吴先生记得当时浙江大
学数学系主任是位女士。赵孟养则是把信寄给了这位系主任并请她转交
苏步青。结果苏步青对吴先生的工作印象很深，多次大加赞赏。后来，
吴先生写了一本科普读物《力学在几何中的一些应用》。林群先生曾和华
罗庚先生谈起这本小册子，没想到华罗庚的评价是："这本书比十篇文章
都好！"[2]

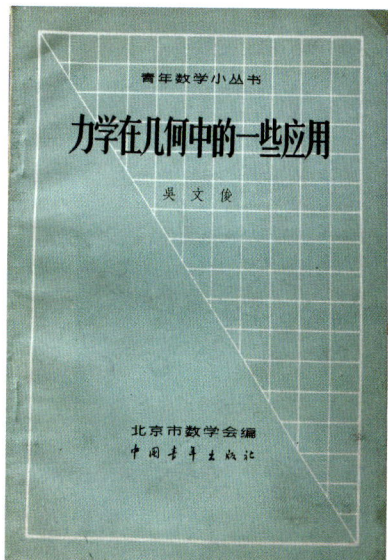

---

1 吴文俊. 走自己的路：吴文俊口述自传［M］. 邓若鸿，吴天骄，访问整理. 长沙：湖南教
  育出版社，2015：22.
2 陈永川. 走自己的路 用事实去说话：吴文俊先生印象小记［G］//姜伯驹，李邦河，高小
  山，等. 吴文俊与中国数学. 上海：上海交通大学出版社，2016：185-186.

被物理老师送进数学系

吴文俊对物理的兴趣是被他的物理老师唤醒的。

赵贻镜

这位物理老师叫赵贻镜，是陈群从交通大学请来的。赵老师讲课非常出色，吴文俊听得如痴如醉。为了激发同学们对物理的兴趣，赵老师还常常布置几道难题作为课外作业。当然，要解这些难题，光靠高中课本里学到的数学是做不出来的。于是，吴文俊开始自学数学，对赵老师每次留的课外难题都不会轻易放过，有股子"不获全胜，誓不罢休"的劲头。经过一段时间的刻苦钻研，吴文俊成了班级里的"数理王子"。

吴文俊清楚地记得物理老师对他的夸奖：

高中三年级时，一次物理测试，我得了满分。在教室的过道上，我偶然听到赵老师跟数学老师讲考试的事，数学老师也是交大的，说着说着就提到了我，"这次考试，其中有两道题非常难，有个学生吴文俊做出来了，还是满分，说明他的数学基础已经非常扎实了，这个学生在数学上的潜能无穷。"我听到老师的评价，非常高兴，因为平时教师是从不轻易表扬我们的。[1]

从初二时的数学零分，到高三的物理满分，少年吴文俊实现了他人生的第一次跨越，但没想到，这次跨越，让他跨进了交通大学数学系。

1　吴文俊. 走自己的路：吴文俊口述自传 [M]. 邓若鸿，吴天骄，访问整理. 长沙：湖南教育出版社，2015：23.

　　为了鼓励学生们发奋学习、选拔优才，正始中学设有奖学金，对考上国立大学和日本大学的学生给予资助。吴文俊对物理有兴趣，很想去念物理系。可是教物理的赵老师跟校长说，吴文俊的物理考得特别好，是因为他数学基础好，非常深奥的难题他也能够做出来。就这样，校长指定吴文俊报考交通大学数学系。

　　正始中学出的奖学金是100块大洋，这笔钱在那个时候对普通家庭来说是天文数字。交通大学的学费是三十几块大洋，当时吴文俊的父亲是拿不出来的。

　　吴文俊对此似乎"耿耿于怀"：

　　让你报考数学系是指定的，不考数学系就没有这笔钱，我就只能考数学系了。所以说决定我命运念数学的是物理老师，他说的一句话把我送到了数学系。[1]

　　但是，中国数学却要感谢这位教物理的赵贻镜老师！

1 吴文俊. 走自己的路：吴文俊口述自传［M］. 邓若鸿，吴天骄，访问整理. 长沙：湖南教育出版社，2015：23.

第二章 交大情缘

"孤岛"上的读书声

1936 年秋，吴文俊进入交通大学。

交通大学的前身是南洋公学。1896 年 10 月，盛宣怀（1844—1916）向清朝政府正式上奏《条陈自强大计折》，附奏《请设学堂片》，向两江总督刘坤一（1830—1902）表明拟在上海捐地开办南洋公学，12 月得到光绪皇帝准允，南洋公学正式创立。学堂因地处南洋（当时称江、浙、闽、广等地为南

20 世纪 30 年代位于徐家汇的"交通大学"校门

洋），参考西方学堂经费"半由商民所捐，半由官助者为公学"，故定名为"南洋公学"。1911年，在辛亥革命的高潮中，学校改名为"南洋大学堂"，1921年定名为"交通大学上海学校"，1922年更名为"交通部南洋大学"，1927年更名为"交通部第一交通大学"，1928年更名为"国立交通大学"（以下简称交大）。

吴文俊的父亲吴福同毕业于南洋公学，经常向吴文俊讲述他在南洋公学读书时的逸闻趣事，吴文俊在正始中学的很多任课老师也是从交大聘任的。正是由于这种家学渊源和文化浸润，吴文俊从小就对交大有着一种仰慕的情结。

20世纪30年代，交大在国内颇有名气，有着"东方麻省理工学院"的赞誉，"门槛高、考试难、功课重、要求严"。1936年，交大在校学生达到710人，规模空前。也就是这一年，理学院在报纸上公布了录取名单，吴文俊是第二名，这对吴文俊是一个很大的触动。他意识到，交大是一个藏龙卧虎之地，要想在交大出人头地，只有不懈努力才行。当时交大以电机、机

刚进交大时的吴文俊（1936年）（吴天骄供图）　理学院毕业生名册（1940年7月）

械、土木等工科见长，数学、物理、化学三系不是很大。数理化三系中，数学系最小。数学系的学生都想转系，可是学校不让转，转了就没学生读啦！

当时理学院有数学系、物理系和化学系共三个班，各班人数都不太多，加起来也不过三十几个人，大学一、二年级合在一起上课。一年级学生在徐家汇校园上课，读书、做实验以及吃住的条件都很好。二年级开学前夕，日本军队在华北发动"七七事变"，相继占领了北平、天津。1937 年日军开辟第二战场，进攻目标直指上海。中国军队奋起抵抗，在上海跟日军大打了一仗，这就是著名的"八一三"淞沪会战。经过三个月的浴血奋战，上海最终没能守住，沦陷了。

面对当时的局面，江浙沪的大部分大学开始向内地转移。交大的主体部分搬到了重庆，还有一部分留在上海。吴文俊是家中的独子，父母就让他留在了上海。

交大留在上海的部分搬到了租界里。那时上海除了日租界外，在苏州河南还有法租界和英美公共租界。在珍珠港事件之前，这两块租界成为被日军占领的上海中的"孤岛"。"孤岛"与外面有所不同，在这里，抗日书刊可以继续出版，教学生活基本稳定。交大在法租界，吴文俊大二的后半学期以及大三、大四就是在法租界里读完的。交大师生在那艰苦的岁月里，还是照样读书、照样考试。这种朴实严谨的良好校风让吴文俊受益良多。

这中间发生的一件事，表明了吴文俊的民族气节：

抗战爆发以后，正始中学的奖学金也停发了，我家里的经济陡然变得拮据起来。正始中学的校长陈群当了汉奸，做了汪精卫"维新政府"的要员。陈群曾派人找到我，说要继续给我发奖学金，我当然没有要！我知道怎样做个中国人。[1]

---

1 吴文俊. 走自己的路：吴文俊口述自传 [M]. 邓若鸿，吴天骄，访问整理. 长沙：湖南教育出版社，2015：29.

从交大走进数学

大学一年级的主课是数学和物理。数学的教学内容主要是微积分，由数学系主任胡敦复（1886—1978）执教，物理由当时理学院院长裘维裕（1891—1950）执教。这两位教师都是交大早期的毕业生，长期在交大任教，教学经验丰富，威望很高。交大的物理课被称为"霸王课"，但却让吴文俊受益匪浅，多年难忘，甚至成了裘维裕的"追捧者"。[1]

最初两年的数学课，数学、物理、化学三个系一起上，不是单为数学系开设的。吴文俊提不起兴致，甚至感到困惑："为什么要学数学呢？"一度产生转系的想法。但是到了大学三四年级时，吴文俊真正喜欢上了数学。促使吴文俊发生这个转变的，是朱公谨的数学科普书与武崇林的实变函数课。

朱公谨（1902—1961）1914年入南洋中学，1917年考入清华学校，因参加游行留美不成，转去德国，1922年进入哥廷根大学跟随库朗（R. Courant, 1888—1972）攻读博士学位，并受教于大卫·希尔伯特（David Hilbert, 1862—1943）、艾德蒙·朗道（Edmund Landau, 1877—1938）等数学大师，1927年获得博士学位回国。

当时的现代数学圣地是德国的哥廷根，那儿有一句著名的口号："打起你的背包，到哥廷根去。"因此，作为中国为数不多的从哥廷根大学获得数学博士学位者，朱公谨回国后倍受重视，1928年受聘为交大数学系教授，并出任首任数学系主任，后来任光华大学、中央大学特聘教授。教学之外，朱公谨着力于数学普及，1935年出版《数理丛谈》，到1948年已印刷第六版，影响极大。1940年，他翻译出版了理查德·戴德金（Richard Dedekind, 1831—1916）的名著《实数探原》。朱公谨在哲学上也颇有造诣，撰有《理

1　吴文俊. 我的数学底子是在交大打好的［G］//李邦河，高小山，李文林. 吴文俊全集·附卷：回忆与纪念. 北京：科学出版社，2019：220.

性批判派哲学家纳尔松——生平与学说》，发表有《19世纪初期的几位大数学家》《数理逻辑纲要》《数理逻辑导论》等文章。[1]

朱公谨的这些书和文章，虽然是数学科普之作，但却传达着现代数学的精髓，一下子就吸引了吴文俊，他几乎是每篇必读，点燃了吴文俊对现代数学的兴趣。吴文俊称赞朱公谨"在中国对传播现代数学起了重要作用"。[2]

据说，朱公谨同吴文俊初次会面时，他就惊喜于吴文俊的天赋异禀，鼓励他一往无前地研究大数学问题。在此后的岁月中，从法国到北京，吴文俊做出的超凡贡献给朱公谨带来了无限的欢愉。[3]

武崇林（1900—1953）1924年毕业于北京大学，留校任教，因教学能

朱公谨

武崇林

1 冯倩. 朱公谨：高等数学教育的奠基人［G］//王宗光. 老交大名师. 上海：上海交通大学出版社，2008：174 - 180.

2 吴文俊. 走自己的路：吴文俊口述自传［M］. 邓若鸿，吴天骄，访问整理. 长沙：湖南教育出版社，2015：32.

3 朱公谨哲嗣朱熙泉先生口述，上海交大档案文博中心胡瑞提供。

力突出，1928 年被推荐任东北大学数学系教授，1931 年重回北大任教授，1933 年 1 月任交大数学系教授，1945 年任交大数学系主任。

武崇林虽然没有海外留学背景，但对数学有着自己独特的领悟，特别擅长把抽象、繁杂的数学概念用简洁易懂的语言表述出来。武崇林的课让吴文俊的精神为之振奋！多年后吴文俊回忆道：

大学三年级起，数学教学与理学院的其他系分开，数学系独立开课。武崇林开实变函数论课。本来我对数学没什么兴趣了，都有点不想念了，想转系了。听了他的课，我很"振奋"，太喜欢了，这是与以前所学的数学完全不同的数学。我对数学又有兴趣了！从此以后，我就对数学下功夫，经常跑图书馆，开始走上了这个道路。

武崇林讲课和别人不一样，规规矩矩地，一本正经地讲，没有什么"花言巧语"的噱头，就是一本正经地讲。他不仅注重追求本质，而且重于解答疑问，精彩极了。我听得有道理。[1]

武崇林也发现吴文俊对数学是真情投入，他对吴文俊关爱有加：

武崇林还讲过高等代数、高等几何、群论、数论、微积分等，对我都非常有吸引力。武崇林喜欢买书，他家里藏书很多，都是从各个地方搜集到的，有很多外文的原版书，许多书是图书馆里都找不着的。武先生见我对数学有兴趣，常从家里带书借给我，他有什么题有什么书都借给我看，这样我从他那看了不少书。记得有一本是印度出版的《代数几何》，这本书恐怕别的地方不会有，不知道他怎么弄来的，专门借给我看。武崇林家就在附近，有时候我也到他家里去，他给我开开"小灶"。他对我特别欣赏特别支持，

1 吴文俊. 走自己的路：吴文俊口述自传 ［M］. 邓若鸿，吴天骄，访问整理. 长沙：湖南教育出版社，2015：30.

我受他的影响是非常关键的。一直到大学毕业以后，我还常到他家里去。

　　我毕业后，武崇林很想把我弄到交大去当助教，如果能当上助教就能以数学做职业。但武崇林地位不高，没有留过学，只是一个副教授，所以他说话没有力量，最后那个助教的位置给了别人。在抗战时期没做成，到抗战结束后武崇林还做过努力，想促成我进交大，还是没成。他就是这么一直支持我，想帮助一个有数学潜力的年轻人能以数学为职业，不过他没那么大的能量。[1]

自悟的学法："读、学、懂"

　　吴文俊在大学期间完成的学业远远超出了一般大学生所能够做到的。这一方面是因为他真心喜欢数学，更重要的是他自己建立了一套学习方法，吴文俊称之为"攻坚战术"。他在《走自己的路——吴文俊口述自传》中特地对此做了详细的追述，这对今天的莘莘学子很有启发：

　　这套学习方法是我从小的时候就开始琢磨养成的，起初是无意的，后来认真地总结、完善、坚持。这个方法一直到以后几十年的研究工作中，我不断实践，很是受益。

　　所以可以好好讲讲。什么样的方法呢？举个例子。

　　我在学皮尔邦特（Pierpont）的《实变函数论》时，每一个定理都至少学三遍。第一遍是"读"，就是按照书上的叙述，仔细阅读，包括概念的引进、定理的陈述和证明，跟着形式地推导。

　　第二遍叫"学"，合上书，自己来一遍。包括默诵出概念和定理，自己

1　吴文俊. 走自己的路：吴文俊口述自传［M］. 邓若鸿，吴天骄，访问整理. 长沙：湖南教育出版社，2015：30 - 31.

推导证明；然后就是做大量的习题。这样就能掌握和学会书上的技巧和要领。

第三遍是"懂"，这是最要紧的。怎么才能"懂"呢？这里有三个重要的部分，一是要理清概念与概念之间的关系；二是要思考这个定理与其他定理之间的关系；三是要领悟某个概念或某个定理所处的地位和发挥的作用，更进一步的还要探索这些新概念或定理与其他数学学科的关联。这个"懂"是最花力气的，特别是第三部分，但只有如此才能够从微观的"技术性"的学习，逐步上升到从宏观角度去把握一个理论、一个方向乃至一个学科。

我把这个学习方法叫做"读学懂"法，或者取个更好记些的名字：三三制学习法，因为最重要的"懂"这个部分也是三个要点。

当然，后来我还逐步掌握了更深层次的、更适合于研究的学习方法，那是以后到中央研究院的事了。[1]

对近代数学的热情一经点燃，吴文俊就再也不满足课堂上的听讲了。他开始了自学：

真正的学习是要靠自学的。课堂学习只是最基本的部分，重要的是要自学，不能靠别人，因为真正要学懂一定要去读原著，特别是经典原著。那段时间我下功夫研读了集合论和点集拓扑，20世纪初是点集拓扑的黄金时代。记得读的重要书有德国人舍恩夫利斯（A. H. Schönfies）和英国人杨格（W. H. Young）的《集合论》，还有德国人豪斯道夫（F. Hausdorff）的《集论大纲》，那是本经典，点集拓扑后来的发展很多源于此书。我读过的这些书，

---

1 吴文俊. 走自己的路：吴文俊口述自传 [M]. 邓若鸿，吴天骄，访问整理. 长沙：湖南教育出版社，2015：34 - 35.

已远远超出了大学三四年级的范围，可是我非常喜欢。[1]

　　"读原著"，"读经典原著"，"读大师们的经典原著"！这是吴文俊发自肺腑的心声，也是年轻人走向近代数学的必由之路。

　　吴文俊硬是凭借刻苦自学啃懂了那些对大学三四年级的学生来说不啻是天书的推理和定理。这时的吴文俊似乎有些踌躇满志了，用他自己的话来说：

　　大学三四年级的这两年对我是转机性的，大学毕业时我想我愿意做个"数学家"了。[2]

1　吴文俊. 走自己的路：吴文俊口述自传 ［M］. 邓若鸿，吴天骄，访问整理. 长沙：湖南教育出版社，2015：32.

2　吴文俊. 走自己的路：吴文俊口述自传 ［M］. 邓若鸿，吴天骄，访问整理. 长沙：湖南教育出版社，2015：34.

第三章　大师引路

迷茫中的探索

1940 年，吴文俊从交大毕业，那年他 21 岁，他的愿望是做个"数学家"。

但这个美好的梦想被严酷的现实粉碎了。上海被日军占领，百业凋敝，想找一份工作都非常困难。一位朋友告诉吴文俊，有人愿意提供奖学金，资助他到日本深造，吴文俊断然拒绝。后来另一位朋友介绍吴文俊到租界的育英中学当数学教师，教初一的代数，还得兼职做教务工作。正是这里给吴文俊留下了一段难以磨灭的记忆：怎么教"负负得正"？

> 记得教"负负得正"，我始终没有讲好过。有一次，在初中一年级的课上，我正在讲负负得正，忽然后排有一个大个子，大叫一声"凑得数"，吓我一跳，弄得我好下不了台。至于"负负得正"，我不知道现在中学里边老师怎么讲的，如果现在我讲，我会这样讲，"减掉一个负数就相当于加上一个正数"，这是我现在的讲法。也许我那时"害"了不少人。[1]

1941 年 12 月 7 日，珍珠港事件爆发，日军进占上海各租界，育英中学解散，吴文俊失业了。不久吴文俊在培真中学找到了工作。这所学校的校长是一位中共地下党员，他借给吴文俊很多进步书籍，吴文俊就是从这里开

---

[1] 吴文俊. 走自己的路：吴文俊口述自传 [M]. 邓若鸿，吴天骄，访问整理. 长沙：湖南教育出版社，2015：39.

始了解共产党的。他还跟着这位校长参加了一些活动，从此埋下了追求光明的种子。此时的吴文俊不会想到，三十八年后，自己也将成为一位共产党员。

在那段艰苦的日子里，吴文俊没有放弃对数学的热爱和追求。但是，在枯燥乏闷的教学事务中，能做点什么呢？他想来想去，既然在中学，就研究初等几何吧。再说，自己大学毕业的论文也是关于初等几何的。

就这样，吴文俊开始了自己的摸索：

利用教书的空余时间，我走遍了能找到并且能进去的所有图书馆，查阅了几乎所有的初等几何的书籍，筛选出名著和经典著作借回去详细研读、反复研读，然后是自己证定理、做全部的习题，以及一些研究工作。尽管没有什么目标，在我看来也算是一种自娱自乐吧。

经过这段时间的努力后，我对初等几何，也就是欧几里得几何，有了比较精深的理解，打下了非常坚实的基础。在几十年以后，对我的研究还起了重要的作用呢。[1]

吴文俊所说的几十年后的研究，就是他的"几何定理的机器证明"，正是对初等几何的深刻理解，为他日后开拓机器证明的新道路奠定了基础。

但是，在当时，这种研究却与现代数学相去甚远。当吴文俊拿出一篇自己写的文章向著名的代数几何专家周炜良（1911—1995）请教时，周炜良淡淡地说了一句："杀鸡焉用牛刀。"

他的话对我是个震动，我明白了我的技巧还不错，能算得上"牛刀"，可在把握研究问题研究对象，或者说在方向把握上还差着火候呢，杀的只是

---

1 吴文俊. 走自己的路：吴文俊口述自传 [M]. 邓若鸿，吴天骄，访问整理. 长沙：湖南教育出版社，2015：41.

"一只鸡"。[1]

　　但是，什么是有价值的数学问题？通向现代数学的路在何方？
　　吴文俊深陷迷茫……
　　就在这时，陈省身来到了上海。

跟随陈省身

　　陈省身（1911—2004）出生于浙江嘉
兴秀水县，是 20 世纪最伟大的几何学家之
一，被誉为"整体微分几何之父"。
　　1930 年陈省身毕业于南开大学，1934
年获清华大学理学硕士学位，1936 年获德
国汉堡大学理学博士学位。毕业时奖学金
还有剩余，同年夏天他又得到中华文化基
金会资助，于是转去法国巴黎跟随几何学
大师埃利·约瑟夫·嘉当（Élie Joseph
Cartan, 1869—1951）研究微分几何。嘉当
每两个星期约陈省身去他家里谈一次，每
次一小时。大师面对面的指导，使陈省身
学到了老师的数学语言及思维方式，终身

1946 年陈省身与夫人在中央研究院（上海）

受益。陈省身数十年后回忆这段紧张而愉快的时光时说："年轻人做学问应
该去找这方面最好的人。"

---

1 吴文俊. 走自己的路：吴文俊口述自传［M］. 邓若鸿，吴天骄，访问整理. 长沙：湖南教育出版社，2015：45.

陈省身就是吴文俊找到的"这方面最好的人"。二人是靠吴文俊的大学好友赵孟养牵线搭桥的。

1945 年 8 月 15 日，日本投降，中国抗日战争胜利。这时陈省身已被美国普林斯顿大学聘为高级研究员。抗战胜利的消息令陈省身非常兴奋，他决定提前回国。1946 年 4 月陈省身到达上海，原准备去清华大学赴任，但中央研究院请他代理姜立夫（1890—1978）担任数学研究所筹备处主任，地点就在上海。陈省身的家就在上海，他欣然接受了这一任命。

陈省身在上海筹备数学研究所的消息不胫而走，但是蛰居在家的吴文俊却懵然不知，甚至对陈省身也一无所闻。一天，赵孟养把吴文俊叫来家中，要他去见一位数学大师。陈省身的家就在徐家汇附近的一条弄堂里。

吴文俊后来回忆道：

那次见面谈的时间很长，主要是陈省身问，了解我的情况。我当时带了一篇稿子，带过去给陈省身看，是我自己摸索着写的，我自认为是很得意的。可是陈省身看了以后说：不对，你这个方向不对，你这个就只是逻辑推理，因为所以因为所以的，没有什么意义，你不应该这样做，他把文章退还给了我。

陈省身指出的这点是非常关键的。我那篇东西，尽管花了很多功夫，也写得很仔细，但是陷在数学名词的倒来倒去之中了。初见大师，就被否定了一把，但这是重要的指点，我记忆深刻。

我一般是"没胆量"的，这次忽然胆子大起来，我就向陈省身提出，表示我希望能够到中央研究院去，跟着他做研究。陈省身的回答我至今记忆犹新，他不说是，也不说不是。一直到临别，陈先生送我到门口，我记得很清楚，他忽然说了句："你的事我会记在心上的。"

陈省身不是随便说话的，过了没多久，他找到我，说接收我到中央研究院数学所。

我到了陈省身的中央研究院数学所，从此以后研究的方向变了，研究的方法也变了，真正走上了数学研究的道路，走上了坦荡大路。[1]

　　关于吴文俊初见陈省身，据陈省身的学生陈永川回忆，几十年以后，陈省身已退休，回到国内在天津定居，曾和身边的人谈到过此事，说他和吴文俊第一次谈话后，就断定此人必成大器。[2]

　　陈省身把吴文俊招收到中央研究院数学所做执行研究员，相当于现在的研究生。中央研究院数学所在上海岳阳路上的一座楼里，楼内还有中央研究院的其他几个单位。当时的数学所规模很小，只占据那座楼的第二层。其中最大的一间是讲课和报告用的，陈省身在那里讲课。另外一间稍大一些的是图书馆，陈省身就把吴文俊"扔在了那里，不闻不问"了。

　　吴文俊倒是非常高兴，因为书架子上面的书可以随便看，他什么都看，一天到晚看书——当然点集拓扑的书是不看了，因为吴文俊那篇"习作"被陈省身指出"方向不对"。陈省身从不勉强吴文俊，从不指定他看什么书、看什么文章，也不说要他具体做什么。陈省身讲课时吴文俊就去听课，其他时间吴文俊就在图书馆里"信马由缰"，就这样过了好几个月。

　　后来发生了著名的"还债"的故事：

　　有一天，陈省身跑到图书馆里来，对我说，你看书看得不少了，不应该再看了，"你得还债"。我很纳闷，还债，我没有欠什么人的什么债呀？陈省身说，你看人家那么多的书，就是欠了前人古人的债，你应该还债。

　　这是陈先生的创造，我从没听谁这样说过。

　　那么这个债怎么还呢？陈省身对我说，你要自己写文章，你不能光看人家的，还债就是要你自己研究，你自己要写东西。一下把我点醒了。从此以

1　吴文俊. 走自己的路：吴文俊口述自传［M］. 邓若鸿，吴天骄，访问整理. 长沙：湖南教育出版社，2015：50 - 51.
2　陈永川. 走自己的路　用事实去说话：吴文俊先生印象小记［G］//姜伯驹，李邦河，高小山，等. 吴文俊与中国数学. 上海：上海交通大学出版社，2016：183 - 184.

后，我就开始真正的研究。

自己写论文与看别人的论文，是本质上完全不同的两回事，两种脑力劳动。至于这个"债"的具体还法，陈省身并不说，而是由我自己想办法。

在陈省身的督促下，我被逼出了一篇论文，是关于球的对称积在欧式空间中的嵌入问题。这篇论文算是一篇习作，但仍然有一定的水平，陈省身后来把它送到法国的《法国科学院周报》（Comptes Rendus），被发表了。从中可以看到陈省身对年轻人点滴成长的呵护和鼓励。

我想陈先生这个"还债"，适用于所有搞研究的人，也适用于现在的年轻人。[1]

陈省身用"还债"的方法，把吴文俊推上了学术的第一线，更是让吴文俊学会了怎样抓住关键问题。吴文俊没有辜负陈省身的期望，他做到了。吴文俊在图书馆的期刊里看到了一个出现频率较高的数学概念——"纤维丛"（fiber bundle），不太好理解。有一次见到陈省身，他就问到"纤维丛"究竟是怎么回事，陈省身非常高兴，立刻称赞道"这是一个好问题"，夸奖吴文俊"你开始触及核心了"。

吴文俊对这段经历非常感慨：

如果我按那个路数走下去，那是永远没有出路的。你搞数学，挑些什么样的道路，什么方向，是很重要的。搞的方向不对，一辈子也没有什么前途。[2]

接下来的一件事，更展示出陈省身数学大师的魅力，也让吴文俊对数学

1 吴文俊. 走自己的路：吴文俊口述自传 ［M］. 邓若鸿，吴天骄，访问整理. 长沙：湖南教育出版社，2015：55 - 56.

2 吴文俊. 走自己的路：吴文俊口述自传 ［M］. 邓若鸿，吴天骄，访问整理. 长沙：湖南教育出版社，2015：57.

研究的创造力得以迸发出来。

啼声初试

1947 年春天，陈省身兼任清华大学教授，他去清华大学讲课时带上了吴文俊和曹锡华（1920—2005）。这次清华讲课历时大约三个月。吴文俊白天听课，晚上把自己关在房间里，开始了自己数学人生中第一个有意义的研究工作：证明惠特尼公式。

哈斯勒・惠特尼（Hassler Whitney, 1907—1989）是美国著名的拓扑学大师，是微分流形理论、示性类和奇点理论的奠基人，他在 1982 年获得了沃尔夫数学奖。陈省身在上海每周都为学生们讲授 12 个小时的拓扑学，这是当时最前沿的数学研究领域。在一次拓扑课上，陈省身特别提到，惠特尼 1940 年提出的一个公式——乘积公式非常重要，这是一个最基本的公式，是示性类理论的基础。但这个公式惠特尼讲得模模糊糊的，陈省身对学生们说："最好能够补出一个证明来。"吴文俊把这句话记在了心里。

课后，吴文俊在图书馆里一本美国出版的学术会议记录中查到了介绍惠特尼的文章，光是对惠特尼那个公式的讲解，就有一百多页！

当时欧洲数学界有位大人物海因茨・霍普夫（Heinz Hopf, 1894—1971），陈省身提出要数学所的年轻人看霍普夫的文章。霍普夫有一个学生叫斯蒂弗尔（Stiefel, 1909—1978），他从切向量的角度研究示性类。惠特尼的文章讲一个流形，考虑的是垂直于流形的法向量。吴文俊想：斯蒂弗尔考虑的是切向量，惠特尼考虑的是法向量，两者不是可以合起来吗，切向量和法向量合起来不就是整个空间吗？吴文俊决定就在这个地方下功夫。陈省身当然没讲过这个，他只是说惠特尼有道理。吴文俊根据他对斯蒂弗尔的理解、对惠特尼的理解，独辟蹊径，找到了一条创新性的道路。

在清华的三个月，给了吴文俊一个静心钻研的好机会。吴文俊回忆道：

晚上没什么事干，我就琢磨这个问题——惠特尼公式的证明。有一天晚上觉得有了进展，一早起来高高兴兴地对曹锡华说："我证出来了。"可是到了晚饭时，静下来再仔细考虑，不对，有毛病，还有毛病，证明有错误，于是接着再来。第二天早上，又对曹锡华说，"这回证好了"，可是到下午又发现证明有漏洞……如此反反复复，有一股初生牛犊不怕虎的劲头。终于有一天我真的把它证出来了！

这个成果发表在美国最主要的杂志普林斯顿大学出版的《数学年刊》上，那是我的第一篇重要论文，是我最早的一个重要工作。得出这个结果，是靠我对霍普夫、对史梯费尔、对惠特尼等人的理解，理解得比较深。[1]

ANNALS OF MATHEMATICS
Vol. 49, No. 3, July, 1948

ON THE PRODUCT OF SPHERE BUNDLES AND THE DUALITY THEOREM MODULO TWO

By Wu Wen-tsun

(Received August 15, 1947)

Introduction*

Given two sphere bundles $\mathfrak{S}_1$ and $\mathfrak{S}_2$ over the base complexes K_1 and K_2 respectively, it is possible to define in a natural way a "product bundle" over the product complex $K_1 \times K_2$. When $K_1 = K_2 = K$ (say), the part of the product bundle over the diagonal of the product complex $K \times K$ is the product bundle in the sense of Whitney.[1] We shall prove in the present paper that a certain duality theorem holds for the product bundle over $K_1 \times K_2$ and that Whitney's duality theorem for sphere bundles follows from this more general duality theorem as a consequence. (Throughout the paper coefficients mod 2 will be used.) The idea of this proof seems to be quite different from Whitney's original one, of which only a brief sketch is known.[2]

The paper is divided into three sections. In §1 some preliminary considerations and theorems on vector fields are given. A duality theorem for the product bundle over $K_1 \times K_2$ is then proved in §2. §3 is devoted to a proof of Whitney's duality theorem.

* The problems in this paper were suggested to me by Professor S. S. Chern, with whom I have many helpful discussions. To him are expressed here my thanks.

吴文俊发表在《数学年刊》的论文，下方（*）特别向陈省身表示感谢

1　吴文俊. 走自己的路：吴文俊口述自传［M］. 邓若鸿，吴天骄，访问整理. 长沙：湖南教育出版社，2015：61-62.

  吴文俊这篇论文的题目是《关于球丛的乘积和模 2 的对偶定理》，全文共 14 页，收稿日期是 1947 年 8 月 15 日。[1]

  惠特尼曾声称他将以书的形式公布结果。陈省身也清楚地记得，他曾在一个下雪的周日去过惠特尼的家中，惠特尼向他展示了自己撰写的大部头书稿。[2] 吴文俊的文章发表后，惠特尼的书就写不成了。据说，当时惠特尼在美国的《数学年刊》看到吴文俊的文章后说："我的证明可以扔掉了。"现在吴文俊的证明已经成为经典，在现代示性类理论中被看作公理，是整个示性类理论的基石。

  吴文俊学习拓扑学才不到一年，能够做出这样好的成绩，令陈省身感到振奋。陈省身常说："中国人是否有数学能力已经证明是不需要讨论的。"吴文俊就是一个明显的例子。[3] 陈省身很赞赏吴文俊的这项工作，甚至许多年后陈省身一提到吴文俊，就会讲述这段故事。吴文俊对陈省身的教诲与引导一直感佩在心，他说：

  陈省身有一种能力，我很钦佩。陈先生的这种能力，我觉得是别人很难做到的。他能够很快就把你带到最前沿，正是大家都在攻坚的地方，所以你就可以比较快地前进了，一般人是做不到的。所以我在中央研究院，前后不过一年，就可以一直跑到纤维丛了。他就是有这个本事啊。[4]

1 WU W T. On the product of sphere bundles and the duality theorem modulo two [J]. Annals of Mathematics, 1948, 49(3) : 641 – 653.

2 邓明立，王涛. 吴文俊早期与惠特尼的学术渊源 [G] //纪志刚，徐泽林. 论吴文俊的数学史业绩. 上海：上海交通大学出版社，2019：212 – 213.

3 张奠宙，王善平. 陈省身传 [M]. 2 版（修订本）. 天津：南开大学出版社，2011：280.

4 吴文俊. 走自己的路：吴文俊口述自传 [M]. 邓若鸿，吴天骄，访问整理. 长沙：湖南教育出版社，2015：62.

第二篇
巴黎的"拓扑地震"

　　我在国外曾遇到一位第三世界数学家，他说了这样一句话："布尔巴基是法国民族精神的产物。"此语可谓一针见血，这位数学家口中的布尔巴基，才是真正的布尔巴基！他们所体现出的是法国的民族精神和"传统"。

　　……………

　　我想，布尔巴基学派真正值得我们学习的，就是他们的这种精神！

吴文俊《走自己的路——吴文俊口述自传》

第一章　斯特拉斯堡

宁静之处做学问

吴文俊性格沉静、不爱交际。但在大学时代,他有一个挚友:赵孟养。

赵孟养比吴文俊大四岁,父亲在香港经商,家境优裕。赵孟养之前上过大学,后来去香港待了几年,然后再回到交大重新念了大学,与吴文俊同届。赵孟养颇有魏晋清谈家的风度,与吴文俊成了知己。吴文俊常去赵家看书、下棋、吃饭,赵孟养从这些生活细节中看出吴文俊"任性固执",但这并没有影响他们成为一生的好友。

1945 年抗战胜利后,赵孟养突然活跃起来,用吴文俊的话说是"能量

吴文俊(左)与赵孟养(右)(吴天骄供图)

爆发"。这些能量给了吴文俊很大帮助。赵孟养先是把吴文俊介绍给朱公谨和周炜良,这是吴文俊最早接触到的数学名家,又设法把吴文俊的大学毕业论文寄给了在浙江大学任教的几何学家苏步青(1902—2003),获得了苏步青的夸赞:"真是篇好文章!"赵孟养还把自己在交大上海临时大学的助教一职让给了吴文俊,而自己赋闲在家,又让吴文俊去见陈省身,吴文俊从此走上了现代数学的康庄大道。1946 年夏天,国民政府教育部招考中法留学生,也是赵孟养第一个告诉了吴文俊,并鼓励他去报考。当时在交大任教

的郑太朴（1901—1949）也专程到吴文俊家，劝他报考。[1] 吴文俊果然考中了——这成为他数学人生的转折点。这年中法交换生项目中数学专业的共有四人，吴文俊是第一名，其他三位是田方增、严志达和余家荣。

1947 年 10 月，吴文俊一行四人在上海吴淞口登上了去欧洲的轮船。经过苏伊士运河，穿越直布罗陀海峡，到达英国利物浦，在伦敦停留数日后，他们乘渡轮跨过英吉利海峡，抵达法国加莱，从这里乘火车到巴黎，再转去斯特拉斯堡。

斯特拉斯堡（Strasbourg）位于法国东北部边境，市区位于莱茵河西岸，东侧与德国巴登-符腾堡州隔河相望。斯特拉斯堡是一座古老的城市，位于多个民族活动范围的重合地带。19 世纪中期开始逐渐成为德法长期争夺的焦点目标。二战后，凭借得天独厚的地理优势，欧洲委员会、欧洲人权法院、欧洲议会等多个欧洲联盟合作组织均在斯特拉斯堡设立总部，这里被誉为"欧盟第二首都"。斯特拉斯堡与近代数学也有着重要的因缘。1920 年第六届国际数学家大会（International Congress of Mathematicians，ICM）在斯特拉斯堡举行，也正是在这次大会期间，国际数学联盟（International Mathematical Union，IMU）成立了。

斯特拉斯堡大学创建于 1538 年，文化底蕴深厚，著名校友辈出。约翰·沃尔夫冈·冯·歌德（Johann Wolfgang von Goethe，1749—1832）、威廉·康拉德·伦琴（Wilhelm Conrad Röntgen，1845—1923）、路易斯·巴斯德（Louis Pasteur，1822—1895）、阿道夫·冯·拜尔（Adolf von Baeyer，1835—1917）等都是这所大学的校友。来斯特拉斯堡大学攻读博士学位，是陈省身为吴文俊选定的。陈省身告诉吴文俊，不要去巴黎，在繁华的大都会里没有办法安心念书，而小城市比较清静。吴文俊对斯特拉斯堡大学印象甚好：

---

1 吴文俊. 走自己的路：吴文俊口述自传［M］. 邓若鸿，吴天骄，访问整理. 长沙：湖南教育出版社，2015：78.

斯特拉斯堡大学

斯特拉斯堡那个地方很不错，有一个很漂亮的河，莱茵河，就在学校的前面流过，贯穿城市。我经常到河边去，很清静，我有时候沿着河边走，走到很远。斯特拉斯堡大学校园相当漂亮，再有就是学生食堂的饭菜也非常好，比饭店好，菜的做法说不来是法国的还是德国的，很好吃，后来我再也没有吃到过那么好的食堂。后来到巴黎，我也去过不少馆子，和斯特拉斯堡比，也不见得行，至少没有什么印象。我在法国四年基本是不做饭的。[1]

本来陈省身选择斯特拉斯堡是想把吴文俊推荐给亨利·嘉当（Henri Cartan, 1904—2008），陈省身是其父亲老嘉当（即埃利·约瑟夫·嘉当）的学生，和嘉当也是好朋友。有了陈省身的推荐，嘉当高兴地接受了吴文俊。但当吴文俊定下去斯特拉斯堡时，嘉当却被调到巴黎去了。陈省身只好让吴

---

1 吴文俊. 走自己的路：吴文俊口述自传［M］. 邓若鸿，吴天骄，访问整理. 长沙：湖南教育出版社，2015：81.

文俊改跟在斯特拉斯堡大学的查尔斯·埃瑞斯曼（Charles Ehresmann，1905—1979），埃瑞斯曼也是老嘉当的学生。

这一变故，对吴文俊来说却是一个好运气：

查尔斯·埃瑞斯曼

> 埃瑞斯曼搞的方向跟陈省身的方向基本上类似的，所以我是有基础的，在陈省身那已经学到了一些东西，都可以接得上，我跟埃瑞斯曼刚好对口。
>
> 如果我跟嘉当就麻烦了。嘉当搞的是另外一套，他搞的东西我一点儿也没接触过，他那一套完全是跟陈省身的格格不入的，如果跟他，那我得从头儿学起来，并且与我的思想方法也不合拍的。所以我要是真的跟嘉当的话，困难多了。我倒是因祸得福了，跟埃瑞斯曼是意外的幸运。[1]

有一个插曲是一定要讲的。在巴黎，那位负责办理接受中法交换生手续的法国官员，一看吴文俊有嘉当的邀请信，就索性把他们学数学的四人，连同另一个学物理的金星南一起"打包"送去了斯特拉斯堡。

转导师转来好运气

转导师给吴文俊带来的好运气马上就显现了出来。

1　吴文俊. 走自己的路：吴文俊口述自传［M］. 邓若鸿，吴天骄，访问整理. 长沙：湖南教育出版社，2015：85 - 86.

一般认为，法国数学家亨利·庞加莱（Henri Poincaré, 1854—1912）于 1895 年发表的《位置分析》（*Analysis Situs*）是拓扑学创立的标志，但直到 20 世纪 30 年代，法国还没有真正的代数拓扑学家，埃瑞斯曼可谓是法国第一位代数拓扑学家。埃瑞斯曼的博士论文是关于赫尔曼·格拉斯曼（Hermann Grassmann, 1809—1877）流形的同调群的计算，而格拉斯曼流形的同调是后来示性类的基础。埃瑞斯曼的博士论文需要拓扑学，他就在美国普林斯顿待了一年，就学于所罗门·莱夫谢茨（Solomon Lefschetz, 1884—1972）。老嘉当有一部书，书中指出了拓扑学对于微分几何发展的美好前景，蕴含了许多对于拓扑学本身具有重要意义的精髓思想。在老嘉当著作的启发下，埃瑞斯曼引进了纤维丛与联络的一般概念，成为纤维丛理论与近代联络论的奠基人之一。他有不少原创性的思想，例如纤维丛、近复结构、节等等，对近代数学发展至关重要，这些思想对吴文俊后来的工作产生了很大影响。

按照当时法国大学的习惯，博士生一般是先自己做研究，当自认为取得一些成果时，再去向导师汇报。如果结果很好，导师就会建议学生把结果送到《法国科学院周报》（*Comptes Rendus*）上发表。

吴文俊在斯特拉斯堡开始了他的研究。看书累了，就到莱茵河边上走一圈；肚子饿了，就去学生食堂，那里的饭菜非常对他的胃口。更重要的是他的研究方向与导师埃瑞斯曼非常契合，在陈省身身边打下的基础，让吴文俊很快就进入了拓扑学的前沿。吴文俊把主攻点选在代数拓扑的示性类方面，经过一段时间的潜心研究，他觉得应该把做好的一些工作向埃瑞斯曼汇报了。听了吴文俊的汇报，埃瑞斯曼非常满意，对吴文俊说："很好，你做的这些工作可以写成文章，送到《法国科学院周报》去发表。"

然而，在汇报要结束的时候，吴文俊随口说的一句话，却大大出乎埃瑞斯曼的意料：

我看主要工作的汇报完了，不经意地对埃瑞斯曼说，"我还得到了另外一个小结果，是关于近复结构的"，接着扼要地讲了我这个"小结果"。没想到的是，这个我自以为不太重要的结果，埃瑞斯曼却大加称赞，说"这个结果非常重要，你要先写这个，马上把它写出来先行发表"。

这是一个什么样的问题呢？实际上，流形上是否存在复结构是当时大家关注的中心问题。复结构存在的必要条件是近复结构的存在，而近复结构的存在是一个拓扑问题。通过示性类，我证明了 4k 维球无近复结构。这个问题的解决，在拓扑学界引起不小的震动。文章发表后，英国的顶尖拓扑学家怀特海写信来赞扬这一结果。[1]

吴文俊受此鼓舞，乘势而进，在斯特拉斯堡连续取得了若干"惊人"的成果。其中一项工作牵扯到了惠特尼。

当时关于二维示性类，苏联的列夫·谢苗诺维奇·庞特里亚金（Лев Семёнович Понтрягин, 1908—1988）与美国的惠特尼给出了两个不同形式的公式。美国《数学评论》（Mathematics Review）登载了惠特尼对庞特里亚金一篇文章的评论，惠特尼在评论中说庞特里亚金与他的结果有矛盾，但搞不清谁对谁错，也不知错在哪里，惠特尼文章的题目就是"Who Wrongs Where"。

就在惠特尼对二维示性类的问题还未有头绪的时候，吴文俊给出了三维等于零的证明！吴文俊的工作惊动了当时拓扑学界的大权威瑞士数学家海因茨·霍普夫。埃瑞斯曼人很好，对自己的学生有些"溺爱"，有的学生一塌糊涂，他也帮着说话。所以霍普夫看到吴文俊的结果后，认为埃瑞斯曼的学生都是在胡搞，吴文俊也是其中之一，靠不住。但是吴文俊关于近复结构的工作太重要了，霍普夫就特地从瑞士苏黎世跑到斯特拉斯堡来对埃瑞斯曼"兴师问罪"。

回忆此事，吴文俊颇有些得意：

霍普夫带了在瑞士的几个助手亲自跑到斯特拉斯堡来，埃瑞斯曼不敢说

---

1 吴文俊. 走自己的路：吴文俊口述自传 [M]. 邓若鸿，吴天骄，访问整理. 长沙：湖南教育出版社，2015：86 - 87.

话，把我"交"了出来。霍普夫找到我，我们就坐在校园的石桌旁讨论。我告诉霍普夫："两个人的结果，只是语言不一样、符号不一样，所以看起来不一样，实际上是一样的。"我仔细给他解释，惠特尼和庞特里亚金两个人为什么都没有错，他们表述形式在什么地方不一样，是怎么样在表面上看起来有矛盾，而实质上是一样的。

谈到最后，霍普夫对我的见解完全信服了，他买账了，接受了我的工作。没想到两个大师闹不清的事让我这个小字辈的学生给澄清了。霍普夫十分高兴，回去后邀请我到他的大本营苏黎世理工大学去访问。

很快，我进一步证明了四维实流形存在近复结构的充要条件。[1]

后来，吴文俊应邀去苏黎世访问，待了一周。他在苏黎世的一个收获是见到了江泽涵（1902—1994）。当时江泽涵已经是北京大学教授，并担任数

1948 年江泽涵访问斯特拉斯堡时的合影
左起：金星南、严志达、江泽涵、余家荣、吴文俊

---

1 吴文俊. 走自己的路：吴文俊口述自传［M］. 邓若鸿，吴天骄，访问整理. 长沙：湖南教育出版社，2015：88 - 89.

学系主任，彼时正在苏黎世高等理工学院跟霍普夫进修。1948 年底江泽涵到斯特拉斯堡访问，与吴文俊等几位在斯特拉斯堡的留法学生留下了一张珍贵的合影。

法国国家博士学位

1949 年初，埃瑞斯曼认为吴文俊做出的工作已经足够了，可以准备博士学位答辩了。于是，吴文俊开始动手整理到法国后的工作，用不到半年时间就写出了博士论文。

1949 年 7 月吴文俊通过博士答辩，获得了法国国家博士学位。

从 1947 年年底到 1949 年 7 月，两年不到就获得了法国国家科学博士学位，这在法国是很少见的。法国国家博士学位十分难拿，就是对法国人自己而言都很难，一般要用三四年。

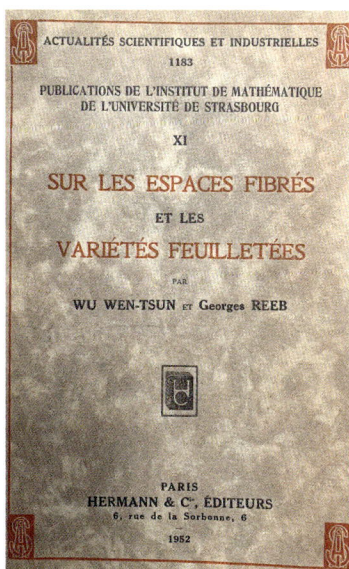

吴文俊的博士学位论文封面与目录

吴文俊博士论文的题目是《论球丛空间结构的示性类》(*Sur les Classes Caractéristiques des Structures Fibrées Sphériques*)。由于导师埃瑞斯曼希望将其修改之后再出版,所以论文的出版时间一再拖延,迟至 1952 年才由厄尔曼出版社以单行本出版,与埃瑞斯曼另一个学生乔治斯·瑞伯(Georges Reeb)的博士论文共成一书。等到博士论文校样被寄给吴文俊时,他已在回国的船上了。

吴文俊再次见到导师埃瑞斯曼,已是六年以后了。1957 年 9 月,应东德数学会邀请,吴文俊出席了该学会在罗马尼亚召开的年会,会后造访波兰,讲学三个月。这时埃瑞斯曼已经到巴黎大学任教,他在 4 月份得到吴文俊要来欧洲的消息后,非常想与吴文俊见面,就写了一封信,请吴文俊顺便访问巴黎,并讲学一或两个月。

1957 年 12 月上旬,吴文俊回到了阔别六年多的巴黎。在巴黎大学,吴文俊做了长达两个月的系列讲座,主题是他在回中国后创立的示嵌类的工作,受到了很大的关注。埃瑞斯曼听了吴文俊的报告后十分惊喜,他没有想到吴文俊仍能做出如此出色的工作。当时的新中国与西方几乎隔绝,吴文俊仍能获得不亚于法国同行们的独创性成果,埃瑞斯曼大概完全没有预料到。

在吴文俊讲座的听众中,有位瑞士数学家安德烈·海富里热(André Haefliger, 1929—2023),后来他在关于嵌入理论方面所做的出色工作,主要是受到吴文俊讲座的启发。[1] 就在吴文俊访问巴黎的时候,海富里热举行了博士论文答辩会,他的导师也是埃瑞斯曼。答辩会后大家聚餐庆贺,留下了一张很有意义的合影。照片中左边第三位是埃瑞斯曼,他面对镜头,他的左手边是吴文俊和瑞伯。照片右边第一位是施惟枢(华裔数学家,嘉当的学生),第二位是海富里热,海富里热右手边的女士是他的夫人。吴文俊与海富里热成了好朋友,他们经常互通信件,交流体会。1979 年,吴文俊邀请

1　吴文俊. 走自己的路:吴文俊口述自传 [M]. 邓若鸿,吴天骄,访问整理. 长沙:湖南教育出版社,2015:143.

吴文俊（左四）与埃瑞斯曼（左三）在巴黎（1958年）

海富里热夫妇访问中国，他们到达之日正好是国庆节，北京浓郁的节日气氛给海富里热夫妇留下了深刻印象。[1]

2019 年 5 月，纪念吴文俊院士诞辰 100 周年国际学术讨论会在上海交通大学召开，应邀参加会议的法国巴黎第十一大学白安雅教授（Andred Bréard）特地向上海交通大学捐赠了她珍藏的吴文俊的博士学位论文。会后，在接受媒体采访时，白安雅教授说：

白安雅教授（右）向上海交通大学赠送吴文俊的博士论文，左为上海交通大学数学科学学院院长李丛明教授

1　A JACKSON. Interview with André Haefliger〔EB/OL〕. (2019 - 01 - 01)〔2024 - 05 - 20〕. https://celebratio.org/Haefliger _ A/article/705/.

我觉得这本书应该回国，我特别高兴给你们送这一本书，法国人和中国人都有一样的想法，吴文俊是很伟大的数学家，而且法国数学家早已经发现了吴文俊是很厉害的。

现在，吴文俊的博士学位论文陈列在上海交通大学"吴文俊数学中心"。这位杰出校友谱写的壮丽凯歌，激励着交大学子奋进不已。

上海交通大学"吴文俊数学中心"标牌

第二章　塞纳河畔

拜师嘉当

　　在斯特拉斯堡取得的成功，让吴文俊在法国数学界崭露头角。嘉当并没有忘记这位本来应该从师于他的博士生，他向吴文俊发出了邀请。现在，吴文俊可以信心满满地走向巴黎，师从嘉当了。

　　嘉当 1906 年生于法国南锡，受其父亲老嘉当的影响，年幼时就对数学感兴趣。20世纪 20 年代，他开始研究单复变函数论，很快又转向多复变函数；1926 年在法国巴黎高等师范学院毕业，1928 年获得博士学位；1928—1929 年教了一年中学，后任教于里尔大学；1931—1935 年在斯特拉斯堡任教，1936 年成为该校教授。1931—1932年他证明了全纯域一定是伪凸域这一经典结果。1937 年，他引入"滤子""超滤"等重要概念，第二次世界大战后成为巴黎高等

亨利·嘉当

师范学院的教授，1967—1970 年任国际数学联合会会长。

　　1974 年嘉当进入法兰西科学院，1976 年获法国国家科学研究中心金质奖章。他还是布尔巴基小组的创会成员，是其中最活跃的成员之一。但吴文俊对接受嘉当的工作还有一段适应过程。吴文俊这样说：

我记得第一次见嘉当，嘉当先生照老办法拿出一篇他自己做的东西给我讲，我听得稀里糊涂，不知道是什么，我也不做声没反应，嘉当先生就不讲了。停了一会儿，嘉当摇摇头，说"你对抽象的推理这一套不清楚，听不进去"。大概因为我是陈省身介绍的，嘉当也就接收我了，做他的学生。

H. 嘉当是布尔巴基学派的头头之一，核心人物之一。1948 年年末起，嘉当组织了以代数拓扑学为主要研究对象的讨论班，这个讨论班对拓扑学研究的发展起到有效的推动作用。嘉当先生让我参加他的讨论班，但对他在研究方面提出的许多东西，我都不太感兴趣。后来嘉当先生也看出来了，法国人非常灵的，他说"你对这些不吸收"，我点点头说"是的"。[1]

抽象推理"听不进"，嘉当的一套"不吸收"！这就是赵孟养看明白的"任性固执"的吴文俊。或许是因为陈省身的推荐，更主要的是因为吴文俊已经在示性类这方面做出了突出的成果，嘉当对吴文俊充满信任，并推荐吴文俊参加法国国家科学研究中心（CNRS）的研究工作。吴文俊最初是做助理研究员（Attaché de Recherches），1951 年起被聘为副研究员（Chargé de Recherches）。有了这个身份，吴文俊就可以独立在《法国科学院周报》上发文章，而不需要法国院士的推荐了。

不过，吴文俊还是积极认真地参加了嘉当的讨论班，并从中获得了深刻的启发。吴文俊后来回忆道：

H. 嘉当研究的是不同于埃瑞斯曼的另外一套。我后来发展数学机械化，而数学机械化中的许多思想都是从 H. 嘉当那儿来的。报告班里的启发有一个潜在影响。当然那个时候没有这个概念，但是模模糊糊地知道，

---

1 吴文俊. 走自己的路：吴文俊口述自传［M］. 邓若鸿，吴天骄，访问整理. 长沙：湖南教育出版社，2015：92－93.

概念是受 H. 嘉当启发产生的。所以我说我的命运很好，我碰到了陈先生，我才到了斯特拉斯堡碰到埃瑞斯曼，然后再到巴黎接触到 H. 嘉当等一些人的潜在的数学机械化的思维方法的影响，都是碰巧，却一步步地帮助我发展。[1]

好友托姆

吴文俊不善交际，大学时代却有一位相知一生的挚友赵孟养。留法时，他身在异乡，语言不通，但命运却又为他送来了一位好友勒内·托姆（René Thom，1923—2002）。这个托姆是自己主动闯入吴文俊的生活的：

在斯特拉斯堡大学的时候，我有一个特别的同学。

开始我不认得他。最初是在食堂吃饭的时候，他老盯着我，凑到一起和我一桌吃饭，我躲着他，可他还是跟我。后来我往哪儿跑他就往哪来跑，我随便到哪个地方他都盯着我，我也不知道是什么原因。我们就这样认识了，后来慢慢熟悉起来了。

这个人也是嘉当的学生，人呆在斯特拉斯堡，也是不爱活动的那种人。他是斯特拉

勒内·托姆

1 柯琳娟. 吴文俊传：让数学回归中国［M］. 南京：江苏人民出版社，2009：59.

斯堡当地人，就像中国所谓乡下人。嘉当去巴黎后，他没去，一直呆在斯特拉斯堡，一年去两三次巴黎见嘉当。

他喜欢跟我讨论，这个人很有道理[1]。

他是科学家型的数学家，或者严格地说，他是个科学家而不能算是数学家。他喜欢做实验，数学上有一些古里古怪的想法。我不时到他家里去，有时看他做实验，比如光学实验。把光通过什么东西照出来的影子是各式各样的，有许多奇怪的样子，分成七种。我在旁边看他做科学实验。

他通过博士论文的时候遇到一些困难，因为他的想法是科学家式的，跟数学的不大合拍。数学要求的是，你要一步一步的，而他不是这样，他的思维是跳跃的，不是逻辑思维的。他不是数学的表达形式，博士论文老是被嘉当先生卡着通不过，我很早通过了，他用了差不多四年才通过，论文还是经过别人帮忙的，因为他老写不清楚。

我到巴黎了，他去不了，还是呆在斯特拉斯堡，不过经常跟我保持通信，告诉我他的一些想法。他有些很棒的想法，我从他的想法得到一些启发，加上我自己在咖啡馆的工作，就做成了非常出色的工作，我就是根据他的想法一下子就打中目标了。

这个人后来也成了法国数学界的名人，非常有名的人，是法国数学界的杰出人物之一，也是我在法国最熟的几个人之一。[2]

吴文俊去了巴黎，他和托姆的交流依然如故，甚至更加深入，有些问题可以说是直奔核心。比如，吴文俊向托姆介绍了庞特里亚金示性类的重要性质，即当一个流形是另外一个流形的边界时，它的庞特里亚金示性类必定为零，这是"配边理论"的开端。托姆从中得到很大启发，以此为起

---

1 "很有道理""很有眼光"等是吴先生爱说的口头语，是对人学识的一种很高的评价。

2 吴文俊. 走自己的路：吴文俊口述自传 [M]. 邓若鸿，吴天骄，访问整理. 长沙：湖南教育出版社，2015：95-96.

点进行深入研究，建立了一整套配边理论（Cobordism Theory），并于 1958 年获得了菲尔兹奖（Fields Medal）。托姆在证明配边理论的主要定理时，三次引用了吴文俊的成果，分别是吴（第一）公式，吴（第二）公式及吴文俊发现的关于四维定向流形符号差和庞特里亚金示性类关系的公式。托姆则向吴文俊介绍了他自己所擅长的乘积空间对角映射的概念和技术，使吴文俊得到很大启发，成为后来吴文俊回国研究拓扑流形示嵌类理论的重要基础。

吴文俊和托姆之间的真挚友谊与合作，在拓扑学界被传为佳话。

街角咖啡馆

吴文俊是中法交换生，中国学生在法国的津贴由法国政府发放，但给得很少。这点钱在斯特拉斯堡还可以过得去，但到了巴黎就很艰难了。吴文俊在巴黎初期，还要常常去参加巴黎学生会的活动，这样可以从国民政府那里得到一些补助。他住不起好的旅馆，只好将就着住旅馆的"半一楼"，也就是一半地下、一半地上的房间。这种屋子阴暗潮湿，甚至白天都很暗，没法工作。吴文俊就想了一个办法：泡咖啡馆。

咖啡馆在巴黎街头随处可见，它已成为巴黎人生活的一部分。巴黎是浪漫之都，有很多浪漫的故事发生在咖啡馆里。欧内斯特·海明威（Ernest Hemingway, 1899—1961）、弗朗西斯·斯科特·基·菲茨杰拉德（Francis Scott Key Fitzgerald, 1896—1940）、让-保罗·萨特（Jean-Paul Sartre, 1905—1980）等大文豪们都曾在咖啡馆里点上一杯咖啡，伴着咖啡的沁香，静静地在纸上书写着那些传于后世的伟大著作。

囊中羞涩的吴文俊并不是为了咖啡的芳香和甜点的美味而来，他是把咖啡馆当作自己的工作室。吴文俊还记得他常去的那家咖啡馆好像叫作"咖啡麻油"，很大很有名。经过实地考察，吴文俊所说的"咖啡麻油"应该是

Café de la Nouvelle Mairie，即"新市政厅咖啡馆"。这是一家老店，创立于1921年，坐落于圣雅克街19号，因对面就是市政厅（Mairie）而得名。咖啡馆的对面还有卢森堡公园，背后就是著名的先贤祠，地段极佳。巴黎高等师范学院在附近的乌尔姆街上，步行过去也只需要十几分钟，很方便吴文俊参加讨论班。[1] 这家咖啡馆至今仍然生意兴隆，口碑甚好，早晨8点营业，半夜打烊，仍保持法国传统，即周六、周日休息。那时候，每天在咖啡店里的客人们不会注意坐在角落里奋笔演算的吴文俊，但正是在这家咖啡馆里，吴文俊完成了引发"拓扑地震"的"真正的工作"。

"咖啡麻油"是吴文俊数学人生的一个重要地标。

新市政厅咖啡馆（王浩霖拍摄）

或许是为了登门道贺，有一天，嘉当跟他的得意门生让-皮埃尔·塞尔（Jean-Pierre Serre, 1926—   ）跑到吴文俊住的旅馆里来看他，他们是突然来的，吴文俊不知道，也没有思想准备。看到吴文俊住在半地下、只有一间、

---

1 巴黎第七大学博士研究生王浩霖同学通过实地探访，确定了"咖啡麻油"的法文名称和具体位置，并拍摄了照片，在此表示感谢。

白天都很暗的这样一间房子里，塞尔嘴快，脱口而出："这简直是地狱，哪是人住的呀。"这句话永远地刻在吴文俊心中。

他们一走，吴文俊马上就搬家了，搬到一个教会办的旅馆，那里的条件就好很多了。

第三章　"拓扑地震"

抱团："四大天王"

1945 年嘉当在巴黎举行了一个研讨班，主题集中在多复变分析、层论和谱序列。这个研讨班对让-皮埃尔·塞尔、阿曼德·保莱尔（Armand Borel，1923—2003），亚历山大·格罗滕迪克（Alexander Grothendieck，1928—2014）和约翰·弗兰克·亚当斯（John Frank Adams，1930—1989）等青年数学才俊产生了深远的影响，他们后来成为法国数学界年轻一代的领军人物。

阿曼德·保莱尔

1948 年年末起，讨论班的主题集中在代数拓扑。1949 年秋，吴文俊师从嘉当，积极参加嘉当的讨论班。嘉当接受了塞尔的建议，把在讨论班报告的论文结集出版（*Séminare Henri Cartan*），从 1948 年到 1964 年，共出版了 16 卷。[1] 吴

---

1 *Séminaire Henri Cartan* ［EB/OL］［2024 - 12 - 04］. http://www.numdam.org/actas/SHC. 感谢博士生王浩霖同学提供这一信息。

文俊的报告刊登在第 2 卷，主题是"纤维空间的示性类：格拉斯曼上同调"，共分 2 次。这是吴文俊参加"嘉当讨论班"的真实记录。

从第 2 卷的目录可以看出，嘉当当然是讨论班的"主角"，18 篇论文中，嘉当有 9 篇，塞尔 4 篇，保莱尔和吴文俊各 2 篇，还有 1 篇的作者为布兰查德（Blanchard）。

Séminaire Henri CARTAN

E.N.S., 2e année : 1949/1950

Espaces fibrés et homotopie.

-:-:-:-

TABLE DES MATIÈRES

-:-:-:-

Nombres de pages

Nº 1.- J.P. SERRE : Extension des applications. Homotopie 6

2.- J.P. SERRE : Groupes d'homotopie 7

3.- H. CARTAN : Problèmes d'homotopie et de prolongement : théorie des obstructions 10

4.- H. CARTAN : Applications d'espaces localement compacts dans des polyèdres : dimension, problèmes d'homotopie et de prolongement 10

5.- A. BLANCHARD : Exemples d'espaces fibrés 5

6.- H. CARTAN : Généralités sur les espaces fibrés, I 13

7.- H. CARTAN : Généralités sur les espaces fibrés, II 5

8.- H. CARTAN : Généralités sur les espaces fibrés, III 8

8bis.- H. CARTAN : Généralités sur les espaces fibrés (appendice) .. 6

9.- J.P. SERRE : Groupes d'homotopie relatifs. Application aux espaces fibrés 8

10.- J.P. SERRE : Homotopie des espaces fibrés. Applications 7

12.- A. BOREL : Groupes d'homotopie des groupes de Lie, I 8

13.- A. BOREL : Groupes d'homotopie des groupes de Lie, II 3

14.- H. CARTAN : Carrés de Steenrod, I 10

15.- H. CARTAN : Carrés de Steenrod, II 10

17.- WU WEN-TSÜN : Les classes caractéristiques d'un espace fibré I : Cohomologie des grassmanniennes 7

18.- WU WEN-TSÜN : Les classes caractéristiques d'un espace fibré II. 5

19.- H. CARTAN : Cohomologie réelle d'un espace fibré principal différentiable. I : Notions d'algèbre différentielle, algèbre de Weil d'un groupe de Lie 10

20.- H. CARTAN : Cohomologie réelle d'un espace fibré principal différentiable. II : Transgression dans un groupe de Lie et dans un espace fibré principal ; recherche de la cohomologie de l'espace de base 11

"嘉当讨论班"第 2 卷目录，序号第 17、18 是吴文俊的论文

（注意：缺 11、16，故总计是 18 篇论文）

　　吴文俊很快融入了这个新的团体，他们在讨论班上相互切磋，平时相互交流。吴文俊后来回忆道：

　　托姆、塞尔和我都是嘉当的学生，我们三个关系甚好。托姆和我是不用说了，塞尔是嘉当正式的学生，我到巴黎后，跟嘉当，自然就和他认识了，不过没有什么私人交往。塞尔不仅学问做得出色，人也非常好。托姆的博士论文就是塞尔帮着整理的，写得比较正规化一点，后来托姆得菲尔兹奖的工作也是塞尔帮着整理的，他是真正无私地帮忙。塞尔这个人非常好，很正派，没有什么歪门邪道，现在在法国还是第一把手，没有问题。我对他非常佩服，真的佩服。[1]

让-皮埃尔·塞尔

塞尔在清华大学做讲座（2017 年）

　　吴文俊夸赞塞尔为人正派，塞尔的确也告诉吴文俊很多重要的东西，有些重要的思想相当于是"送"给了吴文俊，这在学术界并不是谁都能做到的。遗憾的是那时吴文俊正忙着回国，还"心血来潮"地对物理产生了兴趣，没有太在意塞尔的话，否则吴文俊的收获还要大得多！

1　吴文俊. 走自己的路：吴文俊口述自传［M］. 邓若鸿，吴天骄，访问整理. 长沙：湖南教育出版社，2015：99.

　　塞尔完成了同伦论的一次革命，1954 年在第 14 届国际数学家大会上获得菲尔兹奖，那时他才 27 岁，成为迄今为止最年轻的获奖者。1955 年，塞尔应邀访问日本，留下一张珍贵的照片（上页左图）。2000 年，塞尔获得沃尔夫奖（Wolf Prize），2003 年获得首届阿贝尔奖（Abel Prize）。2017 年 4 月，清华大学数学学科建立 90 周年之际，丘成桐数学科学中心特邀塞尔来校举办讲座。一个小时的讲座，91 岁高龄的塞尔完全使用黑板板书，简明干练，一丝不苟（上页右图）。

　　保莱尔是霍普夫的学生，获得博士学位后从瑞士到巴黎留学，跟随嘉当做博士后。保莱尔数学知识很丰富，他后来在普林斯顿研究院数学所任教，成为美国的数学权威，名气很大。吴文俊称赞他是个"大学问家"。

　　"嘉当讨论班"推出的系列报告，产生了轰动的学术反响，也扩大了吴文俊、托姆、塞尔和保莱尔在欧洲数学界的影响，用现在的流行语说，他们四个人可谓当时拓扑界的"四大天王"，更重要的是这四个人的工作引发了一场数学界的"拓扑地震"。[1]

　　20 世纪 50 到 60 年代，代数拓扑学的辉煌使它成为现代数学的女王。[2] 而吴文俊、托姆、塞尔和保莱尔这"四大天王"为代数拓扑献上了"加冕礼"。

　　1924 年，第七届国际数学家大会在加拿大多伦多举行，数学家约翰·查尔斯·菲尔兹（John Charles Fields, 1863—1932）担任大会主席，他为筹备这次大会竭尽全力，以致积劳成疾。大会之后经费尚有结余，菲尔兹呼吁用这笔钱设立一个国际性数学奖。1932 年，菲尔兹的心愿终于得以实现。在苏黎世举行的第九届国际数学家大会上，国际数学联盟宣布设立以他的名字命名的菲尔兹奖，并从 1936 年开始颁发。菲尔兹奖每 4 年颁发一次，每次授予 2 至 4 名有卓越贡献的数学家，要求获奖者年龄必须在 40 岁以下。

---

1 吴文俊. 走自己的路：吴文俊口述自传［M］. 邓若鸿，吴天骄，访问整理. 长沙：湖南教育出版社，2015：99.

2 胡作玄，邓明立，阿廷. 布尔巴基学派的先驱［J］. 自然辩证法通讯，2009，31（1）：71-80.

因诺贝尔奖未设置数学奖，该奖被誉为"数学界的诺贝尔奖"。现在，菲尔兹奖已成为数学王国里的一颗耀眼的明珠，是无数数学家心目中向往的目标。

"四大天王"中的塞尔和托姆分别于 1954、1958 年获得菲尔兹奖，可见这场"拓扑地震"波及之广，影响之远。

震中：吴示性类

1950 年春天，吴文俊基于过去和托姆的讨论和交流做了进一步研究，取得了突破性的成果，他在咖啡馆里做出的工作震动了法国。

这个成果出来后，嘉当在讨论班上给出了一个非常生动的评价，他说："这简直像变戏法，像魔术一样。"埃瑞斯曼也特地从斯特拉斯堡赶到巴黎来向吴文俊道贺。[1]

吴文俊向来谦虚，不事张扬。"拓扑地震"一事他几乎很少提及。但在一次访谈小憩中聊到当年的"拓扑地震"时，吴文俊冒出一句：

"拓扑地震，四个人，我是主要的。"[2]

国内最早听闻"拓扑地震"的故事的学者，是北京大学王诗宬院士：

第一次听人讲吴文俊先生是在 1970 年代末普林斯顿大学项武忠教授的一个报告会，项兴致勃勃谈起吴先生和 Borel、Serre、Thom，称他们为四颗重

1 吴文俊. 走自己的路：吴文俊口述自传 [M]. 邓若鸿，吴天骄，访问整理. 长沙：湖南教育出版社，2015：98.

2 吴文俊. 走自己的路：吴文俊口述自传 [M]. 邓若鸿，吴天骄，访问整理. 长沙：湖南教育出版社，2015：100.

磅炸弹，在 1950 年代初引起了数学，特别是拓扑学的地震。[1]

让我们听听吴文俊自己对"拓扑地震"的描述吧：

从中央研究院到我做博士论文，对示性类我已有了比较深入的研究了，1949 年做博士论文时，我系统整理了纤维丛及示性类的工作。

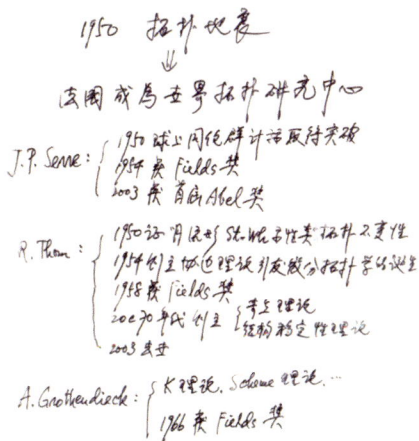

吴文俊对"拓扑地震"的总结

进一步的问题是，已有的这些示性类之间的关系是怎样的呢？基本性质是什么？如何计算？人们知之甚少。

我想，应该解决这些问题，这会是非常重要和基本的、核心的工作。

我首先说清了这些示性类，并给这些重要的示性类命名。

E. 史梯费尔和惠特尼各自提出的示性类实质上是相同的，我发现这个示性类是最简单的一种，把它命名为史梯费尔-惠特尼示性类（Stiefel-Whitey 示性类）。

再有就是苏联数学家庞特亚金示性类。我记得弄懂庞氏的示性类颇费了些周折。庞氏的文章是用俄文发表在苏联的数学期刊上的，我没有学过俄语。于是找来俄语语法书粗读一遍后，就拿着本俄文字典开始一字一句地啃庞氏的文章，最后硬是读通了，弄懂了庞氏示性类。

还有就是陈省身创立的示性类，我命名为陈示性类。陈示性类第一次出

---

1 王诗宬. 我心目中的吴文俊［G］//姜伯驹，李邦河，高小山，等. 吴文俊与中国数学. 上海：上海交通大学出版社，2016：115.

现是在陈很早的一篇文章里，不过不用示性类的名字，表达形式现在也看不懂了，至少我看不懂。陈省身示性类是这样一种东西：当你处理某一类的问题时，不是所有的问题，某一类的问题，你必定要有某些数学形式来表示出来。那么对于拓扑变换下的不变量，对于示性类，陈省身示性类是最合适了，对表达的东西，没有它不行，你说不出来说不清楚。我的发现是：别的示性类都可以从陈示性类中导出来，表达出来，而反之则不能，即陈省身示性类不可能用别的示性类表达出来。

哪些核心问题呢？

首先，我定义了一类示性类，在微分流形上，后来国际上把它称为吴示性类（简称吴类）；并建了一个公式，用吴类表示史梯费尔-惠特尼示性类，人们把它称作吴（第一）公式，这样史梯费尔-惠特尼示性类就变得极易计算了。

我还建立了揭示示性类彼此之间的关系式，国际上把它称为吴（第二）公式。到1965年，Dold证明，史梯费尔-惠特尼示性类的所有关系都可由吴公式导出。

有了吴类和这些吴公式，各种示性类之间的关系都清楚了，示性类也都可以计算了。这就是嘉当说的像变魔术一样的吴公式。

这样一来，抽象的数学概念变为具体可算的了。有了吴示性类，使示性类变为易于理解、适宜应用。同时，吴公式提供了方便计算的手段，由于许多情形容易计算，一下子许多结果都自然推出。如此开辟了拓扑学通向应用的道路。

自此，示性类不再神秘。[1]

吴文俊在拓扑学研究领域发表的论文数量并不多，但对拓扑学的发展产

---

1 吴文俊. 走自己的路：吴文俊口述自传 [M]. 邓若鸿，吴天骄，访问整理. 长沙：湖南教育出版社，2015：101 - 102.

生了深刻的影响，一些国际重要数学奖得主多次引用吴文俊的成果。据统计，共有 8 位重要数学奖得主引用了吴文俊的研究成果，其中菲尔兹奖得主有约翰·米尔诺（John Milnor, 1931—　）、托姆、史蒂芬·斯梅尔（Stephen Smale, 1930—　）、迈克尔·阿蒂亚（Michael Atiyah, 1929—2019），阿贝尔奖得主有阿蒂亚、米尔诺，沃尔夫数学奖得主有陈省身、弗里德里希·希泽布鲁赫（Friedrich Hirzebruch, 1927—2012）、米尔诺、斯梅尔、嘉当。[1] 引用情况如表 1 所示。

表 1　数学奖得主引用吴文俊的成果的情况

吴文俊的论著标题	引用该成果的数学奖得主
Sur les classes caractéristiques des structures fibrées sphériques	米尔诺、托姆、惠特尼、斯梅尔
Sur les puissances de Steenrod	希泽布鲁赫、托姆、阿蒂亚
Les i-carrés dans une variété grasmanienne	米尔诺、托姆、希泽布鲁赫、陈省身、嘉当
Classes caractéristiques et i-carrés d'une variété	米尔诺、托姆、希泽布鲁赫、阿蒂亚
论 понтрягин 示性类 I	米尔诺
论 ПОНТРЯГИН 示性类，II	米尔诺
论 ПОНТРЯГИН 示性类，III	米尔诺
On the isotopy of C^r manifolds of dimension n in euclaidean $(2n+1)$	斯梅尔

资料来源：陈克胜. "拓扑地震"：吴文俊对拓扑学发展的影响［G］//纪志刚，徐泽林. 论吴文俊的数学史业绩. 上海：上海交通大学出版社，2019：224。

1　陈克胜. "拓扑地震"：吴文俊对拓扑学发展的影响［G］//纪志刚，徐泽林. 论吴文俊的数学史业绩. 上海：上海交通大学出版社，2019：223.

启示：法国数学之魂

过去的很长一段时间里，法国是世界数学的重镇，诞生了许多重要的数学家及理论。17 世纪有勒内·笛卡儿（René Descartes, 1596—1650）的解析几何、皮耶·德·费马（Pierre de Fermat, 1601—1665）的数论、布莱士·帕斯卡（Blaise Pascal, 1623—1662）的概率论，18 世纪的约瑟夫·拉格朗日（Joseph-Louis Lagrange, 1736—1813）、皮埃尔·西蒙·德·拉普拉斯（Pierre Simon de Laplace, 1749—1827）、阿德利昂·玛利·勒让德（Adrien Marie Legendre, 1752—1833）、让·巴蒂斯特·约瑟夫·傅立叶（Jean Baptiste Joseph Fourier, 1768—1830）把法国数学推上了辉煌的时代，19 世纪初有埃瓦里斯特·伽罗瓦（Évariste Galois, 1811—1832）的群论，稍后是庞加莱丰富多彩的工作——从天体力学到组合拓扑学。但是，第一次世界大战给法国科学事业带来了灾难性的破坏。当时，德国的科学家被留在后方进行科学研究，致力于提高德军战斗力，而法国年轻的科学家几乎都上了前线，他们中的大部分人再也没能回来。

老一辈的法国数学家曾在数学分析、函数论方面做出了杰出的成就，但二战后他们大都是 50 岁上下的人了，他们对当代数学只有相当含糊的概念，对德国数学学派的优秀成果、迅速发展的俄国学派以及红极一时的波兰学派都一无所知。

法国布尔巴基（Bourbaki）学派就是在这样的历史条件下出现的。

1949 年 8 月，一群年轻的法国人在德国奥伯沃尔法赫（Oberwolfach）集会，他们以公理化方法为基础，以新的统一为目标，从整体上彻底改写了数学。这是一次真正大胆的冒险，只有年轻人才敢冒险。当然，他们中的一些人当时已经大名鼎鼎，如安德烈·韦伊（André Weil, 1906—1998）、嘉当、让·迪尔多厄（Jean Dieudonné, 1906—1992），还有一些人是快速成长起来的新生力量，比如塞尔、瑞伯和托姆。那时候的一张照片展示了 1949

年秋天会议的部分与会者。很遗憾，由于遭遇车祸，嘉当未能到会，他的身影未能进入这张被载入史册的照片。[1]

参与创立布尔巴基学派的年轻人
左起：托姆、阿尔波特（Arbault）、塞尔、塞尔的妻子（Josiane）、布拉库涅（Braconnier）、瑞伯

照片上是一群充满青春朝气的年轻人：塞尔神采飞扬，两只手插在短裤的口袋里，站在中央，似乎也预示着他将来在青年布尔巴基学派中的领袖地位；最左边的托姆笑容含蓄，显得多少有些羞涩；而最右边的瑞伯嘴上叼着烟斗，神情严肃，似乎还在思考数学问题。

更有意思的是这群年轻人与吴文俊关系很不一般：托姆是他的好友，塞尔是他新交的朋友，瑞伯是他的博士论文合刊人。这样，布尔巴基学派的创始人、中坚力量和后起之秀，或是吴文俊的导师，或是吴文俊的好友与同门。吴文俊置身其中，深深受到布尔巴基学派的感染和浸润，从一开始的

---

1 G M GREUEL. Mathematics Between Research, Application, and Communication [EB/OL].
(2012 - 01 - 01)[2024 - 05 - 20]. https://www.researchgate.net/publication/301171280.

"不接受""不理解"，到后来慢慢认识到了布尔巴基学派的意义和价值。

1951 年，吴文俊还在法国时，就写了《法国数学新派——布尔巴基派》，这是国内最先介绍布尔巴基学派的文章。吴文俊在文章中写道：

> 近 20 年来法国有一部分青年数学家以 N. Bourbaki 为名，兴起了对数学的一种革新运动，数学发展到了 20 世纪，分支愈加复杂，会有人认为数学已划分为许多不同的畛域，各有各的特点和界限，仅有少数路径可以互相沟通。学者们终其一生，只能在一隅之地作狭而深的研究，要懂得全部数学已不可能，但 Bourbaki 却抱着极大野心想用统一的方法和统一的观点冶数学全部于一炉。他们认为，到了目前，数学在表面上虽然部门增加，方向繁多，事实上却比以前更加统一。因此法文的数学原名 Les mathématiques（多数），Bourbaki 派把它改成 la mathématique（单数）。
>
> 为此 Bourbaki 派创造了"构造"（structures）一词，统一了数学研究的对象。所谓构造，可以说是表示一个集合中各元素之间的关系而把它们组织起来的一种方式。试举一切实数所成的集合 R 为例，在 R 的各元素——实数——之间存在着下面三种关系：1° 实数可按大小排列；2° 任两实数可以相加相乘以得另一实数；3° 一串实数有时有极限值。把这种关系抽象化，可能得到集合的三种构造。[1]

吴文俊在论文中介绍的三种构造是：序次构造、代数构造和拓扑构造。吴文俊特别关注布尔巴基学派的"构造性"思想：

> 在 Bourbaki 派的分析之下，数学无非是许多简单与复杂、普遍与特殊的种种构造的研究。上面所说的三种构造可以说是数学的"基本构造"。在一

---

1 吴文俊. 法国数学新派：布尔巴基派［M］//吴文俊，李文林. 吴文俊全集·数学思想卷. 北京：科学出版社，2019：3.

个集合里面同时讨论几种不同的基本构造，用若干公理把它们联系起来，则可得到比较复杂的"联合构造"。[1]

这就为吴文俊日后从构造性观点认识中国传统数学埋下了一颗种子。然而，值得注意的是，吴文俊在晚年对布尔巴基学派进行了反思：

虽然布尔巴基学派建立了很多"伟大业绩"，但其精神实质是什么呢？布尔巴基学派创建之初，法国数学已濒临丧失过去二百多年来国际领先地位的境地，而且与周围各国的差距颇有扩大之势。经过布尔巴基学派数十年的惨淡经营，到 20 世纪中期后，终于使法国数学重新站到了世界舞台的中心。

我在国外曾遇到一位第三世界数学家，他说了这样一句话："布尔巴基是法国民族精神的产物。"此语可谓一针见血，这位数学家口中的布尔巴基，才是真正的布尔巴基！他们所体现出的是法国的民族精神和"传统"。

布尔巴基学派到 20 世纪 80 年代就衰败了，对他们的思想与体系也颇有争议，其成功确也有一定的范围和局限。但他们为重振法兰西精神所做的努力，不仅对法国人民是可贵的，也可供其他国家的人们借鉴与学习。我想，布尔巴基学派真正值得我们学习的，就是他们的这种精神！而其他的，诸如各项特殊的成就、有争议的思想体系等等，都在可学可不学、可从可不从之间。[2]

布尔巴基学派代表的是法国的民族精神与传统。那么，什么是中国数学的传统？中国传统数学的精神又是什么？

传统与精神，这正是吴文俊所思考的、要追寻的。

---

1 吴文俊. 法国数学新派：布尔巴基派［M］//吴文俊，李文林. 吴文俊全集·数学思想卷. 北京：科学出版社，2019：3.
2 吴文俊. 走自己的路：吴文俊口述自传［M］. 邓若鸿，吴天骄，访问整理. 长沙：湖南教育出版社，2015：107－108.

第三篇
归去来兮

刚刚建立不久的新中国居然跟美国打了一个平手，我很感慨，从挨打到跟美国打成平手，这是了不起的。能单独跟外国列强打成平手是自从鸦片战争以后没有过的。

我决心回国。

吴文俊《走自己的路——吴文俊口述自传》

第一章　从北大到数学所

受聘北大

每位海外游子都有同一个故乡梦，但归途的故事却各不相同。

吴文俊的故事是这样的：

抗美援朝，中国跟美国打了平手，我很兴奋，认为新中国很了不起。

近代以来中国历来都是挨打的，从 1840 年鸦片战争开始。甚至日本和俄罗斯打仗，都跑到我们的东北打，跑到中国的领土上面打！这次刚刚建立不久的新中国居然跟美国打了一个平手，我很感慨，从挨打到跟美国打成平手，这是了不起的。能单独跟外国列强打成平手是自从鸦片战争以后没有过的。

我决心回国。[1]

对吴文俊回国这件事，他的两位老师的态度迥然不同。埃瑞斯曼想留下吴文俊，"巴黎好吃好玩的地方有的是"，劝他不要走，将来还可以赚到大钱。而嘉当却对吴文俊说："你回中国去，可以招一批年轻的人，搞一个集体，为中国发展数学事业。"

"为中国发展数学事业！"这正是吴文俊对未来的憧憬。

1951 年 7 月，吴文俊踏上了归途。

---

1 吴文俊. 走自己的路：吴文俊口述自传［M］. 邓若鸿，吴天骄，访问整理. 长沙：湖南教育出版社，2015：116 - 117.

1951年吴文俊（左二）在回国的船上

　　吴文俊回国后的第一站是北京大学，原来，吴文俊还在斯特拉斯堡的时候，江泽涵就把他"预定了"。

　　江泽涵早年在南开大学师从姜立夫学习数学，毕业后跟随姜立夫到厦门大学，并担任姜立夫的助教。1927年赴美留学，于哈佛大学获得博士学位，随后到普林斯顿大学数学系研究不动点理论。1931年，江泽涵以姜立夫为榜样，学成回国，到北京大学任数学系教授，不久便担任数学系主任。1947年夏，他被教育部选派出国进修，本拟再去普林斯

江泽涵

顿高等研究所，临行前在姜立夫和陈省身的劝说下，改去瑞士苏黎世高等工

吴文俊在北大

业学院。正是在瑞士期间，江泽涵访问了斯特拉斯堡，与吴文俊相约："你要是回到中国，要到北大来，我们一起发展拓扑。"

吴文俊践行诺言，应约而至。

作为大学教授，首先是要走上讲台给学生讲课的。但用吴文俊自己的话来说，他的讲课并不成功：

我在北大讲课。我开始不大会讲课，或者说我在北大讲课很不成功，就好像我在初中教课也是挺失败的。

…………

在北大讲课讲的是微分几何，我本来就是外行，加上微分几何用的是美国格劳斯坦的书，这本教材过于琐碎而不十分严格。北大的课程不是随便开的，不是你想讲什么就讲什么，微分几何是必修课，而拓扑不是。各人的强项不同，不过很多年以后，我就比较会讲课了。[1]

吴文俊本来希望能在北京大学这样的重要学府中开展拓扑学研究，但没想到回国不久，一场接着一场的政治运动在全国开展，北大似乎卷入程度更深，甚至江泽涵都成了"重点批判对象"，这令吴文俊十分尴尬。恰好，1952 年 7 月，中国科学院数学研究所正式成立，华罗庚（1910—1985）出任所长，1952 年 11 月，关肇直（1919—1982）也正式调入。吴文俊向江泽涵提出想换个地方，到数学所去。江泽涵为北大着想，当然不愿意吴文俊离开

1　吴文俊. 走自己的路：吴文俊口述自传［M］. 邓若鸿，吴天骄，访问整理. 长沙：湖南教育出版社，2015：120.

北大，但从大局考虑，最终还是同意放行。

　　吴文俊在北京大学任教大约一年，但北京大学没有忘记这位校友，将学校历史上第一个"北京大学杰出校友"的荣誉称号授予了吴文俊。[1]

来到数学所

　　吴文俊来到数学所的第一项"成果"是成家。

　　1953 年 5 月，吴文俊到上海出差，经一位亲戚介绍认识了在上海电信部门工作的陈丕和，两人一见钟情，没几天就结婚了。数学所的同事们打趣地说"吴文俊这是闪电式结婚"，用今天的话说就是"闪婚"。数学所对吴文俊

吴文俊与陈丕和的结婚照（1953 年）（吴天骄供图）

1　余玮. 吴文俊"数学机械化之父"的圆满句号［J］. 中华儿女，2017，（10）：14 - 17.

的异地婚姻关爱有加，当年年底就帮忙把陈丕和调到北京，先让她在六部口的电信局工作，一年后就调到了数学所的图书馆。陈丕和英文、法文都很好，外文打字水平也很高，吴文俊的英文论文和专著大部分都是陈丕和帮忙打的。

"闪婚"给吴文俊带来了家庭的温暖和幸福。随后的几年里，他们有了三个女儿和一个儿子，陈丕和承担了全部的家务，多年来家里的一切陈丕和都安排得井井有条，让吴文俊十分舒适安逸。吴文俊甚至得意扬扬地说过："秤不离砣，汉不离婆。"[1]

吴文俊刚到数学所时，所里只有十几个人。那时数学所在清华园里面，办公室在一个二层小楼，宿舍在小楼旁边的平房。

华罗庚是数学所的首任所长。吴文俊对华罗庚十分佩服和敬重。吴文俊认为"华罗庚对中国数学的发展是有功之臣，中国的数学到现在这个地步，华罗庚先生是起了很大的作用"[2]。值得一提的是，吴文俊从华罗庚先生那里知道了中国古代数学的意义和价值，这似乎为他日后的中国数学史研究埋下了伏笔。吴文俊是这样说到华罗庚先生对他的影响的：

华罗庚

比如对中国的数学。从西方数学传到中国来以后，对中国古代的数学，

1　吴文俊. 走自己的路：吴文俊口述自传［M］. 邓若鸿，吴天骄，访问整理. 长沙：湖南教育出版社，2015：128.

2　吴文俊. 走自己的路：吴文俊口述自传［M］. 邓若鸿，吴天骄，访问整理. 长沙：湖南教育出版社，2015：124.

大家都看不起，认为没什么。华罗庚写了许多小册子[1]，讲中国古代数学的一些成绩，这个眼光不简单。那时候很多中国人都看不起中国自己的数学，他能够提出来与众不同的观点，这个很不简单，我特别佩服。

我自己过去也是对中国古代数学看不起的，认为就是讲加减乘除的，一直到后来才转变了眼光，中国古代数学有特定的一套，跟西方数学不一样。可是华罗庚早有这种感觉，他对中国古代数学了解的深度不算多，但他能够领略中国古代数学好的地方，真不简单，当时很少中国人能够做到这一点。[2]

"龙腾科大"

中国科学技术大学（以下简称科大）于 1958 年 9 月在北京创建[3]，首任校长为郭沫若。科学院创办该校的初衷是自主解决优秀人才的来源问题。

科大数学系的教学计划由数学所负责制定。当时是这样设定的：每届学生的教学由一位导师从头至尾负责，包括开设课程、选用教材和确定授课人员等等，简称"一条龙教学"，这是华罗庚倡导的。第一届学生 1958 年入学，1963 年毕业，由华罗庚负责；第二届学生 1959 年入学，1964 年毕业，由关肇直负责；第三届学生 1960 年入学，1965 年毕业，由吴文俊负责。

后来人们把这种教法叫作"一条龙"。于是就有了"华龙""关龙"和"吴龙"的说法。

---

1 如《从杨辉三角形谈起》（1964）、《从祖冲之的圆周率谈起》（1964）、《从孙子的"神奇妙算"谈起》（1963）。

2 吴文俊. 走自己的路：吴文俊口述自传［M］. 邓若鸿，吴天骄，访问整理. 长沙：湖南教育出版社，2015：124 - 125.

3 1970 年初，中国科学技术大学迁至安徽省合肥市。

"华龙""关龙"和"吴龙",真可谓"龙腾科大",三种不同的教学风格,各放异彩,交相辉映,构成了中国现代数学教育史的伟大创举。

不过,吴文俊回忆此事,似乎有些"愤愤不平":

我的第一次讲课是被临时通知的,估计其他人都是事先知道,可是我不知道,头一天通知我去讲课第二天就上课。这个我对当时数学所的领导有"意见",应该早点打个招呼。开始没什么经验,所以教得"一塌糊涂"。应该早一些通知,至少有个思想准备。

最早我在力学系教微积分,不过教课效果一般。后来转到数学系讲课,我是很认真对待的,把能找到的有关微积分的英、德文版的书几乎都买了来,也有一些翻译的苏联教材,力求完整透彻理解。苏联的教材计算太多,有些烦琐。于是,我自己参考外文书来教。[1]

多年之后,每当数学系1960级的同学聚会,他们都会深情地回忆当年"吴龙"教学的盛况。李文林是"吴龙"班上的学生,以下是他对"吴龙"的回忆:

当然,吸引同学们的,除了吴先生课程的科学魅力,还有这位著名数学家的人格魅力。吴先生到科大开课时,已经是学部委员、国家自然科学一等奖得主。当同学们坐在科大的教室里亲耳聆听这位他们仰慕已久的数学大师讲课时,同学们的感觉岂止是幸运,而当他们看到这位大数学家对于微积分这样一门基础课的教学是那样认真和投入,同学们的感情又岂止于仰慕!吴先生为这门课程精心编写了讲义。当时没有计算机,讲义一般由学校刻印室刻写油印。但有一次同学们惊讶地发现发下来的讲义竟是吴先生自己的字

1　吴文俊. 走自己的路:吴文俊口述自传 [M]. 邓若鸿,吴天骄,访问整理. 长沙:湖南教育出版社,2015:179.

体。也许是当时刻印室忙不过来，或者是这部分讲义（内容是关于交错微分形式）特殊符号太多，总之吴先生亲自刻写了这部分讲义！还有一次，同学们在发下的讲义中看到这样一段注文："原讲义关于函数相关一节中的第二个定理［页7］是错误的，邹同学曾经指出并举出反例如下……"事情原来是这样的：一位同学发现在之前的讲义中关于函数相关的一条定理有问题，并向吴先生反映。吴先生验证后立即在后续讲义中作了更正，并公布了该同学举的反例。这件事说明"吴龙"教学过程中同学们勤学好问及师生互动的活跃气氛，同时也反映了吴先生爱护学生的学习热情、鼓励他们独立思考与创新的宽广胸怀。正是通过这一桩桩看似平凡的事例，同学们深切感受着这位名重数坛的学者品格和风范。

…………

吴文俊院士在科大开设微积分课程离今已将近半个世纪，但许多同学还清楚地记得吴先生给大家上第一堂课的情景。吴先生身着灰蓝色风衣，稳步走上讲台，以这样的话开始他的课程："微积分是初等数学与高等数学的分水岭。"在一年半的时间里，每周二节，风雨无阻，吴先生以他那深入浅出、独树一帜的课程，引导同学们步入高等数学的殿堂。多年以后，每当数学系1960级同学聚会之际，大家都会深情地回忆当年"吴龙"教学的盛况，一致感到"吴龙"教学，包括吴先生本人的课程和所有的配套教学，为自己的终身发展奠定了坚实的基础，成为每个人在不同岗位上为人民服务、为国家效力的无尽资本。科大数学系1960级两个班共83名学生，毕业后分配到科研院所、高等院校、产业部门（包括电力、气象、钢铁、石油、交通、信息、出版等）、国防单位（包括航天、核工业、兵器、装备、总参

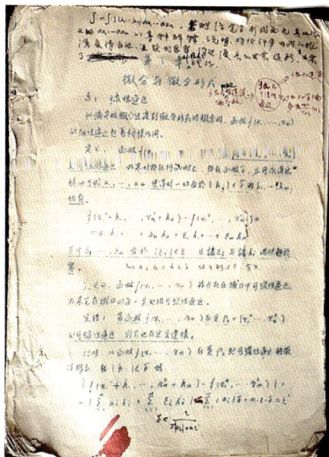

吴文俊在科大时手刻的微积分讲义（李邦河保存）

等）和政府机关等各条战线，多年来，在不同岗位、不同职位上为国家的发展作出了贡献。据不完全统计，他们中已有 42 人获得了教授或研究员职称（其中博士生导师 15 人）；15 人获高级工程师职称，特别是，如前所述，其中已产生中科院院士一名。此外，还有一人被授予少将军衔，一人担任全国政协常委。将近半个世纪以来，同学们无论走到何地，也无论职位高低，都以在科大接受的教育为终生的荣幸和不断奋进的动力。[1]

中科大6011年级-吴文俊老师数学思想研讨会留影
2015年9月1日于北京

"吴龙"学生与老师最后一次合影（2015 年 9 月 1 日）（李文林供图）

拍板发表 "1＋2"

吴文俊在数学所没有担任行政职务，却是《中国科学》《科学通报》的数学主编。他利用主编的"特权"，为中国数学做出了一项载入史册的特别

1　李文林. 忆"吴龙"［G］//姜伯驹，李邦河，高小山，等. 吴文俊与中国数学. 上海：上海交通大学出版社. 2016：239 - 242.

贡献。

1978 年《人民文学》第一期发表了徐迟的《哥德巴赫猜想》，这篇报告文学堪比一篇政治檄文，创下了轰动全国的奇迹：让陈景润走进了千家万户。几乎人人都在谈论："一位数学家证明了'1＋2'，了不起！"

早在 1742 年，普鲁士数学家克里斯蒂安·哥德巴赫（Christian Goldbach，1690—1764）在给莱昂哈德·欧拉（Leonard Euler，1707—1783）的信中提出了以下猜想：不小于 6 的偶数能表示为两个奇素数之和，不小于 9 的奇数能表示为三个奇素数之和。欧拉在回信中说：虽然我还不能证明它，但我确信它是成立的。欧拉在信中简化了猜想的表述：任何一个偶数（$N \geqslant 4$）是两个素数之和。用 N 表示大于 4 的偶数，p 表示素数，哥德巴赫猜想用数学公式表示就是：

$$N = p_1 + p_2$$

徐迟《哥德巴赫猜想》单行本

这一猜想是如此简洁明了，但却让欧拉也无法证明。不久，这一猜想便广泛流传开来。曾有人说，如果数论是数学王冠，哥德巴赫猜想就是王冠上的明珠！

华罗庚是中国最早研究哥德巴赫猜想的数学家。20 世纪 50 年代，华罗庚在数学研究所组织数论讨论班，选择哥德巴赫猜想作为讨论的主题。参加讨论班的学生，例如王元（1930—2021）、潘承洞（1934—1997）和陈景润（1933—1996）等在哥德巴赫猜想的证明上取得了相当好的成绩。把一个偶数表示成两个素数的和，简称为"1＋1"。一步到位证明"1＋1"很难，数学家们的办法是先证明一个偶数可以表示为 n 个素数的乘积，加上 m 个素数的乘积，简称"$n＋m$"。1956 年，王元证明了"3＋4"；同年，苏联数学

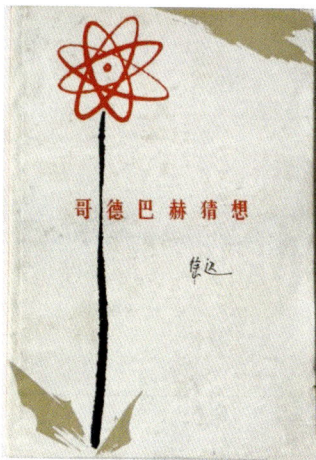

家伊万·马特维耶维奇·维诺格拉朵夫（Иван Матвеевич Виноградов，1929—2005）证明了"3＋3"；1957 年，王元又证明了"2＋3"；潘承洞于1962 年证明了"1＋5"；1963 年，潘承洞、王元又都证明了"1＋4"。

1965 年冬的一天，关肇直顶风踏雪匆匆敲开了吴文俊家的房门，他手里拿着一沓稿纸，激动地对吴文俊说道："这太重要了，这太重要了！"

原来关肇直手里拿的正是陈景润证明"1＋2"的手稿！陈景润在对"筛法"作了新的重要改进后，证明了任何一个充分大的偶数，都可以表示为两个数之和，其中一个是素数，另一个或为素数，或为两个素数的乘积，用通俗的话来说，陈景润证明了"1＋2"。

当时，科学院有两大重要刊物，分别是《中国科学》与《科学通报》，吴文俊是这两份杂志的数学主编。当时数学所中，众人对是否发表陈景润的这一工作成果有着不同看法。关肇直认为应该设法尽早登出，吴文俊非常赞同，立即拍板，把陈景润关于"1＋2"证明的简报在《科学通报》当期登出。

正是这一当机立断，使这篇文章赶上了历史时机，因为从下一期开始，《科学通报》就不许刊登学术论文，只许登政治性的文章了。

直到"文革"以后，刊物恢复正常，陈景润关于"1＋2"详细证明的文章才得以在 1973 年登载于《中国科学》，在国内外引起轰动。登载于 1966年的这份简报使该成果的获得时间更明确了。

林群院士曾以《一位超人》为题，撰文纪念吴文俊，这篇 500 余字的短文只记录了一件事，那就是吴文俊拍板决定在《科学通报》中文版和英文版上同时发表陈景润证明"1＋2"摘要的历史价值和意义：

1956 年中科院数学研究所设在北京西苑旅社的一座小楼里，人不多（几十人吧），上班倒能见到吴先生，给人的印象是一位腼腆沉默的人，从来没有对他自己的成就夸过口，怎么想到他就是在拓扑学界闹过地震，备受国内外推崇，并经国际严格评审，获得中国首届自然科学奖一等奖的大人物！他

数　学

表大偶数为一个素数及一个不超过二个素数的乘积之和

陈 景 润

（中国科学院数学研究所）

KEXUE TONGBAO

A Semi-monthly Journal of Science Published by Academia Sinica

VOLUME 17, NUMBER 9　　　　　　　15 MAY 1966

MATHEMATICS

ON THE REPRESENTATION OF A LARGE EVEN INTEGER AS THE SUM OF A PRIME AND THE PRODUCT OF AT MOST TWO PRIMES

CHEN JING-RUN (陈景润)

Institute of Mathematics, Academia Sinica, Peking

(Received 14 April 1966)

1966 年 5 月《科学通报》中英文版同时刊发陈景润证明"1+2"的简报

跟当时的要人、名人保持距离、敬而远之，甚至相遇时也是躲着走开，连春节拜年也回避了，只是默默地做自己的事，而大奖（越来越大）还不断给他送来。这只能说他是一位超人。

可是，正是这位超人，对强者保持距离的同时，对弱者却怀有一颗最善良的心。在"文革"前夕，陈景润对哥德巴赫猜想做出了 1+2 的结果，当时的舆论把这项工作说成是"封资修"、理论脱离实际的典型，这怎么能在中国发表呢？就在这时，主持工作的副所长关肇直先生却提出：不发表陈景润的工作将会成为历史的罪人。于是，由他找到时任《科学通报》数学编委的吴文俊先生，后者则冒着被批为"反动权威"的风险，毅然把这项工作推荐到《科学通报》上发表了。这恰好赶上了"文革"前的最后一期！真是天公有眼，没有辜负陈景润先生的血泪成果。没有夸张地说，这挽救了陈景润的生命，使他有信念度过"文革"这十年。所以正是吴先生使陈先生得救了，正是吴先生使陈先生越过"文革"，保持了 1+2 的世界纪录。[1]

但对这样载入中国历史的重大事件，吴文俊却淡淡地说：

这主要是关肇直的功劳，我是"被动的"。[2]

为而不持，功成而弗居。
何不为"超人"乎!

吴文俊（中）与陈景润（右）、党总支书记李尚杰（左）在交谈

1　林群. 一位超人 [G] //姜伯驹，李邦河，高小山，等. 吴文俊与中国数学. 上海：上海交通大学出版社. 2016：45.

2　吴文俊. 走自己的路：吴文俊口述自传 [M]. 邓若鸿，吴天骄，访问整理. 长沙：湖南教育出版社，2015：282.

第二章　拓扑学的新突破

独上高楼

"如果我们想要预见数学的将来，适当的途径是研究这门科学的历史与现状。"这是法国数学家庞加莱的一句至理名言。吴文俊对此有着切身的体会。

1953 年到 1957 年是吴文俊得以安心研究的一段日子。他继续在做拓扑学方面的研究工作，却面临着意想不到的困难。

当时的新中国受到西方世界的封锁，与西方的学术交流基本中断，而那个年代拓扑学的研究重镇是法国和美国。20 世纪 50 年代初，吴文俊在法国掀动的"拓扑地震"极大地推动了拓扑学的一系列突破，拓扑学的发展可以说是突飞猛进。

可这个时候的吴文俊与西方拓扑学界处于一种隔绝状态，国内的同行也只有寥寥几人，他几乎是在"孤军奋战"。这时，要想在拓扑学上做出新的工作，取得有意义成果，该怎么办？

用吴文俊的话说：停下脚步向后看。

我这个人不喜欢简单地去追随什么"热点"，便"暂停"下来。同时在过去的许多年中，我一直把研究工作集中在突破拓扑学的示性类和纤维丛这个范围，我想是不是可以扩大研究范围，这是当时面临的一个问题，需要进行认真的思考。为了解决我所面临的"怎么样继续进行研究工作，同时又能够扩大我的研究范围"这个问题，我做了一个对拓扑学的全面分析，包括历史调查和当前状况研究。后来无意之中发现，我的这个做法符合了法国大数学家庞加莱所讲过的一句话：如果我们想要预见数学的将来，适当的途径是研究这门科学的历史与现状。

　　我把这次的研究结果，在数学所做了一次学术报告，对当时的拓扑学做了全面的分析。[1]

1956年吴文俊在数学所拓扑讨论班上讲课

　　吴文俊建立示嵌类理论成功的前提条件之一，就是采用了当时与他合作的托姆证明 Stwh 示性类拓扑不变性时引进的那种工具方法。这种工具和方法可以用于研究拓扑性而非同伦性的这种问题，吴文俊敏锐地发现可以集中精力研究这一类拓扑性的而非同伦性的问题。他"以此为工具，系统地研究嵌入问题，建立复合形的'吴示嵌类'的重要概念。并用类似的方法，研究浸入问题和同痕问题，建立了'吴示浸类'和'吴示痕类'的基本概念"[2]。

1　吴文俊. 走自己的路：吴文俊口述自传 [M]. 邓若鸿，吴天骄，访问整理. 长沙：湖南教育出版社，2015：130.

2　胡作玄，石赫. 吴文俊之路 [M]. 上海：上海科学技术出版社，2002：58.

用吴文俊的话说：这个选择是一个"反潮流"。而事实证明，这个"反潮流"，"反"对了！

我就对于这一类拓扑性的、非同伦性的问题进行了检查，尝试用托姆先生引进的那种工具方法，以及我知道的一些方法，全面检查拓扑性而不是同伦性的这类问题。这个尝试很大一部分是没有成功的，或者根本就是失败的，可也有一些方面取得了成功，一类是对非同伦性组合不变量的问题，还有一类所谓嵌入问题、同痕问题，在这种情况下，我建立了示嵌类理论。

我关于示嵌类的研究，是我获得首届国家自然科学一等奖的工作的一部分。[1]

蟾宫折桂

1957 年 1 月 24 日，中国科学院公布了 1956 年度中国科学院科学奖金（自然科学部分）的评选结果，这是新中国成立以来第一次颁发面向全国的科学奖励。1978 年全国科学大会后，此奖项被追认为新中国"首届国家自然科学奖"。当时共评选出获奖论著 34 项，包括一等奖 3 项，二等奖 5 项，三等奖 26 项。钱学森、华罗庚和吴文俊分别凭借《工程控制论》《典型域上的多元复变数函数论》《示性类及示嵌类的研究》获得一等奖。

1957 年 5 月 30 日下午，在中国科学院第二次学部委员大会闭幕式上举行了 1956 年度科学奖金颁奖仪式。时任中国科学院院长郭沫若亲自授奖。

---

1 吴文俊. 走自己的路：吴文俊口述自传［M］. 邓若鸿，吴天骄，访问整理. 长沙：湖南教育出版社，2015：132.

一段只有 17 秒的影像资料，记录了颁奖典礼的珍贵时刻：

（获得）一等奖的有著名的数学家华罗庚教授、空气动力学家和弹性力学家钱学森教授、数学家吴文俊教授。

随着画外音，我们在影像中看到：华罗庚、钱学森、吴文俊依次走上前台，从郭沫若的手里接过证书，郭沫若一一与他们握手祝贺。

这是吴文俊第一次在国内领奖的影像记录，画面中的他当年只有 38 岁，似乎显得有些腼腆和羞涩。在这次学部委员大会上，吴文俊还被增聘为学部委员。[1]

当年的评审材料完好地保存在中国科学院档案处，郭金海的论文《中国科学院科学奖金评奖吴文俊折桂始末》为我们打开了那段尘封的历史。

吴文俊以 1952—1955 年发表于《数学学报》的关于拓扑学领域示性类与示嵌类研究的 9 篇论文（见表 2），由中国科学院数学研究所推荐参加评

吴文俊获中国科学院科学奖金一等奖奖状

1　中国科学院增聘学部委员名单［N］. 人民日报，1957 - 05 - 31（1）.

奖。数学研究所推荐前，请中国科学院物理学数学化学部委员、北京大学数学力学系教授江泽涵对吴文俊的论文做了学术鉴定。

表 2　吴文俊 1952—1955 年发表于《数学学报》的关于拓扑学领域示性类与示嵌类研究的 9 篇论文

序号	题目	期数
1	"格拉斯曼"流形中的平方运算	1952 年第 2 卷第 4 期
2	有限可剖分空间的新拓扑不变量	1953 年第 3 卷第 4 期
3	论 понтрягин 示性类Ⅰ	1953 年第 3 卷第 4 期
4	论 ПОНТРЯГИН 示性类，Ⅱ	1954 年第 4 卷第 2 期
5	论 ПОНТРЯГИН 示性类，Ⅲ	1954 年第 4 卷第 3 期
6	一个 H. Hopf 推测的证明	1954 年第 4 卷第 4 期
7	论 Понтрягин 示性类（Ⅳ）	1955 年第 5 卷第 1 期
8	论 Понтрягин 示性类 V	1955 年第 5 卷第 3 期
9	复合形在欧式空间中的实现问题Ⅰ	1955 年第 5 卷第 4 期

资料来源：《1956 年吴文俊的中国科学院科学奖金推荐书及学术鉴定》吴文俊获数学一等奖材料［A］. 北京：中国科学院档案，1956 - 02 - 052。

注：最终上报院部的为 8 篇论文，论文《论 Понтрягин 示性类 V》未提交审查。

1956 年 2 月 3 日，江泽涵完成学术鉴定。在鉴定中，他将吴文俊在《数学学报》发表的论文分为三类：①关于苏联数学家庞特里亚金的示性类的一系列的研究；②关于有限可剖分空间的新拓扑不变量的研究；③关于复合形在欧式空间中的实现问题的研究。对每个方面，江泽涵都说明了吴文俊的主要结果或成就。如对第一个方面，江泽涵指出："吴先生提供了这种示性类的本质的定义；用不同的方法证明了可微分闭流形的（用某种系数时）这种示性类是拓扑不变性，而不依赖于流形的微分构造；证明了霍普夫的关于这种示性类的一个推测；用流形的同调构造来给出一个显豁（explicit）公式，径而计算出特殊维的可微分闭流形的某示性类必为零，也径而把这种示性类推广到任意闭流形。"[1] 从总体上，江泽涵认为：吴文俊在这三方面的成果在拓扑学中都是有基本重要性的。①中所说的示性类的拓扑不变性是庞特里亚金所没有解决的问题。对于实现问题，波兰的著名拓扑学家库拉托夫斯基只解决了一个最特别的情形，即一维复合形在平面中的实现问题。这两个问题对熟悉拓扑情况的人来说是众所周知的，而吴文俊"有了关于它们的最好的工作"[2]。这是很高的评价。江泽涵的鉴定意见在数学研究所产生了不小的影响。数学所在推荐吴文俊的论文时，明确指出："同意鉴定人意见。我们认为应获得一等奖金。"[3]

在学部评选环节，吴文俊的论文由中国科学院物理学数学化学部负责审查。北京大学数学力学系教授廖山涛和南京大学数学系教授施祥林受邀进行初审。廖山涛和施祥林对吴文俊的工作都给予了充分肯定和高度评价。

1956 年 10 月 15—19 日，数学物理学化学部召开常务委员会扩大会议，对 27 件拟向科学奖金委员会推荐的著作进行正式复审。最终以无记名投票方式，以必须获得出席会议投票者 2/3 以上票数为原则，经该学部 27 位委员投票，向科学奖金委员会推荐 12 件著作。吴文俊与华罗庚的著作都以高票被推荐为一等奖。[4]

评奖结果公布后，吴文俊感慨地说：

消息传来，我已获得了中国科学院的科学奖金。这使我惭愧。即使我在

1 《1956 年吴文俊的中国科学院科学奖金推荐书及学术鉴定》吴文俊获数学一等奖材料［A］. 北京：中国科学院档案，1956 - 02 - 052.

2 《1956 年吴文俊的中国科学院科学奖金推荐书及学术鉴定》吴文俊获数学一等奖材料［A］. 北京：中国科学院档案，1956 - 02 - 052.

3 《1956 年吴文俊的中国科学院科学奖金推荐书及学术鉴定》吴文俊获数学一等奖材料［A］. 北京：中国科学院档案，1956 - 02 - 052.

4 关于寄送数学物理学化学部 1956 年 10 月 15 日扩大常委会纪要等事的函（附工作简报，会议纪要，投票评选结果及对推荐著作的意见和评定意见）. 奖金评选工作简报及各所对科学奖金的分配意见［A］. 北京：中国科学院档案，1956 - 02 - 080.

拓扑学方面还有过些微贡献，但因之而获得奖励，却主要还是因为党和政府对于科学工作十分重视的缘故。[1]

　　科学奖金评奖折桂，被增聘为学部委员，"这两项学术荣誉的获得使当时年仅 38 岁的吴文俊荣光熠熠，声名鹊起，一跃跻身于中国顶尖数学家的行列"[2]。

1　吴文俊. 发展拓扑学的研究工作 ［N］. 人民日报，1957 - 01 - 27 (7).

2　郭金海. 中国科学院科学奖金评奖吴文俊折桂始末 ［G］//纪志刚，徐泽林. 论吴文俊的数学史业绩. 上海：上海交通大学出版社，2019：244.

第三章 敢问路在何方

抉择：系统科学研究所

1952 年 12 月，吴文俊从北京大学转入数学所。在当时，数学所成为发展新中国数学的核心力量。在这个几乎是"世外桃源"的象牙塔中，吴文俊畅游在抽象数学领域，五年之间做出了一系列重要的研究成果。但随后而来的一波波政治运动，让吴文俊无法集中精力于拓扑学的前沿问题。

20 世纪 70 年代，吴文俊已经开始进行数学机器证明方面的研究了，那时他还在数学所，但与当时数学所的领导在学术思想上产生了很大的分歧。

当时数学所的一位领导成员认为中国数学应当紧跟国际潮流，外国人干什么我们就要学什么。吴文俊对此却有不同看法。用吴文俊自己的话说："我是外国人搞什么我就搞另外的东西！"这位领导认为吴文俊应该投入全力去搞拓扑。拓扑当然很重要，也曾是吴文俊心中的最爱。但吴文俊敏锐地认识到："那个时候形势已经不一样了。在'文化大革命'期间，拓扑已经变了样了，不是以前的拓扑，不是全盛时代的拓扑了，完全跟不上了。"[1]

学术理念上的分歧，让吴文俊很苦恼。有着同样苦恼的还有另外一个人，他就是关肇直。关肇直认为数学研究要立足国内，服务国家需要。由于学术理念的不同，加上人事考量，关肇直在谋划另外成立一个研究所。

"文革"期间，中国科学院照例也有牛棚，当时的科学院秘书长也被关在里面。关肇直有一个女学生是管牛棚的，所以秘书长被关在牛棚里时对数

---

1 吴文俊. 走自己的路：吴文俊口述自传 ［M］. 邓若鸿，吴天骄，访问整理. 长沙：湖南教育出版社，2015：273.

学所的情况比较了解。秘书长"解放"后官复原职，关肇直的那位负责看牛棚的学生通过这种私人关系，向秘书长提出了关肇直要在中国科学院建立系统科学研究所（以下简称系统所）的想法，得到了科学院领导的支持。

宣布系统所的成立也是有点戏剧性的。

1979 年下半年的一天，时任中国科学院副院长钱三强到数学所当场宣布成立系统所，关肇直出任所长。那时候数学所的主要领导"恰好"在欧洲。钱三强抓住了这个空子，吴文俊则抓住了这次机会。

可以说，加入系统所是吴文俊做出的一次重大的战略转变。

20 世纪 80 年代初，众人在系统所办公楼前合影
左起：许国志、吴文俊、美国学者凯莱斯（Kailath）、关肇直

自由:"吴文俊要干什么就让他干什么"

为什么说加入系统所是吴文俊的一次重大战略转变呢?让我们听听吴文俊自己的心声:

我本来没办法了,那时方向选择上我没决定权。系统所一成立我马上决定到该研究所。因为我赞成关肇直对数学发展的看法,关肇直也非常赞成我。所以系统所一成立我马上就调过去……

…………

有很多人都对我说,关肇直不仅当众宣布"吴文俊要干什么就让他干什么",而且在许多不同的场合多次讲这个话。现在人们不会觉得这有什么了不起的,而那个时候是不容易的事。

那时数学所内,对于数学的不同认识,对于数学发展的不同理解,导致办所思想的争论,长时间得不到解决,影响了研究工作的开展。在系统所成立之前我已经在做机器证明了,我的机器证明已经有了很多工作在国外也开始知名了,可是在数学所就通不过,他说你这个算什么玩意,不伦不类的什么东西,什么机器不机器的简直荒谬,你应该搞拓扑,就是这样的一种主张。

那时对机器证明是否算作数学研究有争论。机器证明开创的是利用计算机进行数学研究的新方向,数学界的一些专家对此一时难以接受,认为这种做法已不仅是"标新立异",颇有"离经叛道"之嫌。

…………

所以我必须离开数学所,否则我的想法就没办法发展了。而关肇直是你要干什么就干什么,完全不同,这对我是关键性的,没有这一步我就无法工作,也不会有现在这样的成功,这对于我是决定性的影响,也是我最高兴的事情。

我的研究方向、所用的方法，都与传统不太相容，当时有不少反对意见，这也是可以理解的。大概，也正是由于存在各种各样的阻力，关肇直的做法就更让我感动。我的工作能够得以开展，关肇直同志起了很大作用。关肇直是最理解我的，知道我工作的意义，给了我最大的自由，这是最珍贵的，我非常感谢他，从到系统所之后我基本上没有阻力了。[1]

"吴文俊要干什么就让他干什么！"

这就是关肇直的眼光和气魄。实际上，关肇直还在其他很多方面大力支持吴文俊的工作，比如他反复叮嘱吴文俊身边的研究人员，吴文俊的研究工作（指机器证明）非常重要，他的事情务必办好。

吴文俊与关肇直的相识，从 1947 年就开始了。关肇直与吴文俊同为中法交换生，那一批共 40 人，除了到斯特拉斯堡的 5 人外，其余的都留在了巴黎。关肇直名义上是去瑞士学哲学，但实际上，他到了巴黎攻读数学。

关肇直

1948 年，在法国各地的交换生受到号召到了巴黎，住进了当时国民政府的驻法大使馆，要求增加住宿津贴。在大使馆里面带头与国民政府官员交涉的就是关肇直。斗争最后取得了成功。

1949 年秋，吴文俊来到巴黎，本以为之后可经常与关肇直见面，但关肇直却整理行装准备回国。送行之际，一位朋友感叹地对吴文俊说，关肇直回国说明他胸襟磊落，将来必然会做出不凡的事业。后来的事实证实了这一

1　吴文俊. 走自己的路：吴文俊口述自传 ［M］. 邓若鸿，吴天骄，访问整理. 长沙：湖南教育出版社，2015：274 - 278.

点。吴文俊后来才得知，关肇直是地下党员，他的赴法留学，原来是经过党组织批准而去的。

那时的吴文俊怎么也不会想到，三十年之后，正是关肇直主持的系统所，为他的数学机械化研究撑起了一片自由的天空。

1982 年 11 月，关肇直不幸病逝。当时吴文俊正在德国访问，惊悉噩耗，深感悲痛，当即拍回唁电，沉痛哀悼。五年后，吴文俊撰写长文《怀念我的老友关肇直》，讲述了他所认识的关肇直和二人的友情。文中说：

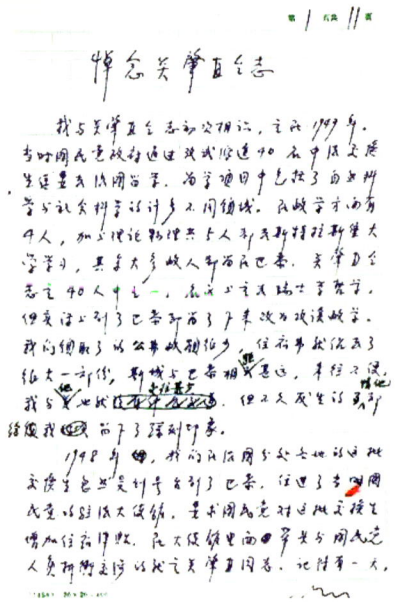
吴文俊手稿《悼念关肇直同志》

肇直之举，开始很使我纳闷，以后我才知道，他是地下党员，是中共旅欧总部的委员。他来法留学，除了探索科学、追求真理，还肩负着党组织的特殊使命。一时间，我对这位年轻有为的热血青年油然而生一种钦佩和崇敬。他出身高级知识分子家庭，是个博览群书、才华横溢的读书君子。在同学会做过一些介绍现代数学的报告，熟练、缜密而清晰。象这样的好学之士自觉走上革命道路，实在是国民党腐败统治造成的。

⋯⋯⋯⋯⋯

肇直回国后，在数学研究所负责党对业务方面的领导工作，国内关于发展数学的许多重要方针、措施，与他的指导思想息息相关。对于如何搞好科研工作，办好科研机构，肇直有着鲜明的主张。他在科研工作中提出了"要为祖国建设服务；要有理论创新；要发扬学术民主；要开展学术交流"的四条原则，并反复强调联系实际，重视科学发展的实际背景和物理背景以及研究课题的工程意义……

肇直治学严谨，决不哗众取宠，对数学有着精深的修养。之所以如此，我以为他主要得力于两点：

首先是他对马列主义有深刻的理解。肇直原先学的是哲学，对于历史上出现的各哲学流派有着丰富的见识。他对马列主义的经典哲学能从比较分析的角度加以融会贯通……

二是他对数学历史有着广博全面的掌握。在他的丰富藏书中，有英美法德及苏联学者的各种专著，还有我国李俨、钱宝琮的中算史以及中国《算经十书》等经典书籍……

…………

肇直在学生的培养上尽心竭力，没有丝毫保留……正是由于过度劳累，使他一病不起。我再也见不到我多年的挚友，年轻一代再也聆听不到他的教诲，可是，他所遗留下的那一大笔宝贵的科学财富尤其是他关于数学发展的思想言论，不仅是激励我们前进的动力，而且是科学工作者钻研开拓的起点。他的优秀品德和诲人不倦的精神，时时使我得到启发和教益。[1]

1　吴文俊. 怀念我的老友关肇直 [J]. 系统科学与数学，2019，39（2）：331 - 332.

第四篇
让世界重新认识中国古代数学

我看懂了，总的一句话，中国数学的道路跟西方欧几里得传统的所谓公理化的数学道路是不一样的……我觉得，我是第一个把中国古代数学认识清楚究竟是怎么回事的。这是我最感到自豪的。

吴文俊《我的不等式》

第一章　谁是"顾今用"?

三月春雷

　　20 世纪 70 年代初，中国的学术界还笼罩在"万马齐喑"的阴霾之下。1975 年 3 月《数学学报》第 1 期的一篇题为《中国古代数学对世界文化的伟大贡献》的论文，却如同寒冬中的一声响雷，预示着科学春天的来临。

第 18 卷 第 1 期 1975 年 3 月	数 学 学 报 ACTA MATHEMATICA SINICA	Vol. 18, No. 1 March, 1975

中国古代数学对世界文化的伟大贡献*

顾　今　用

　　公元前 221 年，秦始皇灭六国，建立了中国历史上第一个中央集权的封建国家．汉承秦制，自秦至西汉中期这两百来年间，是新兴地主阶级专政巩固发展与上升的时期，法家路线占着主导地位．法家对工农业生产与科学技术比较重视，由此促进了数学的迅猛发展，出现了一批高水平的数学家，如张苍、耿寿昌等．《周髀算经》《许商算术》与《杜忠算术》(后二者已失传)，都在这时期出现．我国最主要的一部传于后世的数学著作《九章算术》，也基本上成书于西汉初年，其内容自一千多年的辉煌成就奠定了基础．从西汉以迄宋元，虽然有儒家思想不断干扰，但随着儒法斗争的过程，唯心论与唯物论斗争的过程，随着我国社会经济和劳动人民创造性发展，数学人才与数学创作仍世代不绝，中国的数学，在世界上可以说一直居于主导地位并在许多主要的领域内遥遥领先，直到宋末明初。宋明理学成为垄断一切的统治思想，明代并以八股取士，以及其他一些原因，科学技术的发展受到拖累，除了民间的计算技术还有重要发展外，数学已相应地大为衰落．从明末利玛窦怀着不良企图以介绍西方数学为名打入我国统治集团内部以来，我国数学上与古代相比已谈不上什么创造，基本上依赖国外的技术输入，在外国人屁股后面爬行了．正如毛主席批评的那样**"言必称希腊，对于自己的祖宗，则对不住，忘记了."**西方的大多数数学史家，除了言必称希腊以外，对于东方的数学，则歪曲历史，制造了不少巴比伦神话与印度神话，把中国数学的辉煌成就尽量贬低，甚至视而不见，一笔抹煞，对于已成为半封建半殖民地社会中生活过来的一些旧知识分子，接触的数学都是"西方的"，看到的数学史都是"西方史家"的，对于祖国古代数学又十分无知，因而对于西方数学史家的一些捏造与歪曲无从辨别，不是跟着言必称希腊，就只好不吭声。

　　但是，被颠倒了的历史必须颠倒过来！

吴文俊的第一篇数学史论文（署名"顾今用"）

此文指出：

西方的大多数数学史家，除了言必称希腊以外，对于东方的数学，则歪曲历史，制造了不少巴比伦神话与印度神话，把中国数学的辉煌成就尽量贬低，甚至视而不见，一笔抹煞。对于在已成为半封建半殖民地社会中生活过来的一些旧知识分子，接触的数学都是"西方"的，看到的数学史都是"西方史家"的，对于祖国古代数学又十分无知，因而对于西方数学史家的一些捏造与歪曲无从辨别，不是跟着言必称希腊，就只好不吭声。

但是，被颠倒了的历史必须颠倒过来！[1]

这篇文章借助《九章算术》《周髀算经》等中国古代经典算书，从算术、代数、几何等方面论述中国古代数学在 16 世纪之前在许多主要领域都是佼佼者。譬如十进制位值制记数法、分数运算、十进位小数、正负数、开平方和开立方等算法在《九章算术》（最迟为公元 50—100 年）和《周髀算经》（公元前 100 年左右）中早已成熟，而印度最早在 6 世纪末才出现十进制位值制，西欧在 16 世纪才产生十进位小数。至于联立高次方程组与消元法，中国在元朝（14 世纪初）时就已有之，而西欧大约在 19 世纪才出现。在几何方面，中国同样没有落后，就毕达哥拉斯定理或勾股定理来说，公元前的《周髀算经》中早已有对一般定理的叙述。1250 年，波斯天文学家纳西尔丁·图西（Nasir Din Tusi, 1201—1274）建立了平面三角术，西方才在此基础上发展出现代意义的三角学。由此可见，西方数学史家将托勒玫（Claudius Ptolemaeus，约 90—168）的《至大论》（Almagest）作为三角术的缘起，显然是颠倒了历史事实。

文章进一步指出：解析几何与微积分是近代数学产生的两大必要条件，而将几何与代数做统一处理是我国古代数学的传统，中国几何代数化的思想

---

1 顾今用. 中国古代数学对世界文化的伟大贡献 [J]. 数学学报，1975，18（1）：18－23.

是笛卡儿解析几何的前奏，也是近代代数学的先驱。再如，学界一般认为微积分是希腊式数学的思想产物，但微积分的发明从开普勒（Kepler, 1571—1630）、伽利略（Galileo, 1564—1642）到牛顿（Newton, 1643—1727）和莱布尼茨（Leibniz, 1646—1716）历经曲折，而微积分产生的必要条件如无穷小思想和刘祖原理（或祖暅原理）却是我国早已有之的。

论文中言之凿凿的史料、鞭辟入里的分析、洞察中外的比较，再夹带着那个时代的特有文风，使这篇文章就像是一篇"战斗檄文"。作者署名"顾今用"，这显然是笔名，寓意"古为今用"，但还是有学者从这里看出了那只"露出利爪的雄狮"。

文章发表后不久的一天，李文林偶遇吴文俊，向他问道："顾今用是您吧？"吴文俊笑而不答，但却握紧拳头、神情严肃地说："准备战斗！"[1]

"利爪见雄狮"

1697 年，瑞士数学家约翰·伯努利（Johann Bernoulli, 1667—1748）提出了"最速降线问题"，向全欧洲的数学家提出挑战，暗地里希望用这种方式反击英国在微积分发明权上对他的老师莱布尼茨的不公正裁决。

所谓"最速降线问题"，是说一个小球在重力作用下滚落，如果不计摩擦力，沿着什么形状的曲线滚落，可以让滚落的时间最短？凭直觉看来，似乎应该沿着一条直线下滑，毕竟"两点之间线段最短"。然而最短的路径并非是最快的路径，如果路径下凹，则小球在一开始就可以获得更高的加速度，反而可以更早滚到终点。现在要求解的就是这条凹陷曲线的方程。

伯努利以得意的语调，宣布自己早已得知问题的答案，只待有识之士以

1　李文林. 论吴文俊院士的数学史遗产［J］. 上海交通大学学报（哲学社会科学版），2019，27（1）：63 - 70，95.

同等智慧将其揭晓。怀着为老师出头的心态，伯努利专程将问题寄往英国，想看看这位自称先于老师莱布尼茨发明了微积分的数学家是否当真名副其实。

牛顿当时已经离开他生活了三十年的剑桥，前往伦敦工作整整一年了。1697 年，牛顿正担任英国造币局局长，在约翰·伯努利的挑战信函寄到伦敦牛顿的府邸之时，他刚刚忙完当日铸造新币的工作到家。忙碌一天的牛顿见信后愤怒异常，直言："我不喜欢在数学问题上被别人戏弄。"他拿起笔来，一直计算到翌日凌晨，然后把信匿名寄回。当伯努利拆开这封盖有来自英国的邮戳的信封，看到纸上清晰流畅的优美论证时，他敬畏地喊道："我从他的利爪，认出了这头狮子！"

能够让人从匿名的高难度解答中认出自己的风格，这也许才是科学家真正的魅力所在。这种魅力，也在吴文俊的身上生动地展现出来，这就是：驾驭史料、鞭辟入里、直捣黄龙！

在这篇论文中，吴文俊详尽地列举了自秦到宋末明初以来，中国古代数学在一些基本的数学问题上领先于世界的历史事实，从代数、几何、解方程到解析几何，甚至微积分，他展示了中国古代数学的辉煌成就，同时给出了中西数学发展的清晰的比较分析。

论文不仅以充分的史料纠正了西方对中国古代数学的贬低，阐述了中国古代数学曾经的辉煌，更关键的是提出了一些重要的观点，对中国古代数学对世界文化的贡献给出了与前人完全不同的认识。吴文俊指出：

我国古代数学并没有发展出一套演绎推理的形式系统，但却另有一套更有生命力的系统……中国古代的劳动人民向来重视实际，善于从实际中发现问题提炼问题，进而分析问题解决问题……中国的数学是牢牢扎根于广大劳动人民之中，是导源于劳动人民长期实践经验的基础之上的。这与希腊几何学脱离实际脱离群众走到纯粹逻辑推理的形式主义道路是有别的。这正是直至 16 世纪以前我国数学在许多最主要的领域内一直居于最先进地位的根本原因，也是在微积分的发明上中国式的数学远远优于希腊式数学的根本原因。明清以来我国数学的落后，乃是宋明理学八股取士堵塞了数学发展道路，是儒家的思想统治所造成。西方数学史家把它归之于我国的数学缺少演绎推理与历史事实完全不符。[1]

吴文俊根据钱宝琮（1892—1974）的观点[2]勾画了一个"数学发展简图"，后来广为流传：

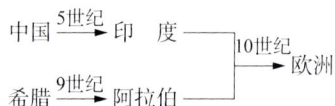

在论文的结尾，吴文俊给出了掷地有声的结论：

我们认为有理由可以进一步说：近代数学之所以能够发展到今天，主要是靠中国的数学，而非希腊的数学，决定数学历史发展进程的主要是中国的数学而非希腊的数学。[3]

这是东方雄狮的呐喊，世界将为之震颤！

西行论算

1942 年夏天，吴文俊在上海培真学校做中学教员，当时学校的校长是一位地下党员，经常借给吴文俊一些进步书籍。吴文俊印象最深的是《西行漫记》，他正是从这本书中了解了共产党，"西行"两字也就埋进了吴文俊的

---

1 顾今用. 中国古代数学对世界文化的伟大贡献［J］. 数学学报，1975，18（1）：18-23.

2 钱宝琮. 中国古代数学的伟大成就［J］. 科学通报. 1951，2（10）：1041-1043.

3 顾今用. 中国古代数学对世界文化的伟大贡献［J］. 数学学报，1975，18（1）：18-23.

心里。可是，真正实现这一愿景，却要等到 35 年以后。

1977 年，数学所的李文林和袁向东计划到西安、洛阳一带去做关于中国古代数学史的考察，这勾起了吴文俊心底的"西行"梦，他很积极地参加了这支数学史考察队。这次考察从 5 月 6 日出发，到 6 月 3 日回北京，历时接近一个月，吴文俊做了详细的考察记录，并绘制了考察路线图。

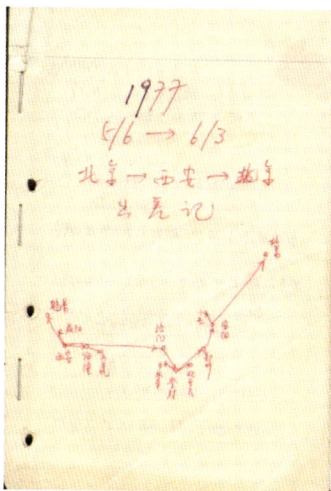

吴文俊西行记录本中绘制的路线图

吴文俊（右二）考察途中
在西安大雁塔前留影（1977 年）

据李文林回忆，当时的条件的确很差，在西北大学住普通的招待所，两人一间，在洛阳住在火车站附近旅馆的"大通铺"，从洛阳到登封甚至是坐拖拉机过去的。

但面对这样的艰苦条件，吴文俊依然充满了乐观的精神，兴致盎然。所到之处，博物馆必进，历史遗迹必看，大小雁塔必登，甚至还专程去了乾陵，参观了永泰公主墓、武则天墓以及徐懋功墓。在西安，吴文俊与当时还在西安师范学校工作的数学史家李继闵（1938—1993）进行了深入交流。吴文俊应李继闵之邀在西安师范学校做了一场学术报告——《中国古代几何学的方法和成就》，也应西北大学邀请做了两场报告——《中国古代几何学的方法和成就》和《近代数学中的统一与机械化》。

在这样繁忙的日程中，吴文俊见缝插针看了电影《大浪淘沙》《跟踪追击》，还看了临汝曲剧团演出的《白毛女》。

在这次西行数学史考察中，李文林与吴文俊有了更多接触和了解，在回北京的火车上，他们还一起探讨数学史的问题。下面是李文林的记录：

在回京的火车上，我就问吴先生这两场报告相互之间有什么关系？他就跟我很仔细地讲，我在火车上带着一个笔记本，他就在我的这个笔记本上进行推演、解释，我现在还保存着这个笔记本，红色的都是他写的，他讲了代数几何基本原理、他的机器证明方法，以及中国古代数学特别是朱世杰四元术的影响，那我想我应该是比较早的（如果不是说最早的话）理解他的数学史研究与机器证明之间关系的一个人。从此以后我与吴先生的关系因为这样一种共同的兴趣就比较密切了。对我的成长来说，最重要的是在吴先生的引导与启发下，我形成了自己的数学史观，而且在此过程中受到了他的鼓励。[1]

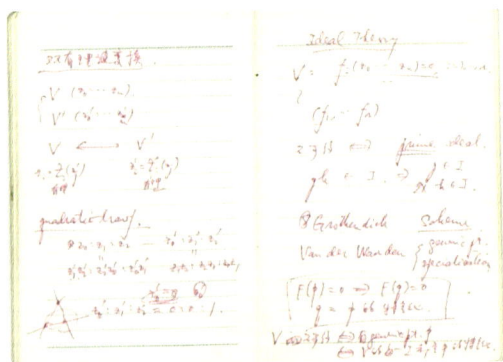

回京途中吴文俊在火车上解释几何定理机器证明原理的手迹

1　贾随军. 李文林访谈录［G］//纪志刚，徐泽林. 数学·历史·教育：三维视角下的数学史. 大连：大连理工大学出版社，2022：446.

第二章　新方法·新认识·新思想

"古证复原"的新方法

1976 年 10 月，是中国历史的转折点。

这个 10 月，正因为吴文俊，也成了中国数学史的"金色十月"。

1976 年 10 月初，北京召开了一个数学史座谈会，吴文俊在座谈会上宣读了论文《我国古代测望之学重差理论评介——兼评数学史研究中的某些方法问题》。这是他的第二篇数学史论文。吴文俊在这篇文章中解决了《周髀算经》存留的一个重大遗案，即赵爽"日高公式"的证明，同时创造性地提出中国古代数学史研究的新方法——"古证复原"。

《周髀算经》开篇记载了周公和大臣商高的一段对话：

> 昔者周公问于商高曰：窃闻乎大夫善数也，请问昔者包牺立周天历度。夫天不可阶而升，地不可得尺寸而度，请问数安从出？商高曰：数之法出于圆方，圆出于方，方出于矩，矩出于九九八十一。故折矩以为勾广三，股修四，径隅五。既方之，外半其一矩，环而共盘，得成三四五。两矩共长二十有五，是谓积矩。故禹之所以治天下者，此数之所生也。[1]

周公对古代伏羲（庖牺）构造周天历度的事迹感到不可思议（"天不可阶而升，地不可得尺寸而度"），就向大臣商高请教。于是商高以勾股定理

---

[1] 钱宝琮.《算经十书》点校 [M]. 北京：中华书局. 2021：13 - 14.

的证明为例，解释数学知识的由来。商高用浅显的语言、直观的图例、深刻的哲理（"数之法出于圆方"），向周公讲明了勾股定理的证明。

我们一起来看看商高是如何用直观的图例向周公演示勾股定理的正确性的。首先，商高给出了一组具体的数值——"勾广三，股修四，径隅五"，此即我们熟知的"勾三股四弦五"（短边为"勾"，长边为"股"，相与结角即"弦"）。现在，我们在勾边和股边各作一个正方形，如图（2），这一步就是上文中的"既方之"，然后标记出"勾股差"的小正方形，小正方形的右侧和下方构成了一个"矩尺形"（"其一矩"），如图（3）。将这个"其一矩"分成两个相等的长方形，再把长方形沿对角线（"弦"）切分，此即"外半其一矩"，如图（4），最后把外侧的两个直角三角形旋转到上方，这样就围成了一个以弦为边的大正方形（此即"环而共盘"），如图（5）。显然，这个"大正方形"的面积就是切割两个"正方形"（"勾方"和"股方"）后，再拼合而成的"弦方"。故有：勾方＋股方＝弦方。这样简洁明了的

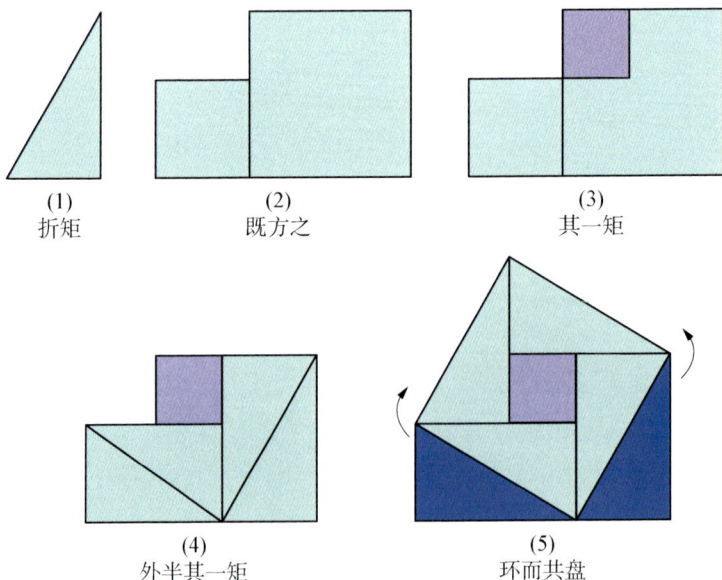

(1)　　　　　　　(2)　　　　　　　(3)
折矩　　　　　　既方之　　　　　其一矩

(4)　　　　　　　　　　(5)
外半其一矩　　　　　　环而共盘

环而共盘图

演示，可以说是"勾股定理"最为简单的证明。[1]

周公听懂了，感慨道："大哉言数！"

2024 年 9 月 26 日，在上海中国中学举行的第 12 届数学史与数学教育（HPM）大会报告中，周向宇院士将周公的发问提炼为"天地之问"，这就为周公与商高的对话赋予了更深刻的文化内涵。[2] 周向宇院士在《中国古代数学的贡献》一文中，对"既方之，外半其一矩，环而共盘，得成三四五"给出了另外一种解释。[3]

三国时期的赵爽是一个樵夫，"负薪余日，聊观周髀"。他以经为图，辅以注释，希望能破解难如高墙的阅读障碍，揭示书中深奥的义理（"诚冀颓毁重仞之墙，披露堂室之奥"[4]）。他绘有一幅图，下面有一段注释，以说明如何用勾股之法推求太阳的高度，故命名"日高图"。由于年代久远，版本传刻过程中图残文缺，此图难以理解。

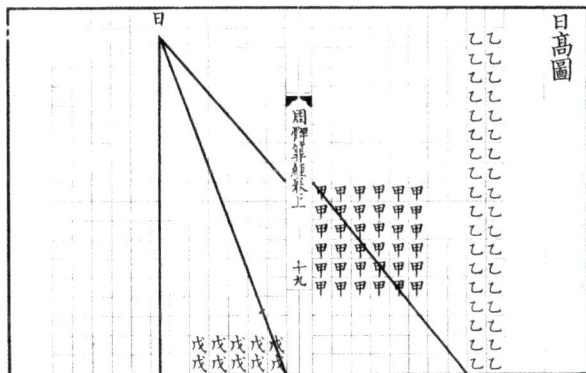

赵爽"日高图"，载《周髀算经》（南宋刻本）

---

1 李继闵."商高定理"辨证 [J]. 自然科学史研究. 1993，12（1）：29 - 41.

2 周向宇. 中国古代数学思想与成就 [G]. 第 12 届数学史与数学教育（HPM）高级研修班会议手册. 上海中国中学. 2024：12.

3 周向宇. 中国古代数学的贡献 [J]. 数学学报. 2022，65（4）：581 - 598.

4 赵爽.《周髀算经》序 [M] //钱宝琮.《算经十书》点校. 北京：中华书局. 2021：11.

与赵爽同时代的数学家刘徽将"日高公式"用于测量海岛高度，并将此法命名为"重差术"。他在注释《九章算术》的序言中写道：

徽寻九数有重差之名，原其指趣乃所以施于此也。凡望极高测绝深而兼知其远者，必用重差，句股则必以重差为率，故曰重差也……徽以为今之史籍且略举天地之物，考论厥数载之于志，以阐世术之美，辄造重差，并为注解。以究古人之意，缀于句股之下。度高者重表，测深者累矩，孤离者三望，离而又旁求者四望，触类而长之，则虽幽遐诡伏靡所不入，博物君子详而览焉。[1]

在这段序言中，刘徽给出了测量太阳高度（"日去地"）和从测望标杆到太阳正下方（"南戴日下"）的距离的方法：

立两表于洛阳之城，令高八尺，南北各尽平地，同日度其正中之景，以景差为法，表高乘表间为实，实如法而一，所得加表高，即日去地也。以南表之景乘表间为实，实如法而一，即为从南表至南戴日下也。[2]

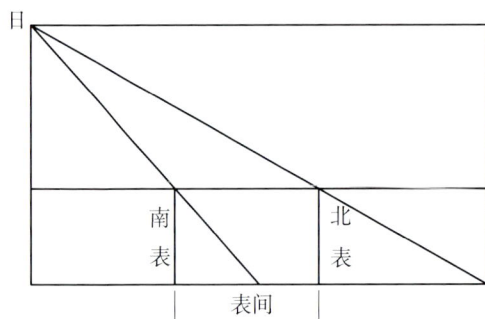

"两表测日图"

1　刘徽.《九章算术注》原序［M］//钱宝琮.《算经十书》点校. 北京：中华书局. 2021：91.

2　刘徽.《九章算术注》原序［M］//钱宝琮.《算经十书》点校. 北京：中华书局. 2021：92.

上面引文中的"实"即被除数，"法"即除数，"实如法而一"，就是用除数去除被除数。这段文字给出了两个公式：

$$日去地 = \frac{表高 \times 表间}{影差} + 表高$$

$$南戴日下 = \frac{南表影长 \times 表间}{影差}$$

公式中有两个差：

$$表间 = 北表至日下 - 南表至日下;$$
$$影差 = 北表影长 - 南表影长;$$

这就是著名的"重差术"。

刘徽利用"重差术"推演出九道测量问题，附于《九章算术》第九章"勾股章"之后。唐代李淳风在奉皇帝之命校勘《九章算术》的时候，将这一卷单独刊印，根据第一题"今有望海岛"，改称该卷为《海岛算经》。

《海岛算经》是一部有关测高望远之术的专著，刘徽在注释《九章算术》时提出"辄造重差，并为注解"[1]，但流传至今的《海岛算经》没有注释也没有附图。南宋时数学家杨辉对"海岛高度"问题怀有浓厚兴趣，尝试补出证明。他写道："辉尝置海岛小图于座右，乃见先贤作法之万一。"[2]

清代李潢（1746—1782）曾尝试采用添加平行线的方法补图证明"与丙戊平行作巳壬"[3]，但此前，中国的几何中没有平行线的概念，因此不合刘徽原

1 刘徽.《九章算术注》原序［M］//钱宝琮.《算经十书》点校. 北京：中华书局. 2021：92.

2 杨辉. 续古摘奇算法［M］//郭书春. 中国科学技术典籍通汇·数学卷（一）. 郑州：河南教育出版社. 1993：1113.

3 李潢. 海岛算经细草图说［M］//郭书春. 中国科学技术典籍通汇·数学卷（四）. 郑州：河南教育出版社. 1993：1199.

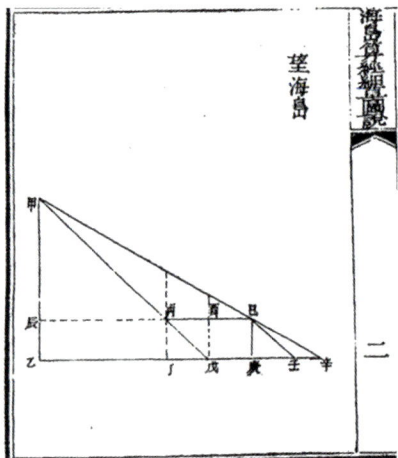

李潢证明中的平行线（巳壬）

意。同理，在《测量法义》中，利玛窦（Matteo Ricci，1552—1610）和徐光启（1562—1633）证明海岛公式，但借用了《几何原本》中的方法，这样生搬硬套以期求得证明，不免有穿凿雕琢之嫌，而李俨（1892—1963）和钱宝琮的证明基本沿袭了利玛窦和徐光启的做法。

吴文俊在研读《周髀算经》时发现，现传各版赵爽的"日高图"都是错误的，近代学者对于日高公式的证明也多采用正切函数、添加平行线等现代做法。此外，他又指出刘徽的"重差理论"实际源于测量太阳的高度和到太阳正下方的距离。在吴文俊看来，这些用近现代方法和工具证明海岛公式的做法都不符合中国古代几何学的真意，反而使古代数学成就的辉煌因之湮没不彰。因此，他指出：

在数学史的研究方法上，我们应该根据历史事实，不能用今天的数学工具来代替历史事实，用近代数学知识来诠注海岛九术，对方便读者来说，有其积极意义的一面，可是这样做，并不能反映当时数学真与善，反使原先的质朴之美因而淹没不张。[1]

为了彰显古代数学的质朴之美，还原传统数学的真与善，吴文俊提出"古证复原"的原则，用古人的方法推导证明过程。因此，他根据《日高图说》和残图，通过对文字进行次序调整、改正讹误、补充缺漏，证明了"日高公式"，复原了"日高图"。

1　吴文俊. 导言［M］//沈康身. 中算导论. 上海：上海教育出版社，1986：导言 1 - 2.

后来，吴文俊回忆了这段心路历程：

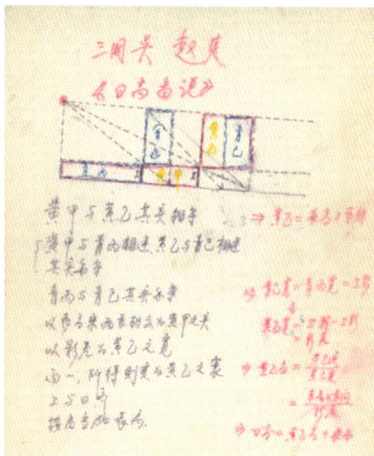

吴文俊手迹：赵爽《日高图说》复原

根据赵爽的《日高图说》，根据这个残图，我就仔细研究这个东西，最后看懂了！证出来了。我把残图复原了，当然不一定是原来图的样子，但可以说得通了，我根据赵爽的文字，一句一句地，把颠倒的次序排过来，错误的、不全的补充出来，改过来。一步一步地，就是原证明，非常清楚，复原了《日高图》！

我把最初的证明写在钱宝琮的一本书上了，这本书还在，遗憾的是没有写日期，哪一年哪一天证的！好在还能记得是哪一年，应该是 1975 年。这个证明非常漂亮。

我把"日高公式"的证明补出来了，这是一个大成功，我非常得意！从此以后我就下决心，要对中国古代数学好好学习，我决定对中国古代数学下功夫，就是因为我证出了日高公式。[1]

起初，吴文俊提出"古证复原"有三条原则。

原则之一：证明应符合当时与本地区数学发展的实际情况，而不能套用现代的或其他地区的数学成果与方法。

原则之二：证明应有史实史料上的依据，不能凭空臆造。

原则之三：证明应自然地导致结果或公式，而不应为了达到预知的结果以致出现不合情理的人为雕琢痕迹。[2]

1　吴文俊. 走自己的路：吴文俊口述自传［M］. 邓若鸿，吴天骄，访问整理. 长沙：湖南教育出版社，2015：221.

2　吴文俊.《海岛算经》古证探源［G］//吴文俊.《九章算术》与刘徽. 北京：北京师范大学出版社，1982：162.

后来在《近年来中国数学史的研究》一文中，吴文俊又将这三条原则浓缩为两条：

原则一：所有研究结论应该在幸存至今的原著基础上得出。

原则二：所有结论应该利用古人当时的知识、辅助工具和惯用的推理方法得出。[1]

吴文俊遵循"古证复原"原则，从刘徽所谓的"令出入相补，各从其类"的注释中提炼出一条更为一般性的数学原理——"出入相补"原理。[2] 借助这个原理，他成功复原了《周髀算经》中的"日高公式"，重构了《海岛算经》九问的造术原理，还证明了秦九韶《数书九章》中的"三斜求积公式"。同时，他探讨了刘徽的体积理论，把"阳马居二，鳖臑居一，不易之率也"[3] 概括为"刘徽原理"，即：斜解一长方体，所得阳马和鳖臑的体积比恒为二比一。

立方、堑堵、阳马和鳖臑是《九章算术》处理体积问题的基本体积元素，它们的形状如下图所示：

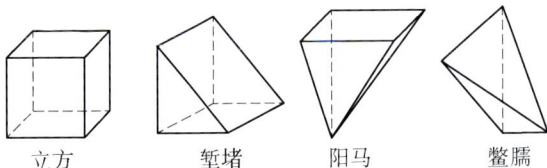

立方　　　　　堑堵　　　　阳马　　　　鳖臑

《九章算术》基本立体图

其中，立方＝长×宽×高，堑堵＝1/2 立方，阳马＝1/3 立方，鳖臑＝1/2 阳马，因此有·

1 吴文俊. 近年来中国数学史的研究［C］//吴文俊主编. 中国数学史论文集（三）. 济南：山东教育出版社，1987：1 - 9.

2 吴文俊. 出入相补原理［G］//自然科学史研究所主编. 中国古代科技成就. 北京：中国青年出版社，1978：80 - 100.

3 钱宝琮.《算经十书》点校［M］. 北京：中华书局. 2021：167.

$$鳖臑：阳马：堑堵：立方＝1：2：3：6$$

刘徽证明了这一关系对于三边不等的长方体也是成立的，故称"方随棋改，而固有常然之势也"[1]。

此外，吴文俊还提炼出了"截面原理"（即"祖暅原理"或"刘祖原理"，西方称为卡瓦列利原理）等。自此之后，中国的数学史研究在吴文俊"古证复原"原则的指引下，进入一个崭新的时代。

吴文俊的论文《出入相补原理》后被翻译成英语[2]，此文改变了西方学者认识中国古代数学证明的方式。美国数学史家约瑟夫·道本（Joseph Dauben）在其所著《中国古代数学》[3] 中，特地绘出了吴文俊给出的"日高公式复原图"，在证明中借助"出入相补原理"，证图中对角线 KD_2、KD_1 两侧矩形面积相等，即 $S_{矩NPEG}＝S_{矩GTRJ}$，$S_{矩LMHI}＝S_{矩ISRJ}$，从而完成了刘徽《海岛算经》"今有望海岛"中"岛高公式"的证明。在参考文献中，道本特别列出了吴文俊的两篇论文：

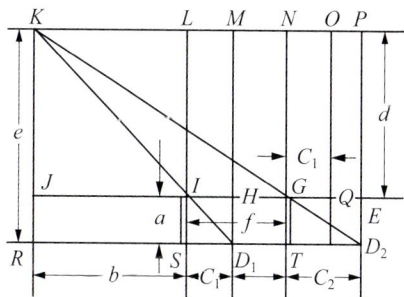

道本用"出入相补原理"证明"岛高公式"的示意图

1　刘徽. 九章算术注·商功章［M］//钱宝琮. 《算经十书》点校. 北京：中华书局. 2021：168.

2　W WU. The Out-in Commentary Principle, in Ancient China's Technology and Science Beijing：Institute of the History of Natural Sciences, 66 – 89.

3　J W DAUBEN. Chinese mathematics［M］//VICTOR J K. The Mathematics of Egypt, Mesopotamia, China, India, and Islam：A Sourcebook, New Jersey：Princeton University Press, 2007：290.

Wu Wenchun［Wu Wenjun］. 1983. "The Out-In Complementary Principle." In Ancient China's Technology and Science. Beijing: Institute of the History of Natural Sciences, 66 - 89.

Wu Wen-Tsun［Wu Wenjun］. 2000. Mathematics Mechanization: Mechanical Geometry Theorem-Proving, Mechanical Geometry Problem-Solving, and Polynomial Equations-Solving. Beijing: Science Press, and Dordrecht: Kluwer Academic Publishers. [1]

受道本的影响，数学史家维克多·J. 卡兹（Victor J. Katz）在《数学通史》（A History of Mathematics）中，特别将"平行线证法"与"出入相补原理"的面积证法对照列出。[2]

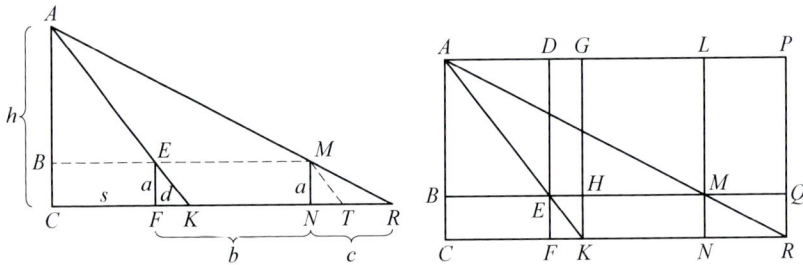

维克多·J. 卡兹: A History of Mathematics 中 "平行线证法" 与 "面积证法" 的对照

维克多·J. 卡兹的《数学通史》是一部具有世界影响力的数学史专著，由此可见，吴文俊正是通过他对中国数学史的独到研究"让世界重新认识中国古代数学"[3]。

---

1 J W DAUBEN. Chinese mathematics［M］//VICTOR J K. The Mathematics of Egypt, Mesopotamia, China, India, and Islam: A Sourcebook, New Jersey: Princeton University Press, 2007:384.

2 V J KATZ. A History of Mathematics［M］. Pearson Education, Inc., 2009:207.

3 中央广电总台中国之声. 吴文俊：让世界重新认识中国数学｜功勋［EB/OL］.（2019 - 10 - 17）［2024 - 07 - 26］. https://mp.weixin.qq.com/s/0 _ B65CbJIUJNhCUZnwwq7w.

"古为今用" 的新认识

所谓"古为今用"，就是要从历史上的数学思想方法中获得借鉴和汲取教益，以历史经验来促进现实的数学研究，这是数学史研究的重要意义和价值所在。吴文俊的数学史研究自始至终都自觉贯彻了"古为今用"的原则，这是他学术研究的鲜明特点。吴文俊数学机械化理论的创立就是在"古为今用"的原则下指导数学史研究成果应用于现代数学研究而取得的卓越成就。[1]

根据吴文俊的几何定理机器证明论文以及他的有关自述，他的几何定理机器证明方法至少具有以下三方面的历史渊源：

中国传统数学中的几何代数化。中国古代数学的解方程传统可以追溯到《九章算术》。《九章算术》"方程"一章，内容是用"方程术"（线性联列方程组的消元解法）解决各种应用问题。《九章算术》的"方程术"在宋元时期被发展为解多元代数方程的消元算法。正如吴文俊在《几何定理机器证明的基本原理》一书的导言中所说：

> 本书所阐述的几何定理证明的机械化问题，从思维到方法，至少在宋元时代就有蛛丝马迹可寻。虽然这是极其原始的，但是，仅就著者本人而言，主要是受中国古代数学的启发。[2]

笛卡儿《几何学》的"通用数学"与机械化思想。吴文俊认为，古希腊欧几里得（Euclid）几何的证明模式是从定义和公理出发，按照逻辑规则逐步演绎推理，几何证明过程中没有通用的证明法则，只能一题一证，根

1　李文林. 论吴文俊院士的数学史遗产 [J]. 上海交通大学学报（哲学社会科学版），2019，27（1）：63-70，95.

2　吴文俊. 几何定理机器证明的基本原理 [M]. 北京：科学出版社，1984：i-ix.

据不同的问题构思不同证明的方法。笛卡儿的《几何学》却对希腊演绎模式进行了批判，以代数改造几何，给出了不同于《几何原本》的证明模式，开创了可用计算进行几何定理证明的新局面，从而将演绎几何引向解析几何。事实上，解析几何是其"通用数学"（mathesis universalis）实现在几何学上的一个案例。笛卡儿建立"通用数学"的目的是实现其以下宏伟计划：任何问题→数学问题→代数问题→方程求解（多个未知量→单个未知量）。

笛卡儿这一大胆计划反映在其著名的哲学著作《更好地指导推理和寻求科学真理的方法论》（1637）以及稍早未完成的著作《指导思维的法则》之中，《几何学》不过是《方法论》的附录。

吴文俊在论文与讲演中多次征引笛卡儿的这一计划。它的核心纲领是将多元代数方程组化为一元代数方程，然后用机械化的方法求解。显然，笛卡儿并没有意识到这一计划在具体实现过程中存在困难，他在《几何学》中虽然尽力采用机械作图法来求解一元高次方程，但对多元代数方程组如何化为一元代数方程没有给出具体方法。直到 18 世纪末，多元高次代数方程消元法才出现在法国学者 E. 裴蜀（E. Bézout, 1730—1783）等一些数学家的书中。然而西方数学界直到今日仍没有给出完整的方法来求解非线性多项式方程组，只有 17 世纪日本数学家关孝和（约 1642—1708）在中国宋元时期"天元术"的基础上建立了比较粗糙的解多元高次方程组的消元方法（称为"解伏题"），但其方法仅流传于日本，没有对西方近现代数学产生影响。

吴文俊正是在解多元高次方程组方面取得了重要突破。他创造的"三角化整序法"是目前唯一完整的非线性多项式方程组消元解法，在国际数学界被称为"吴方法"，而"吴方法"的思想恰恰来自中国古代数学的启示，特别是受到元代数学家朱世杰（1249—1314）的"四元术"的启示。

吴文俊明确指出：

　　我解方程的方法基本上可以说是从朱世杰那儿来的，他用消去法，一个个消元，方法上可以说有个原始的样板。当然朱世杰没有什么理论，很粗糙；我发展下来，有一个真正现代数学的基础，就是代数几何。[1]

　　吴文俊不仅说明了自己数学创造的思想来源，同时也启示我们，从"历史借鉴"升华到"理论创新"，不仅需要数学家有敏锐的历史洞察力，而且更需要有高度的独创性思维。吴文俊借助现代代数几何的理论和工具，打破了代数几何领域中的理想论论式传统，恢复了零点集论式，建立了"三角化整序法"，在现代代数几何的基础上发展了中国古代"四元术"的消去法。这些构成了吴文俊"数学机械化"思想的主要内容。

　　希尔伯特的《几何基础》中的机械化定理。希尔伯特的《几何基础》(*Grundlagen der Geometrie*, 1899) 将几何学引进更抽象的公理化系统，不仅将欧几里得《几何原本》的公理系统加以改良，而且把几何学从一种具体的特定模型上升为抽象、普遍的数学理论，可谓论述几何公理化的经典性著作。但是，吴文俊在该书中发现，希尔伯特明言：同一类几何定理可以用统一的方法一起证明，不必逐一进行证明。而且其中含有一条连希尔伯特本人可能都未意识到的机械化定理：初等几何中只涉及从属于平行关系的定理，可以机械化证明。如果引入适当的坐标，其统一的证明方法则可以通过算法来实现。《几何基础》一直以来都被奉为现代公理化方法的经典，甚至与《几何原本》一样成为公理化的代名词，然而其中却包含算法化的思想。吴文俊正是从中获得了几何定理机械化证明的思想借鉴。这充分反映出吴文俊对历史典籍考察分析的敏锐眼光和思想深度。

1　李文林. 论吴文俊院士的数学史遗产 [J]. 上海交通大学学报（哲学社会科学版），2019，27（1）：63 - 70，95.

"两种主流"的新思想

长期以来，"欧洲中心论"和"西方至上论"导致西方学术界对中国古代数学存在很大偏见，甚至有人认为中国古代不存在本土数学。直到 20 世纪初，一些西方数学史家如莫里茨·贝内尼克特·康托尔（Moritz Benedikt Cantor, 1829—1920）、弗洛里安·卡约里（Florian Cajori, 1859—1930）、大卫·尤金·斯密斯（David Eugene Smith, 1860—1944）才开始在著作中介绍中国数学，但内容简略且不成体系。虽然他们的论著对促进西方了解中国古代数学起到了一定的作用，但影响有限，远远未能论及中国古代数学的独立性。因此，在世界范围内，19 世纪中叶至 20 世纪初，人们对中国古代数学的认识还处在"存在性"阶段。

现代意义上的中国数学史研究开始于 20 世纪 20 年代。1927 年，钱宝琮在《〈九章算术〉盈不足术流传欧洲考》一文中指出中国算学知识曾向西传播到西域和欧洲，但近代以来，人们对中国算学知之甚少，而世界数学史的撰写者往往藐视中国算学之地位。钱宝琮特以盈不足术西传欧洲为例，讲述中国算学在中西传播与交流中做出的贡献。李俨有关中西数学交流的文章涉及中国与印度、日本、朝鲜及阿拉伯的比较[1]。英国科学史家李约瑟（Joseph Needham, 1900—1995）在《中国科学技术史·数学卷》中以大量令人信服的史料和证据，论述了中国古代文明对世界文明做出的巨大贡献，并分析了中国和印度之间的数学传播和交流情况，得出了比较客观公正的结论：自公元前 250 年至公元 1250 年的一千五百年间，从中国传出去的数学知识远比从域外传入中国的数学知识多。此后，越来越多的西方数学史家对中国古代数学的态度有所改观。可以认为，中国古代数学的"独立性"阶段

---

1 如《中算输入日本之经过》《明清之际西算输入中国年表》《印度历算与中国历算之关系》《伊斯兰教与中国历算之关系》《从中国算学史上看中朝文化交流》。

（20 世纪 30 年代至 20 世纪中叶）从此时开始。然而，偏见依然存在。如美国数学史家莫里斯·克莱因（Morris Kline, 1908—1992）在其《古今数学思想》一书中就说到："我忽略了几种文化，例如中国的、日本的和玛雅的文化，因为他们的工作对于数学思想的主流没有重大的影响。"[1]

显然，要正确认识中国古代数学的价值和意义，就要对数学思想的"主流性"问题正本清源。正是在这一背景下，吴文俊提出了在世界数学发展过程中存在着两个方向、两条路线和两种主流。

1978 年，吴文俊在他的著名论文《出入相补原理》的开篇指出：

我国古代几何学不仅有悠久的历史，丰富的内容，重大的成就，而且有一个具有我国自己的独特风格的体系，和西方的欧几里得体系不同。[2]

此后吴文俊在许多书的序言中反复强调中国的《九章算术》与古希腊欧几里得《几何原本》"东西辉映，各具特色"[3]。

1980 年 12 月，吴文俊在为白尚恕《〈九章算术〉注释》一书的序言中写道：

《九章算术》是我国古代流传下来的一部数学巨著，不仅指导着我国数学的发展达两千余年之久，而且对世界数学的发展也有不可估量的巨大影响，线性联立方程组的解法及有关正负数的引入只其一例而已。我国古代数学有它自己的体系与形式，与西方之以欧几里得几何为代表的所谓公理化体系者旨趣既异，途径亦殊。《九章算术》与《几何原本》东西辉映，无疑是

1 M. 克莱因. 古今数学思想（第一册）[M]. 张理京，张锦炎译. 上海：上海科学技术出版社，1979：序 v.

2 吴文俊. 出入相补原理 [G] //自然科学史研究所. 中国古代科技成就. 北京：中国青年出版社，1978：80.

3 吴文俊. 《九章算术》与刘徽 [M]. 北京：北京师范大学出版社，1982：前言 1.

数学史上的两大传世名著，也是现代数学的两大源泉。[1]

1985 年 4 月，在为《中国数学简史》撰写的序言中，吴文俊指出：

以《九章算术》为代表的中国古代传统数学，与以欧几里得《几何原本》为代表的西方数学，代表着两种不同的体系，其思想与方法各呈特色。前者着重应用与计算，其成果往往以算法的形式表达。后者着重概念与推理，其成果一般以定理的形式表达。前者的思维方式是构造性与机械化的，而后者则往往偏重于存在唯一以及概念之间相互关系等非构造性的纯逻辑思维。[2]

1987 年 11 月，吴文俊在郭书春《〈九章算术〉汇校本》的"序言"中写道：

在我国，则《九章》以其独特的方式与方法，阐扬了以算为主以术为法的算法体系。直到明代以前，向为中国数学上各种重大发现的源泉……现代则由于《原本》体系的泛滥，《九章》之义更为一般数学家所不屑。但由于近代计算机的出现，其所需数学的方式方法，正与《九章》传统的算法体系若合符节。《九章》所蕴含的思想影响，必将日益显著，在下一世纪中凌驾于《原本》思想体系之上，不仅不无可能，甚至说是殆成定局，本人认为也绝非过甚妄测之辞。[3]

1990 年，在为李继闵《东方数学典籍〈九章算术〉及其刘徽注研究》一书撰写的序言中，吴文俊对上述观点给出了完整、全面的表述：

---

1 白尚恕.《九章算术》注释 [M]. 北京：科学出版社，1983：序 i.
2 中外数学简史编写组. 中国数学简史 [M]. 济南：山东教育出版社，1986：序 1.
3 郭书春.《九章算术》汇校本 [M]. 沈阳：辽宁教育出版社，1990：序言 1-3.

我国传统数学在从问题出发以解决问题为主旨的发展过程中建立了以构造性与机械化为其特色的算法体系，这与西方数学以欧几里得《几何原本》为代表的所谓公理化演绎体系正好遥遥相对。《九章》与《刘注》是这一机械化体系的代表作，与公理化体系的代表作欧几里得《几何原本》可谓东西辉映，在数学发展的长河中，数学机械化算法体系与数学公理化演绎体系曾多次反复互为消长，交替成为数学发展中的主流。[1]

吴文俊提出的"两种主流"新思想诚可谓振聋发聩，颠覆了以往西方数学史研究者的数学史观，还原了中国传统数学的真实面目，同时也为中国数学史学者全面理解数学的发展历程指明了正确的方向，开辟了全新的道路。在这种思想的影响下，20世纪80年代以来，中国数学史界掀起了对中国古代数学再认识的研究高潮，并且取得了可观的研究成果。此外，"两种主流"的观点也促进了数学文化起源多元论和中西数学传播与交流的研究，进而以吴文俊"数学与天文丝路基金"的创立和"丝路精神"的提出为标志而达到新的研究高潮。吴文俊还进行了一系列对中国古代数学的宣传工作，他在国内外的各种场合发表高级科普类文章，做各种各样的报告。

1978年，中国科学出版社出了一套丛书"现代科学技术简介"，在当时颇有影响。吴文俊为这本书撰写了一篇《数学概况及其发展》，在最后一节"数学发展的未来"中，他不仅在国内第一个明确地指出了计算机将对数学带来的革新和深远影响，还特别写道："我国的数学有着悠久的历史与优良的传统，本来位于世界的先列，只是近几百年来才落后了。"[2]

也是在这一年，吴文俊为中国少年儿童出版社的《科学家谈数理化》撰写了一篇《数学与四个现代化》，全篇两千多字，其中讲到中国古代数学的

1 李继闵. 东方数学典籍《九章算术》及其刘徽注研究 ［M］. 西安：陕西人民教育出版社，1990：v.

2 吴文俊. 数学概况及其发展 ［M］//吴文俊，李文林. 吴文俊全集·数学思想卷. 北京：科学出版社，2019：28.

部分就有四百多字，吴文俊用简洁的例子向孩子们讲解中国古代数学的
伟大：

> 譬如说负数的概念，现在大家都很容易理解。但是在 16 世纪，欧洲最
> 博学的数学家也感到难以理解，甚至把负数叫做"虚构的数"，"荒谬的数"。
> 直到十八世纪，英国的一些大学还反对使用负数。而在我国，古代的数学是
> 十分先进的。有一部数学经典著作，叫《九章算术》，是在两千年前西汉初
> 年写成的。里面有一章《方程》，记载了十八个联立方程组的问题，未知数
> 从两个到五个，在解这些问题的时候已经用了正数和负数。我国古代的这
> 个辉煌的成就，说明了我国人民不但有高度的分析问题和解决问题的能力，
> 还有高度的抽象能力，善于以广泛的实践为基础，提炼出有普遍意义的
> 概念。
>
> 我国古代在数学方面的许多成就，经历了长期的历史考验，直到今天还
> 有现实意义。[1]

与中学生畅谈的数学家
江泽涵（一排左二）、吴文俊（二排左一）、张广厚（二排左二）、陈景润（二排左四）

---

1 吴文俊. 数学与四个现代化［G］//中华人民共和国科学技术协会. 科学家谈数理化. 北京：
   中国少年儿童出版社，1978：15 - 20.

这些是吴文俊向数学界和公众宣传中国古代数学成就的开始。

1980 年,《百科知识》第 7、8 期上连载了吴文俊的文章《对中国传统数学的再认识》,此文系统地论述了中国古代数学曾经领先于世界的成就,第一次详细阐述了中国古代数学自成体系,也是第一次提出中国古代数学的特色是"构造性、计算性与机械化"。吴文俊在文章的结束语中特别指出:

　　我们崇拜中国传统数学,决非是泥古迷古,为古而古。复古是没有出路的。我们的目的不仅是显示中国古算的真实面貌,也不仅是破除对西算的盲从,端正对中算的认识,我们主要的也是真正的目的,是在于古为今用。

　　数学在中国古时历来称为算术。这正好反映了中国古算构造性、计算性与机械化的特色。数学不仅为了应用,即使在纯数学范畴内获得具体结果,也一不能无算,二必须有术……由于计算机的出现,算术化的倾向在近代数学中的作用也日益显著,越来越为人们所认识……中国古代算术的思想与方法,正好与近代计算机的使用融合无间。也必将因此而重返青春,以另一种崭新面貌在未来的数学发展中扮演重要角色。[1,2]

　　此后的数十年间,吴文俊不懈地宣传中国古代数学的辉煌成就和思想精髓,推动了中国古代数学史的研究。

2002 年国际数学家大会(ICM–2002)在北京召开,吴文俊是大会主席,事务繁忙,但他仍为 *Intelligencer* 杂志 ICM 特辑撰写了专题论文 "A Tentative Comparative Study of Mathematics Developments in Ancient China and Ancient Greece"(古代中国与古代希腊数学发展的初步比较研究)。这次他用英语论述了数学发展史的两条主线,这是他时隔 30 多年后对他的首篇数学史论文更系统、更深层次的呼应。在大会期间,吴文俊还以《中国古算

1　吴文俊. 对中国传统数学的再认识 [J]. 百科知识,1980 (7):48–51.

2　吴文俊. 对中国传统数学的再认识 [J]. 百科知识,1980 (8):43–46.

与实数系统》为题做了公众报告，该报告后来正式发表于《科学》杂志。应
当说，在文化史上，对实数的认识可以被看作一个民族数学乃至文化发展水
平的标志之一。中国古代有没有实数理论？这是一个有争议的问题。李文林
评价说"吴文俊通过对中国古代数学文献的深入严谨而又目光敏锐的解读，
揭示了中国古代数学中实数系统的存在。*A tentative comparative study of
mathematics developments in ancient China and ancient Greece* 和《中国古算
与实数系统》，可谓是吴文俊数学史研究的铿锵有力的收官之作。"[1]

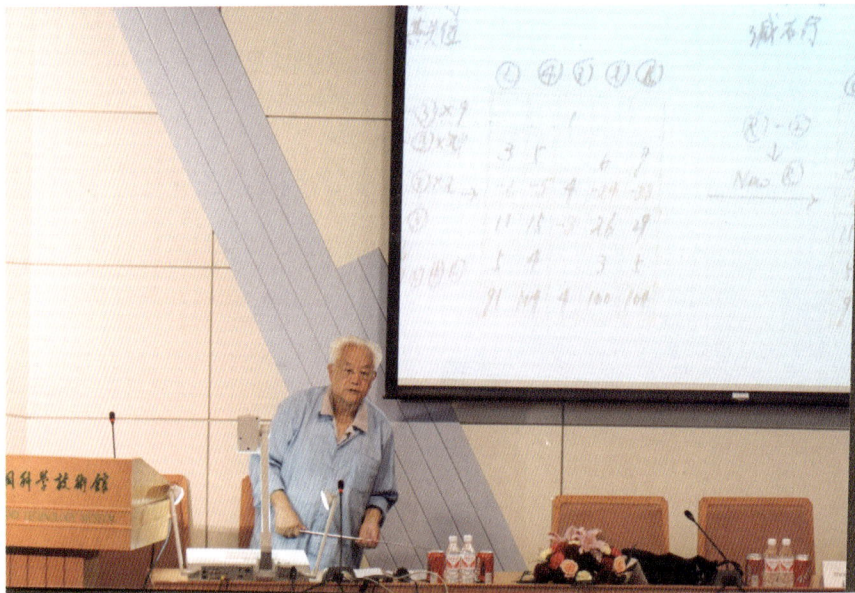

吴文俊在国际数学家大会上做报告（2002 年）

---

1 李文林. 前言 [M] //吴文俊，李文林. 吴文俊全集·数学史卷. 北京：科学出版社，
   2019：前言 3 - 5.

第三章　数学史的新时代

领袖数学史家

　　1950 年春，年仅三十出头的吴文俊在巴黎引发了搅动西方数学界的"拓扑地震"，随后他怀着更大的抱负回到祖国。遗憾的是，那段动乱的历史未能让他在纯粹数学领域里留下更精彩的工作，但他却于逆境中奋进。20 世纪 70 年代初，吴文俊开始花大力气研读中国古代数学。

　　吴文俊在研究中发现，中国古代数学强调构造性和算法化，注重解决实践中提出的各类问题，并把所得到的结论以各种原理的形式予以表述。吴文俊提出中国古代数学具有机械化思想，并且是中国古代数学的精髓。这种对中国古代数学的崭新认识为中国数学史研究带来了深刻的影响，开启了中国数学史研究的新时代。[1, 2, 3]

　　晚年在接受媒体采访时，吴文俊很自豪地说道：

　　　　我看懂了，总的一句话，中国数学的道路跟西方欧几里得传统的所谓公理化的数学道路是不一样的……我觉得，我是第一个把中国古代数学认识清

1　李文林. 古为今用的典范：吴文俊教授的数学史研究 ［G］//林东岱，李文林，虞言林. 数学与数学机械化. 济南：山东教育出版社，2001：49-60.

2　李迪. 中国数学史研究的回顾与展望 ［G］//林东岱，李文林，虞言林. 数学与数学机械化. 济南：山东教育出版社，2001：407-425.

3　曲安京. 中国数学史的两次运动 ［J］. 科学. 2003，56（2）：27-30.

楚究竟是怎么回事的。这是我最感到自豪的。[1]

吴文俊认为自己一生有三项得意的成就，首推的当然是数学机械化，另外两项是对拓扑学和中国古代数学的研究。关于这两项在他心目中的重要程度，吴文俊说：

> 我把中国古代数学研究成就排在第二，排在拓扑学成就的前面，别人都说我拓扑做得好，可我更得意的是对中国古代数学的研究。[2]

一些西方数学家对吴文俊在中国数学史领域享有如此崇高的赞誉似乎有些不理解。西北大学科学史高等研究院院长曲安京讲述了两个故事：

> 前些日子我接待了一位著名的数学家，在饭桌上他突然问我："吴先生在数学史上有什么贡献？"这个问题我是有答案的，但又不是几句话可以说清楚的。我记得对话是这样的。
>
> "吴先生在数学史上的贡献，大约可以用两点概括：其一，他提出了一种自己的数学史观。"客人似乎对此有些了解，接着问："其二呢？""其二，吴先生在方法论上有重要的贡献。"大约客人觉得这样的概括不够具体，他问："方法论有什么东西？"我向他解释了一番，但是，那个场合实在不是讨论问题的场所，因此，好像没有说服他的意思。
>
> …………
>
> 几年前，有一位对数学史特别热心的老数学家，在听完了我讲述的吴文

---

1 吴文俊.《大家》20170517 吴文俊 我的不等式［EB/OL］（2017 - 05 - 17）［2024 - 12 - 03］. https://tv.cctv.com/2017/05/18/VIDEGHFfaTIkAKINJyzli6YT170518.shtml.
2 吴文俊. 走自己的路：吴文俊口述自传［M］. 邓若鸿，吴天骄，访问整理. 长沙：湖南教育出版社，2015：216.

俊与中国数学史的故事后，蛮认真地说，他在他的国家所做的事情，也正是吴先生在中国所做的。他当然希望他能够在他的国家的数学史家中间，也拥有吴先生在中国所拥有的影响力。不过，很多年过去了，我并没有看到。这说明，要赢得一个国家的大部分职业数学史家的拥戴，并不是一件容易的事。[1]

曲安京最后感慨道：

中国数学史界的同仁，对吴先生都怀有深刻的敬仰之情。这不仅仅因为他作为当代中国的一位大数学家，对中国数学史的研究倾注了很大的热情和支持，我和我的同行们当然都感受到了这种支持在精神和物质上给予我们的鼓励，我觉得更重要的是，吴先生在方法论上为过去 30 多年的中国数学史研究指明了一种方向，真正起到了一面旗帜的作用。这是大家心甘情愿地环聚在他的周围，拥戴他是我们这个时代的领袖数学史家的真正原因。[2]

"领袖数学史家"！

吴文俊无愧于这一崇高的赞誉。

吴文俊的领袖气质，还表现在他对国内高校数学史事业的热情关心和大力支持。

20 世纪 80 年代初，北京师范大学白尚恕（1921—1995）教授、杭州大学沈康身（1923—2009）教授、内蒙古师范大学李迪（1927—2006）教授和西北大学李继闵教授等数学史家因为共同的研究兴趣，逐渐形成了一个合作

1　曲安京. 我们这个时代的领袖数学史家［G］//姜伯驹，李邦河，高小山，等. 吴文俊与中国数学. 上海：上海交通大学出版社，2016：258 - 264.

2　曲安京. 我们这个时代的领袖数学史家［G］//姜伯驹，李邦河，高小山，等. 吴文俊与中国数学. 上海：上海交通大学出版社，2016：264.

团队，再加上四校的数学史毕业生和其他院校的一些数学史工作者，就形成
了中国高校数学史研究与教育的重要力量。在实际工作中，四位教授与吴文
俊经常接触讨论、请教切磋，吴文俊自然而然地成了这支队伍的指导者。[1]

众人在吴文俊家中（1984 年 12 月）
前排左起：李继闵、白尚恕、李迪。后排左起：沈康身、吴文俊

在吴文俊的关心、支持与指导下，四位教授共同设计、完成了一些数学
史研究项目，取得一系列重要的成果，特别是对《九章算术》和《数书九
章》这两部中国古代极具代表性的数学著作开展了多角度的全面研究。这个
团队共同完成了两项国家自然科学基金课题——"《九章算术》及其刘徽注
研究"和"秦九韶及其《数学九章》研究"。吴文俊非常重视这两项研究，

---

1 郭世荣. 吴文俊院士与我国高校数学史研究［G］//姜伯驹，李邦河，高小山，等. 吴文俊
与中国数学. 上海：上海交通大学出版社，2016：249.

亲自参与，并担任《〈九章算术〉与刘徽》（1982）、《秦九韶与〈数书九章〉》（1987）和《刘徽研究》（1993）三部研究文集的主编。他的著名论文"出入相补原理"和"《海岛算经》古证探源"就发表在《〈九章算术〉与刘徽》上。课题组还在北京师范大学组织了两个国际会议——"秦九韶《数书九章》成书 740 周年纪念暨学术研讨国际会议"（1987）和"《九章算术》暨刘徽学术思想国际研讨会"（1991），吴文俊给予了大力支持，他出席会议并做演讲，阐述了自己的见解。

正如郭世荣所说：

过去二三十年来，我国高等学校的数学史研究基本上是在吴先生的学术思想指导下展开的。特别重要的是，高校培养了大批数学史专业人才，这些人才无不受到吴思想的指导。其学术思想影响十分巨大，意义极为深远。[1]

下面几件事，表现出吴文俊将中国数学史推向世界的国际视野和广博襟怀。

1986 年，第 20 届国际数学家大会在美国伯克利举行，吴文俊应邀出席，并做 45 分钟大会报告。吴文俊报告的题目是《近年来中国数学史的研究》（"Recent studies of the history of Chinese mathematics"）。吴文俊在报告中总结性地向国际同行介绍了他自己的数学史研究，阐述了他的数学史观和方法论，同时还概括性地介绍了国内学者在中国数学史领域的新进展。这篇报告"对于推动国际范围的中国数学史研究、促进中外学者在中国数学史领域的相互了解与合作有着高屋建瓴的作用"[2]。

1　郭世荣. 吴文俊院士与我国高校数学史研究［G］//姜伯驹，李邦河，高小山，等. 吴文俊与中国数学. 上海：上海交通大学出版社，2016：249.

2　李文林. 前言［M］//吴文俊，李文林. 吴文俊全集·数学史卷. 北京：科学出版社，2019：iii - v.

西方学者很久就对中国古代数学深感兴趣。但是，"由于缺乏令人满意的译文，中国古代数学的研究受到很大的阻碍"[1]。后来情况有所改观，比如有了《九章算术》的俄语和德语译本，但两者均不含刘徽、李淳风注。1999年，沈康身、郭树理（John N. Crossley）和伦华祥（Anthony W. C. Lun）合作完成《英译〈九章算术〉及其历代注疏》（*The Nine Chapters on the Mathematical Art*，*Companion* & *Comentary*），这是第一部完整的《九章算术》英语译本。[2]

吴文俊写下了热情洋溢的序言，向学界积极推介此书：

刘徽的发现启发了后世的中国数学家，包括直到今天仍在从他的工作中吸取教益的现代数学家。论对数学科学的贡献，刘徽和欧几里得应该相提并论。

令人遗憾的是，由于汉语和非汉语的语言障碍，当代人不能轻易地欣赏这本书，因此我认为应该对全文进行英文翻译和注释，包括刘徽的注释和后来唐朝数学家李淳风的注释。我很荣幸地向大家介绍沈康身教授（中华人民共和国杭州大学）、J. N. 克罗斯利教授（澳大利亚莫纳什大学）、W. C. Lun博士（莫纳什大学，澳大利亚）的著作，并祝贺他们这部著作的出版。[3]

1981 年 4 月，经吴文俊的推荐，林力娜（Karine Chemla）以留学生的

1 D J STRUIK. A concise history of mathematics［M］. London：G. Bell & Sons，1954：33 - 34.

2 韩祥临，汪晓勤. 沈康身等著《英译〈九章算术〉及其历代注疏》［J］. 中国科技史料. 2001，22（2）：185 - 194.

3 W WU. Foreward［M］//K SHEN，J N CROSSLEY，A W LUN. The Nine Chapters on the Mathematical Art，Companion & Commentary［M］. Oxford University，1999：v.

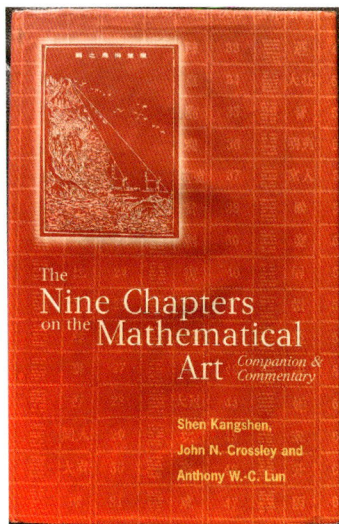

沈康身等英译《九章算术》

FOREWORD BY WU WENTSUN

The *Nine Chapters on the Mathematical Art* is the supreme classical Chinese mathematical work. The book has not only remained the cornerstone of traditional Chinese mathematics in its development over the last 2000 years, but has also exerted a profound influence on the development of mathematics in other countries and regions. Traditional Chinese mathematics has its own distinctive theoretical system and formulation. It is quite different, both in subject matter and methodology, from the axiomatic system presented by Euclid. The *Nine Chapters on the Mathematical Art* and Euclid's *Elements of Geometry* provide a fascinating contrast between East and West. Unquestionably, these two masterpieces have proved to be the essential sources of modern mathematics. Further, Liu Hui's (3rd century AD) commentary is a remarkable achievement. His comments, on the one hand, contain deep and innovative discoveries and, on the other, present fundamental concepts in precise mathematical terminology. Using synthesis, analysis and even proof by contradiction, Liu Hui gives strict proofs of the results that were merely stated in the *Nine Chapters on the Mathematical Art*. Liu Hui works within an ancient geometrical tradition and gradually develops a system of mathematics with a distinctive character that aims at perfection.

Liu's discoveries have inspired all the later generations of Chinese mathematicians, even up to today's modern mathematicians who still draw lessons from his work. In terms of their contributions to mathematical science, Liu Hui and Euclid should be mentioned in the same breath.

It is a sad fact that contemporary generations cannot easily appreciate the book because of the language barrier that affects both Chinese and non-Chinese, and I believe it is therefore appropriate to have an English translation and annotation of the whole text, including the commentary by Liu Hui and the later one by the Tang dynasty mathematician Li Chunfeng. I am honoured to introduce the work of Professor Shen Kangshen (Hangzhou University, People's Republic of China), Professor J.N. Crossley (Monash University, Australia) and Dr A.W.-C. Lun (Monash University, Australia) and congratulate them on this publication.

Wu Wentsun
吴文俊
Academia Sinica
Beijing
P.R .China
December 1994

吴文俊为英译《九章算术》写的序言

身份来到中国科学院自然科学史研究所学习中国数学史。[1] 此后的 40 多年里，林力娜潜心研究，勤奋著述，在国际学术界为传播中国数学史做出了卓越贡献。2004 年，林力娜与郭书春合作完成了《九章算术》的法语译本 *Les Neuf Chapitres-Le Classssique Mathématique de la Chine ancienne et ses commentaires*，吴文俊应邀出席在北京法国文化中心举行的的首发式。与会记者拍摄的一张照片非常传神：吴文俊目光如炬，凝视《九章算术》的法语译本，时光在这一刻似乎停滞了。

这是古与今的对话，这是中法文明的交融。

《九章算术》正为之搭起了历史的桥梁。

1　林力娜. 一位外国学者眼中的中国数学史学会 40 年：为庆祝中国数学史学会成立 40 周年而作［G］//徐泽林. 与改革开放同行：中国数学史事业 40 年. 上海：东华大学出版社. 2021：407－408.

吴文俊在注视《九章算术》法语译本

和算之证

　　从现代数学的拓扑学领域转而进入中国古代数学史的研究，吴文俊并没有把自己看成一个"票友"，更没有居高临下的优越感，而是把自己作为中国数学史研究的排头兵：冲锋陷阵、摇旗呐喊、擂鼓加油。

　　1976 年 10 月的数学史座谈会，吴文俊提交的论文《我国古代测望之学重差理论评介——兼评数学史研究中的某些方法问题》成为数学史方法论的一面旗帜。

　　1980 年《百科知识》第 7、8 期刊登了吴文俊的《对中国传统数学的再认识》，该文第一次明确提出中国古算的构造性、计算性和机械化特色，让世界重新认识中国传统数学的价值和意义。

1981 年 7 月，在大连召开第一次数学史讨论会，吴文俊在讨论会上做了报告《古今数学思想》。更有意义的是，这次会议宣告了全国数学史学会的成立，吴文俊是创始会员，还留下一张珍贵的合影。

全国数学史第一次学术讨论会（1981 年 7 月 20 日—7 月 25 日·大连）合影，吴文俊为二排左五

1984 年 7 月，吴文俊应邀在北京师范大学举办的全国高校中外数学史讲习班发表讲话，强调了探讨中外数学知识交流的重要性，特别强调要掌握第

一手资料，强化语言学习。

1986 年，吴文俊参加在美国伯克利大学举办的国际数学家大会 (ICM86)，他做的特邀报告是《近年来的中国数学史研究》（"Recent studies of the history of Chinese Mathematics"）。

从 1982 年到 1990 年的 8 年之间，吴文俊先后为一批重要中国数学史研究专著撰写序言，如：《〈九章算术〉与刘徽》（吴文俊主编，1982）、《〈九章算术〉校释》（白尚恕，1983）、《中算导论》（沈康身，1986）、《秦九韶与〈数书九章〉》（吴文俊主编，1987）、《东方数学典籍〈九章算术〉及其刘徽注研究》（李继闵，1990）、《〈九章算术〉汇校本》（郭书春，1990）。

吴文俊（左二）出席国际数学家大会（ICM86·伯克利）

正是通过这些学术论文、致辞讲话、报告和序言，吴文俊阐述了自己对中国数学史的理解、传播着自己对中国传统数学重要价值的信念，进而形成了自己完整的数学史观。现在我们把吴文俊对中国数学史的贡献概括为以下三个方面：

第一，深刻地揭示了中国传统数学的特征，即构造性、算法化和机械化数学，高屋建瓴地指出其与古希腊抽象的公理化数学是东西辉映的两种主流，都对世界数学发展做出了贡献。

第二，在数学史研究方法论方面提出了"古证复原"的历史主义原则，引领了 20 世纪 80 年代以来的中国数学史研究。

第三，设立"数学与天文丝路基金"（即"丝路基金"），鼓励和支持年轻学者深入开展古代及中世纪中国与其他亚洲国家的数学天文交流史的研究，其进而升华为"丝路精神"。详见本书第六篇"在丝路精神的引领下"。

但是，对于中国古代数学在世界数学发展中的主流问题，学界还存在一些疑惑、误解或争议。

事实上，吴文俊是基于对古代及近代中西文化交流的历史事实，抓住近代数学的两个核心领域——解析几何与微积分，对其思想方法进行分析的。在论述中国古代数学对世界文化的伟大贡献时已经证明解析几何和微积分的思想在中国传统数学中早有根源，因此吴文俊指出"就近代数学的产生而言，后者甚至更具有决定性的（或者说是主流的）意义"[1]。

徐泽林等通过对 17、18 世纪日本和算中一些程序性较强的"术"进行分析，发现和算在代数学、代数化几何和微积分方面都体现了与中算（尤其是宋元数学）相似的中国式数学的构造性与算法化，从而进一步验证了吴文俊数学史观的正确性。[2]

吴文俊曾对天元术的精辟评论道：

在宋元时期，又创立了天元术，相伴而生的是多项式概念，表达方法，运算法则以及一般消去法的建立，到元朱世杰的《四元玉鉴》，已可解多至四个未知数的高次联立方程组。只是由于我国古代不用笔算而用筹算，计算须在筹算板上进行，才只能局限于四个未知数。就其理论与方法的实质而

1　李文林. 古为今用的典范：吴文俊教授的数学史研究 ［G］//林东岱，李文林，虞言林. 数学与数学机械化. 济南：山东教育出版社，2001：52.

2　徐泽林. 和算成就对吴文俊中算史观的诠释 ［J］. 上海交通大学学报（哲学社会科学版）. 2019，27（01）：82‐95.

论，应是可以推行于任意高次联立方程组的。[1]

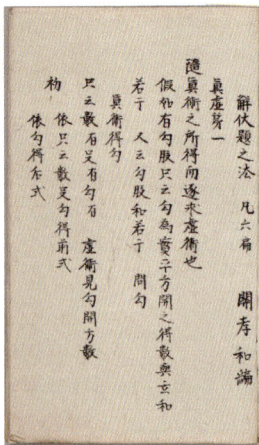

关孝和《解伏题之法》书影   吴文俊（左一）与日本数学学会前会长小松彦三郎交流

　　和算家在消元法方面的成就正好反映了吴文俊"两种主流"的精辟论断。关孝和的"解伏题"正是朱世杰"四元术"的发展，而推动其发展的决定性因素正是在"天元术"基础上发展起来的文字代数方法。"解伏题"的消元过程本质上是对多元高次代数方程组整序以化成三角形方程组的机械化程序，当我们关注其行列式理论方面的意义时，不能忽视其数学机械化思想方法方面的成就与价值。[2,3]

　　2006 年 3 月，吴文俊受邀参加在日本京都大学数理解析研究所召开的"算法史"学术会议。在听了日本数学家小松彦三郎（1935—2022）的报告后，吴文俊心生感慨，说道：

1 吴文俊. 吴文俊论数学机械化 [M]. 济南：山东教育出版社，1996：492.

2 徐澤林. 日本の伝統的幾何とその中国における伝統 [J]. 数学史研究. 2010，207：13 - 30.

3 徐泽林. 中算数学机械化思想在和算中的发展——解伏题的机械化特征 [J]. 自然科学史研究. 2001，20（2）：120 - 131.

关孝和等和算家才是朱世杰真正的继承人。[1]

"准备战斗!"

1975 年，吴文俊以"顾今用"为笔名，在《数学学报》发表了他的第一篇数学史论文《中国古代数学对世界文化的贡献》，没有想到文章发表不久就有学者猜出此文是他亲手而为，他当时就发出了那声呐喊："准备战斗!"

吴文俊平易近人，和蔼可亲。他要向谁开战？为何斗争？在当时的学术环境下，很难理解吴文俊这句话的意义。但现在可以看得很清楚了：吴文俊在逼近花甲之年，以战斗的姿态和科学的热情，古为今用，开创了数学机械化的崭新领域；同时以战斗的姿态，亲自深入数学史研究，以揭示历史本来面目为己任，为弘扬中国古代数学文化做出了巨大贡献。[2]

但是，学界对吴文俊在数学史方面的研究、提出的数学史观并不是没有争议的，这一点吴文俊自己也是清醒的，他神情严肃、掷地有声地表示要"准备战斗"，绝非空穴来风。

（一）为消除偏见而战

吴文俊的数学史研究是不是具有民族主义倾向？

"民族主义"的词义是复杂的。通过对不同民族或国家文化的科学比较分析揭示一种民族文化在人类文化进程中的作用，弘扬民族文化，捍卫民族文化，增强民族自信——如果将此称为"民族主义"，它何错之有？相反，这是正确的、正义的。

我们要反对的是狭隘的、极端的民族主义。狭隘的和极端的民族主义以

1　曲安京. 我们这个时代的领袖数学史家［G］//姜伯驹，李邦河，高小山，等. 吴文俊与中国数学. 上海：上海交通大学出版社，2016：258-264.
2　李文林. 论吴文俊院士的数学史遗产［J］. 上海交通大学学报（哲学社会科学版）. 2019，27（1）：63-70，95.

排他性为特征，就是说排斥、藐视、贬低甚至摧残其他民族的文化，这也是以种族优越论为基础的"西方中心论"的特征。这些恰恰是吴文俊坚决反对并在自己的数学史研究中予以尖锐批判的。长期以来，在"西方中心论"的价值观和评判标准下，中国古代数学被严重贬低甚至是被虚无化了。吴文俊以一个有国际声望的数学家的身份进入数学史领域，亲自深入探讨中国古代数学的成就及其世界意义，他的一些论述是振聋发聩的，对于改变对中国古代数学的偏见具有相当的国际影响，他能受邀在国际数学家大会这样的讲坛上去报告自己的数学史研究、论述自己的数学史观，就足以说明问题。应该说，从20世纪80年代起相当长的时期里，吴文俊作为弘扬中国古代数学文化的旗手，功莫大焉！吴文俊将构造性、机械化的数学与演绎式、公理化的数学相提并论，从根本上肯定了中国古代数学对世界数学发展主流的贡献，但这并不意味着他对演绎式、公理化数学的否定，相反地，吴文俊说过："在它（欧几里得演绎体系）的影响下，形成了绚丽多彩的现代数学，希腊数学对数学的这种影响与成就，自然是不可磨灭而应该为国人所向往与虚心学习的。"他还认为，数学研究的两种主流"对数学的发展都曾起过巨大的作用，理应兼收并蓄，不可有所偏废"。类似的论述在吴文俊的著述中决不乏见，这说明了他对数学史的客观与科学的态度，也说明了他对不同文化传统取长补短、兼容并蓄的博大胸怀。而他的数学机械化理论，恰恰是中西融合的闪亮的金块。

（二）为创新思维而战

吴文俊的数学史思想是否夸大了中国古代数学的成就与意义？

认真考察吴文俊的具体研究成果——出入相补原理与中国古代几何学、日高公式复原、中国古代实数理论、宋元数学家解方程的算法特别是朱世杰的"四元术"等，是得不出这样的结论的。这方面的一些批评意见的出现，有许多其实是由于对中国古代数学缺乏必要的了解。事实上，如果认真了解了赵爽、刘徽、祖冲之父子等人的工作，就绝不会认为吴文俊夸大了中国古代几何学的成就；同样，如果不了解《九章算术》中的"开方术"及刘徽关于实数的十进分数逼近的论述，那就完全可能认为吴文俊对中国古代实数理论的论点是夸大了的。诚然，在中国科学史研究中确实存在有拔高中国古代数学成就的现象，但这并非主流，亦非吴文俊本意。即使到目前，就总体而言，中国古代数学并不是被不恰当地高估了，而是期待着进一步的挖掘与更充分的认识。

现在来考察贯穿吴文俊数学史论著的对数学发展主流的看法，这方面的争议在吴文俊发表其论点之前本已存在。前面已经提到《古今数学思想》中否定中国古代数学的主流意义的代表性观点，而就在此前不久，另一部影响广泛的数学史著作《数学简史》第四版出版，作者 D. J. 斯特洛伊克（D. J. Struik，1894—2000）在序言中表达的则是另一种观点："在这一版里，古代中国数学是按照应有的地位作为中世纪和中世纪以前的一部分来讲的，而不是把它当作科学发展主流以外的一种现象。"[1]

吴文俊则是第一位明确提出与希腊演绎式数学相并行的另一条数学发展主流线索的数学家，并且深入探讨了这条主线的特征、分析了近代数学兴起中东方元素的作用。这无异于在科学史研究领域提出了新的价值标准与评价体系，而以往这方面的标准制定完全是西方学者的专利。

在吴文俊第一篇数学史论文问世将近半个世纪以来，众多中外学者的深入研究和大量史料的发掘为吴文俊的数学史观提供了有力的支持，当然这方面的研究还有很大的深入空间。未来的研究将进一步证明吴文俊关于数学发展主流的论断与研究的正确，进一步凸显吴文俊数学史研究深远的文化意义。

吴文俊为我们留下了宝贵的数学史遗产！我们要以他为榜样，以战斗的姿态，继承这笔遗产，捍卫这笔遗产，发展这笔遗产！[2]

---

1 D. J. 斯特洛伊克. 数学简史（第四版）[M]. 胡滨，译. 北京：高等教育出版社，2018：8.

2 李文林. 论吴文俊院士的数学史遗产 [J]. 上海交通大学学报（哲学社会科学版）. 2019，27（1）：63-70，95.

第五篇
迈向数学机械化

　　数学是一种典型的脑力劳动，它的机械化有着许多其他类型脑力劳动所不及的有利条件。它的发扬与实现对我国的数学家是一种时代使命。我国古代数学的光辉，都鼓舞着我们为实现数学的机械化，在某种意义上也可以说是真正的现代化而勇往直前。

吴文俊《数学机械化丛书》前言

第一章　机器证明：美梦如何变成现实？

古老的梦想

相传托勒密王曾向欧几里得请教学习几何的捷径，欧几里得没有屈从于帝王的威严，直率地说："几何中无王者之路（There is no royal way in geometry）。"

以希腊的几何学为代表的古代西方数学，其特点是在公理体系的基础上证明各式各样的几何命题。几何题的证法，各具巧思，争奇斗艳，无定法可循，更多依赖个人的经验、技巧和灵感。学习几何的孩子做梦都在想：要是解几何题能像解一元二次方程那样该有多好！

这种愿望由来已久。17 世纪法国的数学家笛卡儿曾有过一个伟大的设想："一切问题化为数学问题，一切数学问题化为代数问题，一切代数问题化为代数方程求解问题。"坦率地说，笛卡儿把问题想得太简单了，如果他的设想真能实现，那就不仅是数学的机械化，而是全部科学的机械化，因为代数方程求解是可以机械化的。但笛卡儿没有停留在空想，他所创立的解析几何在空间形式和数量关系之间架起了一座桥梁，实现了初等几何问题的代数化。

比笛卡儿晚一些的德国数学家莱布尼茨曾有过"推理机器"的设想。他研究过逻辑，设计并制造出能做乘法的计算机，进而萌发了设计万能语言和造一台通用机器的构想。莱布尼茨认为，他的方案一旦实现，人们之间的一切争论都可以被心平气和的机器推理所代替。他的努力促进了布尔（Boole）代数、数理逻辑以及计算机科学的研究，正是沿着这一方向，经后人的努力，机器定理证明的逻辑方法才得以形成。

随后，德国数学家希尔伯特明确提出了公理系统中的判定问题：有了一个公理系统，就可以在这个系统基础上提出各式各样的命题。那么，有没有一种机械的方法，即所谓算法，对每一个命题加以检验，判明它是否成立呢？正是希尔伯特在其名著《几何基础》一书中就提供了一条可以对一类几何命题进行判定的定理——当然，在那个时代，不仅希尔伯特本人，整个数学界都没有意识到这一点。

数理逻辑的研究表明，希尔伯特的要求太高了。著名的库尔特·哥德尔（Kurt Gödel，1906—1978）不完全定理断言：即使在初等数论的范围内，对所有命题进行判定的机械化方法也是不存在的！

数学大师们坚持不懈地求索，表明数学机械化的思想重要而深刻；而数学机械化在历史上发展缓慢，同时也意味着这一道路漫长而艰难。

数学证明的机械化，如果没有可以进行数学演算的机器，只能是纸上谈兵。电子计算机的问世使得数学机械化的研究活跃起来。波兰数学家阿尔弗雷德·塔斯基（Alfred Tarski，1901—1983）在 1950 年推广了关于代数方程实根数目的雅克·C. F. 斯图姆（Jacques C. F. Sturm，1803—1855）法则，并由此法则证明了一个引人注目的定理："一切初等几何和初等代数范围的命题，都可以用机械方法判定。"可惜他的方法太复杂，即使用高速计算机也不能用他的办法证明稍难的几何定理。

1958 年，著名数理逻辑学家、美国洛克菲勒大学王浩（1921—1995）教授设计了几个程序，使用当时的 IBM704 机，在 3 分钟内证明了伯特兰·罗素（Bertrand Russell，1872—1970）、阿弗烈·诺夫·怀海德（Alfred North Whitehead，1861—1947）的巨著《数学原理》（Principia Mathematica，1910，1912,1913）中的几百条有关命题逻辑的定理。这一成就震动了学术界，被誉为"一击落七蝇"（seven flies in one blow）。王浩工作的意义在于宣告了用计算机进行定理证明的可能性。特别是，王浩第一次明确提出"向数学机械化前进（toward mechanical mathematics）"[1]。1976 年，美国两位年轻的数学家在高速电子计算机上耗费 1 200 小时的计算时间，证明了"四色定理"，解决了数学家们 100 年来未能解决的难题。

在数学发展的漫长历史中，积累了无数的几何定理。这里面有许多巧夺天工、趣味隽永的杰作。由于传统的兴趣和应用的价值，初等几何问题的自动求解成为数学机械化的研究焦点。自塔斯基发表引人注目的定理之后的 26 年中，初等几何定理的机器证明仍然没有取得令人满意的进展。在经过许多探索和失败之后，人们在悲叹：光靠机器，再过 100 年也未必能证明出多少有意义的新定理来！

1977 年，正是吴文俊的工作，揭开了机器证明领域的新的一页。

"吴氏计算机"

吴文俊说："当年手算的纸一摞一摞的！"

这短短的一句话，道出了吴文俊当年的无尽艰辛：

要机器证明，先脑力证明！

要机器计算，先手工计算！

现在，就让我们听听吴文俊是如何把自己当作计算机来用的吧：

我对几何定理机器证明有了自己明确的想法，但需要验证。那时我没有计算机，只有一条路：自己用手算！我当计算机，用"吴氏计算机"验证。

为验证我的方法的可行性，"吴氏计算机"证明的第一个定理是费尔巴赫（Feuerbach）定理。证明过程涉及的最大多项式有数百项，这一计算非常

1　H WANG. Toward mechanical mathematics［J］. IBM journal of research and development. 1960,4:2－22.

困难，任何一步出错都会导致以后的计算失败。算了多少记不清了，算了废纸一大堆，算得很苦。下苦功夫，这没什么，麻烦的是要找出毛病所在。到后来真正抓住了毛病出在哪儿，这是要靠你平时的数学修养。那是相当艰苦的一段经历。

1977 年春天，是在那年的春节期间，我首次用手算成功地验证了我的机器证明几何定理的方法。

那些日子里，我把自己当作一部机器一样，没有脑子的，只会算，一步一步死板地算，第一步第二步第三步……，手算时间大概用了三四十个小时以上，成了！

我非常振奋，接着又用手算证了其他几个有名的几何定理，也成了，我知道我这个方法对了！真高兴。这是关键的一步。[1]

"吴方法"：王者之路

1977 年，吴文俊在《中国科学》上发表论文《初等几何判定问题与机械化问题》，为数学机械化领域送去了一缕清新的春风。1984 年，吴文俊的专著《几何定理机器证明的基本原理》由科学出版社出版，这部专著遵循机械化思想引进数系和公理，依照机械化观点系统地分析了各类几何体系，明确建立了各类几何的机械化定理，着重阐明几何定理机械化证明的基本原理。1985 年，吴文俊的论文《关于代数方程组的零点》发表，具体讨论了多项式方程组所确定的零点集。这篇重要文献，是正式建立求解多项式方程组的吴文俊消元法的重要标志。与国际上流行的代数理想论不同，它明确提出了具有中国自己特色的、以多项式零点集为基本点的学术路线。

---

1 吴文俊. 走自己的路：吴文俊口述自传 [M]. 邓若鸿，吴天骄，访问整理. 长沙：湖南教育出版社，2015：245.

自此，"吴方法"宣告诞生，数学机械化研究揭开了新的一幕。

1977 年 11 月　　　　中　国　科　学　　　　第 6 期

初等几何判定问题与机械化证明

吴　文　俊
(中国科学院数学研究所)

摘　　要

机械化证明定理，目前值得注意的是 Tarski 关于初等几何与初等代数定理的机械证明法。他以及后来一些研究工作者的方法，大都基于 Sturm 定理的某种推广，这些方法仍极繁复，因之即使使用了计算机，实际上也是难以实现的。本文的目的，在于把定理限制在不牵涉到"之间"关系的情形，应用完全不同的原理给出初等几何定理的机械化证法。这种方法仅用手算即可给出不太简单的定理的证明。

吴文俊在《中国科学》发表的第一篇关于机械化证明的论文（1977 年）

几何问题的代数化是几何问题机械化的第一步，为此需要引进数系，建立坐标系，把几何命题的图中的各种关系利用代数方程来描述。在适当选取坐标系后，如果几何定理的假设条件可表示为一组代数方程 $[H]$：$f_1=0$，$f_2=0$，$\cdots$，$f_r=0$。而几何定理的结论由代数方程 C：$g=0$ 所刻画，这里 f_1，f_2，$\cdots$，f_r 和 g 都是变元 x_1，x_2，$\cdots$，x_n 的多项式，那么几何定理的机械化证明就归结为如下问题：

（一）机械化问题

构造并提供一种确定的、机械的算法，使得依此算法进行有限步之后即可判定：在若干附加条件之下，结论 C 是否可由假设 $[H]$ 推出，即是否可由 $f_1=0$，$f_2=0$，$\cdots$，$f_r=0$ 推出 $g=0$。

由此可见，实现数学定理机械化证明的关键，在于必须对表示定理假设的多项式组 $[H]$ 的零点集给出构造性的描述，以便区分多项式组 $[H]$ 的零点集，从而可以确定在多项式组 $[H]$ 零点集的哪部分之中，能够保证多

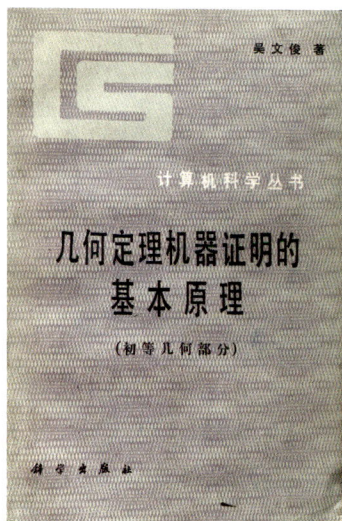

《几何定理机器证明的基本原理》（1984）　吴文俊对机证原理的简要描述

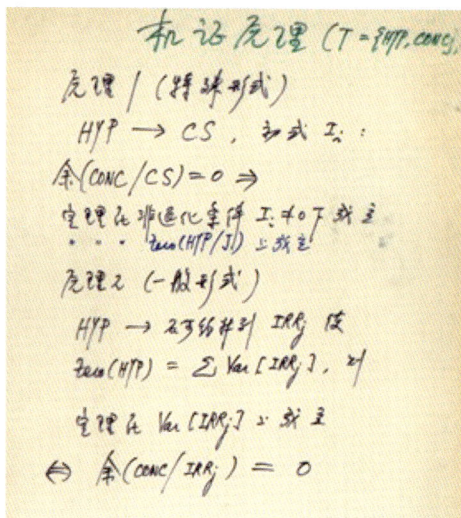

项式 $g=0$。吴文俊消元法，即"吴方法"恰恰完成了这项任务。因此，"吴方法"是定理机器证明吴文俊原理的理论基础，定理机器证明的机械化原理的建立是"吴方法"的成功运用。

（二）吴文俊原理

设数学定理的假设条件由多项式方程组 $[H]=0$ 表示，定理的结论由多项式方程 $g=0$ 表示，并设 $CS=\{A_1, A_2, \cdots, A_k\}$ 为多项式方程组 $[H]$ 的特征列。如果多项式 g 对 $[H]$ 的特征列 CS 的余式 $R=0$，则在条件 $Ii\neq0$，$i-1, 2, \cdots, k$ 之下，可从 $[H]=0$ 推出 $g=0$。条件 $I_i\neq0$，$i=1, 2, \cdots$，k 称为数学定理成立的**非退化条件**。这组非退化条件是在计算特征列的过程中自动产生的。非退化条件这一概念的发现，是吴文俊在数学机械化证明领域的突出贡献。[1] 这一概念的引进，实现了数学定理机器证明的决定性突破。

1　石赫. 数学机械化的先行者［G］//姜伯驹，李邦河，高小山，等. 吴文俊与中国数学. 上海：上海交通大学出版社，2016：126－135.

　　一般说来，用"吴方法"判定一个命题，要分三步进行：

　　第一步是把所给命题化为代数形式，即判定一组多项式的公共零点集是否被包含于另一多项式的零点集。

　　第二步是整序，即把刻画命题条件的多项式组［H］经整序化为升列 AS。

　　第三步是求余，即将刻画命题结论的多项式 g 对于升列 AS 约化求取余式 R。若 $R=0$，即可断定命题在非退化条件 $I_i \neq 0$，$i=1$，2，$\cdots$，k 之下成立，或者说命题一般成立，其中 I_1，I_2，$\cdots$，I_k 是升列 AS 中各多项式的初式。若 R 不为 0，则当 AS 为不可约升列时，可断定命题不真。

　　多项式方程组求解曾被认为是极为困难的问题，这已为它的研究历史过程所证明。但是，吴文俊消元法的叙述简明自然、顺理成章，结论易懂，方法易学。我们可以用相当短的时间向初学者介绍"吴方法"，并在计算机上具体操作"吴方法"的计算过程。初学者往往惊奇地发现，"吴方法"竟是这样的简单自然，感叹为什么别人没有发现它！事实上，将公认的难题应用初等方法简朴自然地加以解决，是数学科学返璞归真的最高境界。

　　吴文俊认为自己一生有三项得意的成就，第一项是数学机械化，另外两项是对拓扑学和中国古代数学的研究。从吴文俊亲笔书写的"数学机械化历史发展"手书中可以看到，1977 年是吴文俊数学机械化研究的起始之年，更重要的是吴文俊明确说明，他的思想是"依据中国传统数学的思想路线，给出等式型几何定理机器证明的有效算法"。而这一思想路线就是中国传统数学中的"解方程"。

　　多年之后回顾这一历程，吴文俊仍难掩内心的激动，他挥笔写下：

你干你的，我干我的。

我终于找到了

立足国内不受国外影响的

中国自己的道路

源于中国古代数学的

机械化数学！！！

吴文俊手书：数学机械化的历史发展

吴文俊手书：你干你的，我干我的（2003年 12 月 10 日）（吴天骄供图）

英雄相惜

吴文俊不止一次说过："数学机械化的名称不是我创造的，正是看到王浩先生的这个文章，联系到我们的工作，于是才有了数学机械化这个名称。"[1]

王浩（1921—1995），美籍华裔数理逻辑学家。1943 年西南联大数学系毕业，后入清华大学研究生院哲学部学习，1945 年获硕士学位。1946 年，

---

[1] 吴文俊. 数学机械化研究回顾与展望［G］//吴文俊，李文林. 吴文俊全集·数学思想卷. 北京：科学出版社，2019：113.

王浩

由清华大学推荐，获美国国务院奖学金入哈佛大学，师从著名逻辑学家威拉德·冯·奥曼·奎因（Willard Van Orman Quine，1908—2000）教授。1948 年获理学博士。1953 年起，王浩开始计算机理论与机器证明的研究。1960 年，王浩在《IBM 研究与发展年报》上以《走向数学机械化》（Toward Mechanical Mathematics）为题发表了他的研究成果，并提出了"数学机械化"一词。吴文俊说的就是这篇文章。1984 年，吴文俊出版了那部著名的经典著作《几何定理机器证明的基本原理（初等几何）》，并在导言中对王浩感谢有加：

　　至于王浩先生，他在机器证明上突破性的成就早已脍炙人口，而其有关机器证明的一些精辟论点，更是发人深省。诸如以量的复杂取代质的困难，以及基础机证与特例应有所区别等论点，都使著者在研究过程中深受启发。[1]

　　吴文俊谈到王浩时也很是感慨：

在美国的中国人中，还有一个人，叫王浩，我很尊敬他……
王浩这个人也非常好，我到他那去过，后来他也来过中国。他很有创

1　吴文俊. 几何定理机器证明的基本原理（初等几何）[M]. 北京：科学出版社，1984：ix.

见，有独创的东西。[1]

一封王浩给吴文俊的复信告诉我们，吴文俊与王浩的交往，从 20 世纪 70 年代就开始了。

1977 年 11 月，吴文俊的论文《初等几何判定问题与机械化问题》在《中国科学》上发表，不久，吴文俊就将此文寄给在洛克菲勒大学任教的王浩。1978 年 4 月，王浩给吴文俊写了回信，信不长，开篇即直奔主题，表现出一位逻辑学家的风格：

文俊兄，多谢寄来的初等几何及机证的文章，觉得极有意义，在机证方面开一新纪元。弟计划好好研读，并考虑如何写一计算机程序，实现文中的制定方法。粗看起来，程序应该不太难写。在美国有一些现成的代数运算程序，可以不必另寄。在国内或者尚没有较合用的这类程序？——目前弟有些别的工作，需要先加些力，所以不见得会最近能作多少。若有进展，当随时相告。国内若有进一步发展发表，亦盼能惠寄。[2]

吴文俊第一次访问美国时，还得到了王浩的热情帮助。两位大师留下了一段佳话。1991 年，华东师范大学张奠宙（1933—2018）先生专程到洛克菲勒大学访问王浩，后来发表的访谈中，有一段王浩对吴文俊的高度评价：

---

1 吴文俊. 走自己的路：吴文俊口述自传［M］. 邓若鸿，吴天骄，访问整理. 长沙：湖南教育出版社，2015：268.

2 哲学园. 王浩诞辰百年：可能是中国最伟大的逻辑学家，他的学术生涯与爱国情怀［EB/OL］.（2024‑05‑01）［2024‑07‑16］. https：//k. sina. com. cn/article_2642308694_9d7e6e5601903srxk. html. 同见：尼克. 纪念数学家吴文俊先生［G］//李邦河，高小山，李文林. 吴文俊全集·附卷：回忆与纪念. 北京：科学出版社. 2019：407‑410.

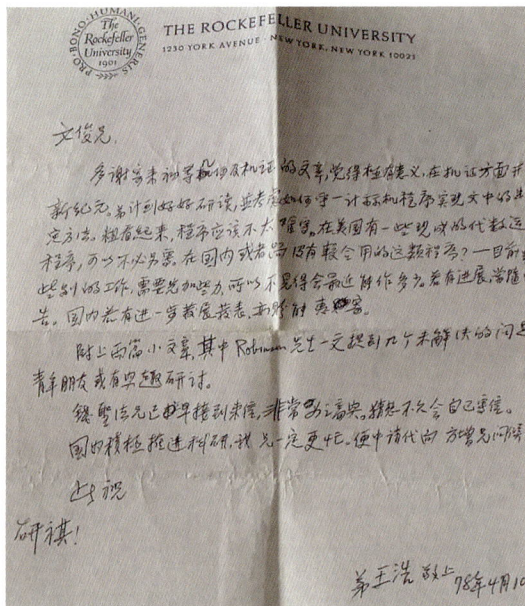

王浩给吴文俊的复信

对于中国的数学教师，我推崇吴文俊的工作。他真正见了实效，比国际上的许多工作要深入。他的机械证明方法，把数学、计算机、算法，用一根线穿起来，非常重要而且有趣。中国的数学教师，都应该懂得他的工作。[1]

英雄相惜，真心相印！

1　张奠宙. 学术生涯与爱国情怀：王浩先生访谈［J］. 科学，2007，59（6）：45－47.

第二章 "解方程"：为有源头活水来

"文华逾九章"

20世纪50年代，拓扑学刚刚从艰难迟缓的发展中开始突飞猛进，吴文俊敏锐地抓住了拓扑学的核心问题，在示性类与示嵌类的研究上取得了国际数学界交相称誉的突出成就。1956年他荣获中国科学院科学奖金一等奖，1957年当选中国科学院学部委员，这一年他才38岁。对于一位年轻的数学家来说，这已是莫大的荣誉了。而对吴文俊来说，这只是在西方人开创的方向上做出的工作，新中国的数学家应该开拓出属于自己的研究领域。

但是，路在何方呢？

那就是数学机械化！

是什么力量使得吴文俊从一位卓有成就的拓扑学家，走上数学机械化的研究道路呢？

吴文俊在《吴文俊文集》前言中有过动情的叙述：

作者关于机械化思想的形成，决非一朝一夕，至少在七十年代以前，机械化的概念在作者脑海里还毫无踪影。经过对中国古代数学的学习和触发，结合着几十年来在数学研究道路上探索实践的回顾与分析，终于形成了这种数学机械化的思想。这种思想一旦形成，就自然地化成一股顽强的动力。十几年来，作者一直在这一方向道路上摸索前进，艰苦奋斗，义无反顾。[1]

---

1 吴文俊. 吴文俊文集 [M]. 济南：山东教育出版社，1986：2.

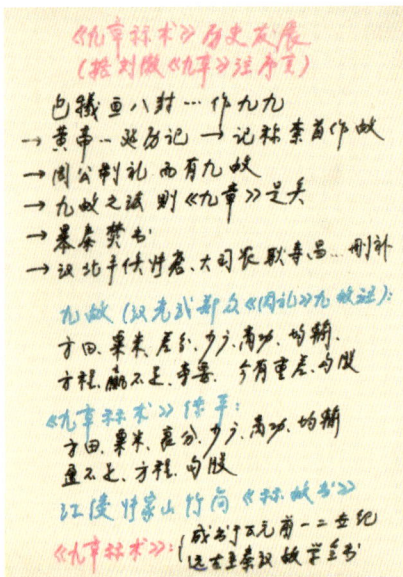

吴文俊手书：《九章算术》历史发展

20 世纪 70 年代初，吴文俊开始研读中国数学史。中国古代数学曾有过辉煌的历史，直到 14 世纪，在许多数学领域都保持着西方望尘莫及的水平。但是，西方一些数学史家不了解也不承认中国古代数学的光辉成就，将其排斥于"数学主流"之外。吴文俊对此作了正本清源的研究。1975 年，他撰写了《中国古代数学对世界文化的伟大贡献》，文中详细列举了在代数、几何、三角、解析几何和微积分等学科的发现和创立过程中，中国传统数学所起的重大作用。吴文俊认为：近代数学之所以能够发展到今天，主要是靠中国的数学，而非希腊的数学，决定数学历史发展进程的主要是中国的数学而非希腊的数学。这一论断在当时真可谓空谷惊雷，振聋发聩。此后，吴文俊对中国数学史的研究一发而不可收。大约在 1976 年，他的论文《我国古代测望之学重差理论评介——兼评数学史研究中某些方法问题》洋洋洒洒 3 万余言，列举参考文献达 48 种，从古代"重差理论"入手，见微知著，批判了数学史研究中"以今代古"所产生的巴比伦神话、印度神话以及丢番图神话；正是在此文中，吴文俊意识到"这种几何与代数的配合、代数的几何应用与几何的代数化正是宋元天元术的主要含义之一"，指出"在宋元数学家的手里为了发展天元术而建立了一整套的代数机器"。[1]

---

1 吴文俊. 我国古代测望之学重差理论评介：兼评数学史研究中的某些方法问题［G］//自然科学史研究所数学史组. 科技史文集（八）·数学史专辑. 上海：上海科学技术出版社，1982：10 - 30.

这为他日后产生的机器证明思想埋下了伏笔。吴文俊热情讴歌中国古代数学的代表作《九章算术》。他在《〈九章算术〉与刘徽》的前言中这样写道：

> 《九章算术》是我国数学方面流传至今最早也是最重要的一部经典著作。它承前启后，一方面总结了秦汉以前的数学成就，另方面又成为汉代以来达两千年之久数学研究与创造的源泉。特别是三国时期魏刘徽的《九章注》，对数学理论多所阐发，影响深远。总之，《九章算术》与刘徽《九章注》，对数学发展在历史上的崇高地位，足以与古希腊的欧几里得《几何原本》东西辉映，各具特色。[1]

吴文俊进一步指出："作为一名中国的数学工作者，首先应该对自己的数学历史有深刻的认识，为此必须首先对《九章算术》与刘徽《九章算术注》有确切的了解。""要预见数学的将来，不能不研究《九章》与《刘注》所蕴含的深邃的思想在数学发展过程中的历史功绩，也不能不正视正在崭露头角的这种思想对数学现状的影响"。[2]

吴文俊以一位数学家的素养敏锐地感受到中国传统数学的鲜明特点表现在机械化和构造性，他在论文《从〈数书九章〉看中国传统数学构造性与机械化的特色》中着力阐明了这一点：就内容实质而论，所谓东方数学的中国古代数学，具有两大特色，一是它的构造性，二是它的机械化。[3]

后来在为数学史家李继闵的著作《东方数学典籍〈九章算术〉及其刘徽注研究》作序时，他把自己多年研究数学史的体会系统完整地表述出来。吴文俊指出：

1　吴文俊. 《九章算术》与刘徽［M］. 北京：北京师范大学出版社，1982：前言 1.

2　李继闵. 东方数学典籍《九章算术》及其刘徽注研究［M］. 西安：陕西人民教育出版社. 1990：序言 ii，v.

3　吴文俊. 从《数书九章》看中国传统数学构造性与机械的特色［G］//吴文俊. 秦九韶与《数书九章》. 北京：北京师范大学出版社，1987：73 - 88.

我国传统数学在从问题出发以解决问题为主旨的发展过程中建立了以构造性与机械化为其特色的算法体系，这与西方数学以欧几里得《几何原本》为代表的所谓公理化演绎体系正好遥遥相对。《九章》与《刘注》是这一机械化体系的代表作，与公理化的代表作欧几里得《几何原本》可谓东西辉映，在数学发展的历史长河中，数学机械化算法体系与数学公理化演绎体系曾多次反复互为消长，交替成为数学发展中的主流。肇始于我国的这种机械化体系，在经过明代以来近几百年的相对消沉后，由于计算机的出现，已越来越为数学家所认识与重视，势必重新登上历史舞台。《九章》与《刘注》所贯穿的机械化思想，不仅曾深刻影响了数学的历史进程，而且对数学的现状也正在发扬它日益显著的影响。它在进入二十一世纪后在数学中的地位，几乎可以预卜。[1]

也就是在这个时期，吴文俊到计算机工厂劳动，通过接触计算机，切身体会到了计算机的巨大威力，敏锐地觉察到计算机有极大的发展潜能。他一头扎进机房，从 HP-1000 机型开始，学习算法语言，编制算法程序。就这样，中国古代数学的启发，"玩"计算机的感受，连同几十年在数学研究道路上的探索与实践，终于在吴文俊的脑海里升华为数学机械化的思想。1977年，吴文俊的论文《初等几何判定问题与机械化证明》发表于《中国科学》，吴文俊特地为此文写了一个简短的"附注"，阐明机械化思想起源：

我们关于初等几何定理机械化证明所用的算法，主要牵涉到一些多项式的运用技术，例如算术运算与简单消元法之类。应该指出，这些都是十二至十四世纪宋元时期中国数学家的创造，在那时已有相当高度的发展。详细介绍可参阅钱宝琮的著作。事实上，几何问题的代数化与用代数方法系统求

---

1 李继闵. 东方数学典籍《九章算术》及其刘徽注研究［M］. 西安：陕西人民教育出版社. 1990：序言 v.

解，乃是当时中国数学家主要成就之一，其时间远在十七世纪出现解析几何之前。[1]

吴文俊汲取中华民族灿烂文化之精华，发扬中国古代数学的优良传统，创造了世所公认的机器证明的"吴方法"，彻底改变了数学机械化领域的面貌。吴文俊的卓越建树，生动地证明了这样一个真理：正确认识和研究数学的历史，不仅是数学发展的必然要求，也是一个数学家永葆学术青春的重要源泉。

解方程，古到今

1993 年 8 月，北京大学数学系庆祝建系 80 周年。作为数学系的著名校友，吴文俊应邀出席会议，做了题为《解方程，古到今》的学术报告，介绍了解方程从古至今发展的历程，强调了解方程的重要性。他在报告中说道：

自古以来，数学研究包括两大类活动，一是定理证明，二是方程求解。西方的传统数学以定理证明为主，而中国古代数学则以方程求解为传统。自古到宋元时代，中国古代数学就是围绕着解方程这条主线发展的。

我们依时代为序，列出中国古代数学家及其主要著作，概述其中涉及解方程的有关内容。

《九章算术》是我国古代流传下来的一部数学巨著，成书约在公元前一世纪。书中第八章专门讲解线性联立方程组的解法，第九章讨论了一些几何问题，也牵涉到方程的求解。

1　吴文俊. 初等几何判定问题与机械化证明［J］. 中国科学. 1977（6）：507 - 516.

刘徽所著《九章算术注》，成书在公元 263 年。

祖冲之，公元五世纪，即 429—500 年。他的著作大都失传，但有些论述可能与三次方程求解有关。

王孝通，唐朝，七世纪初，他的《缉古算经》是关于三次方程的专著。

贾宪，宋朝，他创造了解高次方程的增乘开方法，时间估计在 1023 与 1050 年之间。此时已有相当于 Pascal 三角形的开方法本源图。

刘益，所著《议古根原》约在十二世纪，其中已有正负开方术。

秦九韶，所著《数书九章》在 1247 年。书中提出了正负开方术。至此，贾宪、刘益等人的工作已发展成为一般方程的数值解法。此外，书中，还考虑了一次不定方程，创造了后世所称"中国剩余定理"的"大衍求一术"，给出了高次方程的数值解。秦九韶的数学研究是中国古代数学的高峰。

李冶，所著《益古演段》约在 1259 年。书中提出了"天元术"，也就是建立了"未知数"这个概念。形成这个概念不是件容易的事。有了这个概念，就可以轻而易举从实际问题建立方程，使数学又达到一个高峰。李冶所著的《测圆海镜》约在 1248 年，书中已将几何问题代数化，即用天元、地元（即现在的 x，y）来表示未知的几何量。于是，建立它们之间的关系就产生了多项式。

朱世杰，所著的《算学启蒙》约在 1299 年。书中用天元、地元、人元、物元多达四个未知数（相当于现代的 x，y，z，w）来建立方程组。然后用消元法求解这些高次方程组。在他的《四元玉鉴》（约 1303 年）中，专门讨论了非线性代数方程组及其求解的消元法，同时出现了符号运算。

综上所述，我们可以看到，中国古代数学发展到宋元时代，就已出现了一些极其重要、且对以后数学发展有深远影响的概念与方法，主要是：负数（《九章》），天元，即未知数（宋元），多项式（宋元），消去法（《九章》，宋元）等等。从中我们也看到了中国古代数学发展的主线——解方程，几何问题代数化。[1]

作为一位数学家，吴文俊敏锐地观察到了"方程"在中国古代数学发展史中起到的重要作用：一条线是从已知面积或体积反求边长的"开平方术"与"开立方术"，发展到宋元时期的一元高次方程数值解法，即"增乘开方法"与"正负开方术"，同时相伴而生的有著名的"开方作法本原图"，即西方的"帕斯卡三角形"；再一条是从《九章》的"方程"术，即多元联立线性一次方程组，到朱世杰《四元玉鉴》的多达四个未知数的高次联立方程组，与之产生的算法是"消去法"。吴文俊对解方程的"消去法"倍感兴趣，详细阐述如下：

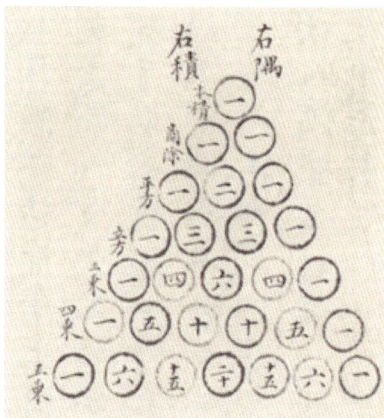

开方作法本原图，取自《永乐大典》中的《算书》

解方程的"古"，分为下面几部分来考察

（1）线性联立方程组求解。

《九章算术》中就有线性方程组的问题。试以第八章第十八问为例。问题说今有五种粮食，各自的单价不知，但若依次称 9 斗，7 斗，3 斗，2 斗，5 斗，则知总价为 140 文。又若依次称 7 斗，6 斗，4 斗，5 斗，3 斗，总价为 128 文……问各自单价多少？书中将此问题列为一个方阵，也就是如今的方程，《刘徽注》中说明经过 77 次运算，得一个新方阵，它表示每种粮食的单价。

1　胡作玄，石赫．吴文俊之路［M］．上海：上海科学技术出版社，2002：163 - 164.

当时是用算筹在一个盘上进行演算的，实际上就是用消去法。这种"九章消去法"就是后来的"高斯消去法"。

（2）二次方程求解：开方及带从开方。

最简单的二次方程问题就是求它的平方根，即开方术。

例：已知一正方形面积为 2，求其边长。

当时世界上其他文化还未出现十进小数，刘徽是第一个用十进小数来计算平方根的。有了开方，就可求解最简单的二次方程。

（3）几何问题代数化的解法。

众所周知，几何问题代数化是极其重要的。中国古代数学中这一特点是非常突出的，朱世杰《四元玉鉴》已有利用天元、地元将几何问题化为解方程的问题。

（4）求解多元多项式联立方程组的消去法。

朱世杰的《四元玉鉴》已有这方面的详细论述。

再来回顾一下相应的方法与概念，在西方数学发展过程中形成的时间，将它们与中国数学发展相比较，结论就不言自明了。

下面这张表中，方框内是某个数学概念或方法。朝上箭头，指向中国古代数学产生这个概念或方法的时代，其代表人物或代表作。朝下箭头，指向西方数学产生这个概念或方法的时代，其代表人物或代表作。同一个概念，中国古代数学和西方数学在叙述的方式、侧重的方面、深入的程度等有所不同。

在方程求解，几何问题代数化方面，中国古代数学远远领先于西方数学，由此一目了然。

在论及解方程的"今"之前，我们先要明确这样一个问题，就是解方程究竟有多重要。有一种观点认为，现代数学几乎就是定理证明，事实上并不绝对如此。伟大的数学家笛卡儿（R. Descartes）曾有过一个设想，即建立一种最为普遍的方法，通过它可以解决世界上一切问题。笛卡儿设想的粗略框架可以这样表述：

首先，将任何问题化为一个数学问题；

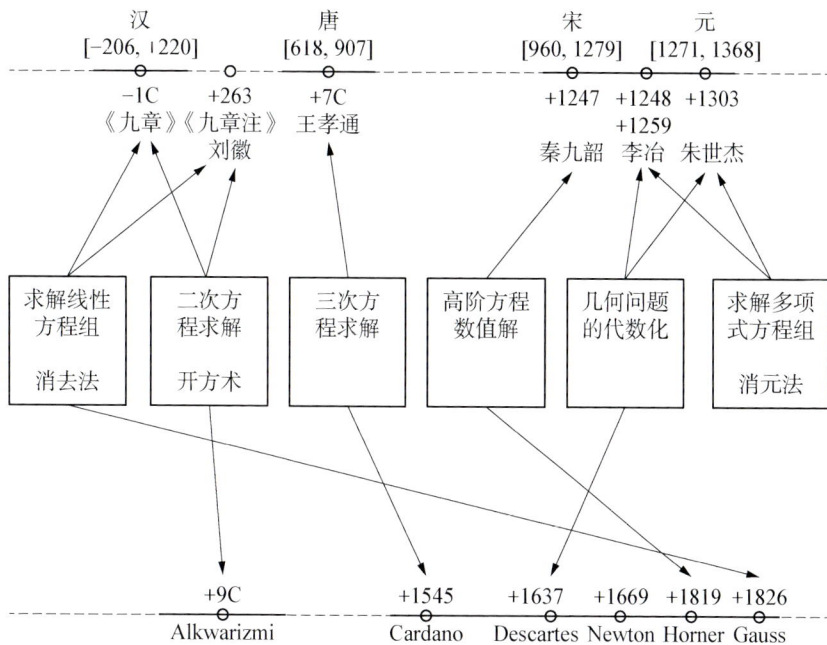

解方程概念和方法的中西对照

其次，将任何数学问题化为一个代数问题；

最后，将任何代数问题化为解一个方程的问题。

笛卡儿关于"解决一切问题的最普遍方法"的设想失败了。但它仍不失为一个伟大的设想，它对科学的发展产生了巨大的影响，这种影响远远超过一千零一个那种碰巧成功的小设想。

现在看看解方程的"今"。

最基本的解方程，是求解多项式方程组。讨论这一问题的方法现有三大类：

（1）数值方法，包括牛顿法、同伦法、蒙特卡罗法等等。

（2）符号方法，包括 Gröbner 基方法、多元结式法、特征值法、特征列法等等。

（3）混合方法。[1]

2002 年 5 月，在中国科学院第 11 次院士大会上，吴文俊再次以"解方程"为主题做了特邀报告。他在报告中指出：

早在上古时代，中国就有着完美的 10 进位制，用以表达任意大的正整数，不仅如此，中国的 10 进位制还具有独到的位值制。正是由于这种进位的位值制，为古代中国高度发展的计算技术奠定了基础，铺平了道路。这也使中国古算构造性、算法化与可计算的机械化特色得以自然形成与充分发扬。

中国古算着重实际问题的解决，由此自然导致方程问题，即现代意义下的多项式方程求解问题。为了解这种方程，由简单到复杂，中国古算逐步引进了分数、负数、小数、与无理数的概念，并给出了这种数的计算方法与规律。这实质上使中国早在公元 3 世纪时，就已完成了现代的所谓实数系统及其计算的方法与规律。

正是为了解决各种具体问题，多项式方程（组）的求解，成为中国古算发展的核心。特别是从几何问题产生的方程，其解答往往表现成分式的形式，相当于现代的几何定理。这已包含了从解方程可应用于证定理的某种途径。方程的发展至宋时，已得到了任意次代数方程求数值解的一般方法。宋元时期更创立了天元术，引进了天元等相当于未知数的概念，使向来依题意立方程这一无规可循需要高度技巧的难题，从此轻而易举。不仅如此，天元术还导致了多项式与有理函数的表达方式，与运算法则，并使几何代数化，成为后世解析几何与多项式代数以及一般消去法的先导。

此外，公元 1303 年，元朱世杰在他的《四元玉鉴》一书中，提出了解多

---

1 胡作玄，石赫. 吴文俊之路［M］. 上海：上海科学技术出版社，2002：164 - 166.

至四个未知元的任意多项式方程组的方法：先把各未知元排一次序，然后通过消元法得出一对未知元整然有序的新的方程组，由此逐个求解即得原方程组的解答。自然朱的方法有不少缺陷与不完整之处。这些缺陷在当时的历史条件下在所难免。但朱的思路与方法则正确无误，且对未知元的个数并无限制。正是遵循了这一思路与方法，我们在上世纪的 70 年代，借助于现代数学的某些技术，对于任意多个未知元的代数方程组，得出了所谓整序原理，由此完成了解任意代数方程组的机械化一般算法。我们还遵循中国古算的启示，应用解方程的算法于几何定理的机器证明，使后者成为前者多种多样的具体应用之一。[1]

为了更好地理解吴文俊这段话中的思想，我们看看朱世杰《四元玉鉴》中的一道例题"三才运元"。

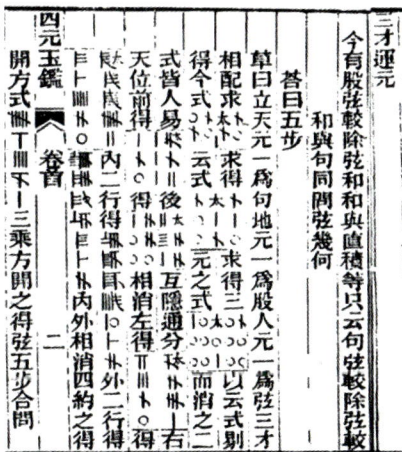

朱世杰《四元玉鉴》"三才运元"

原题为：今有股弦较除弦和和与直积等，只云勾弦较除弦较和与勾同。问弦几何？答曰五步。

记直角三角形中底边（勾）是 a，高（股）是 b，斜边（弦）是 c，那么，股弦较为：$c-b$，弦和和为：$c+a+b$，直积为：ab；勾弦较为：$c-a$，弦较和为：$c-a+b$。由题中等量关系得到方程：

$$(a+b+c)/(c-b)=ab,$$
$$(c+b-a)/(c-a)=a.$$

用天元 x 代表勾，地元 y 代表股，人元 z 代表弦，即 $x=a$，$y=b$ 和 $z=c$，

---

1 吴文俊. 解方程，今与昔：在中国科学院第 11 次院士大会上的学术报告（摘要）[J]. 高等数学研究，2002，5（3）：2-3.

上面的两个方程就是"草曰"中的"今式"（1）和"云式"（2），再根据勾股定理得到"三元之式"（3）：

$$-y + xyz - xy^2 - x - z = 0, \qquad (1)$$
$$-y - x^2 + x + xz - z = 0, \qquad (2)$$
$$y^2 + x^2 - z^2 = 0, \qquad (3)$$

这是一个三元高次联立方程组，其解法是：先消元变成一元高次方程（经过18 次变换！），得

$$-5 + 6x + 4x^2 - 6x^3 + x^4 = 0,$$

用"增乘开方法"求得 x 的值，再利用迭代法回求 y 和 z。

朱世杰的"四元术"如何消元？后人对朱世杰所说的"互隐通分相消"，"剔而消之"，或"消而剔之"的理解则各有千秋。但是，"消法"是其算法中的核心。正如清代学人徐有壬说的"四元之妙，在相消"，陈棠也说："四元不难于求如积，而难于相消。"

正是在朱世杰"四元消法"的基础上，吴文俊发展出自己的一套行之有效的消元算法，并称之为"整序原理"，由此完成了解任意代数方程组的机械化一般算法。更为重要的是吴文俊将这一方法应用于任意维数具有任意奇点的"代数簇"。这是吴文俊对中国古代"解方程"思想的又一次升华。

从 1993 年北京大学数学系建系 80 周年庆祝大会，到 2002 年中国科学院的院士大会，相隔 9 年，两次特邀报告都是一个主题。可见"解方程"在吴文俊的心中是一个永恒的情结。

第三章 数学机械化：无尽的前沿

年逾古稀的"码工"

20 世纪 70 年代，吴文俊为了解决几何定理机器证明和数学机械化问题，年近 60 岁还从头学习计算机语言，亲自在袖珍计算器和台式计算机上编制计算程序，尝尽在微机上操作的甘苦。

吴文俊的勤奋是惊人的。20 世纪 80 年代中期，系统所购置了 HP-1000 计算机。吴文俊的工作日程经常是这样安排的：早晨 8 点，在机房外等候开门，进入机房后是近 10 个小时的连续工作。傍晚回家，一边吃饭一边整理计算结果。两个小时后再回到机房，工作到深夜或次日凌晨。第二天清晨，又出现在机房上机，24 小时连轴转的情况也常有发生。若干年内，吴文俊的上机时间遥居全所之冠。在近古稀的年纪，他仍然精力充沛地忘我征战。当时中关村到处修路，挖深沟埋设管道，吴文俊经常在深夜独自一人步行回家，跨越沟堑，高一脚低一脚。遇到阴雨天，则要蹚着没膝深的雨水摸索前行。年近 70 岁的长者，深夜一人冒雨蹚水回家，那是一幅多么感人的情景啊。几经寒暑，几度春秋，义无反顾的拼搏，终于换来了丰硕的成绩。

吴文俊的毅力是感人的。机器证明在理论和方法上有了突破，但必须要经过计算机的检验。方向已经明确，宏伟的目标立即转化为不懈的动力。

常言道"人过四十不学艺"，而耳顺之年的吴文俊却从零开始学习编写计算机程序。70 年代末的计算机性能是非常落后的。在相当困难的条件下，吴文俊以极大的热情再次下笨功夫。他一开始学习的是 Basic 语言，已可编写四五千行的证明定理的程序。后来 Basic 语言被淘汰，换成 Algol 语言，他又得从头学起。等到熟悉之后，语言又改成了 Fortran，编好的数千行程序只好作废，又从头学一遍。学习编程语言和编写程序，是适合年轻人做的，对于年逾花甲的吴文俊来说，为了具体掌握机证定理的第一手资料，他一遍又一遍地反复学和反复编程，可见他的顽强毅力和严谨的治学精神。

这段经历使吴文俊切身体验到，科研工作必须掌握主动权，否则，被动地让别人牵着鼻子走，将苦不堪言！

吴文俊用的第一台计算机是数学所的一台意大利的机器，手摇的，破破烂烂的，简直没办法用。可没有机器不行，再破也得用。后来用的是一台长城 203 计算机，是北京无线电一厂生产的。那个年代的计算机很"笨"，功能极简单，最麻烦的是人机交流问题。它只认识一种打了孔的黑色纸带，还要通过专用的光电读取设备读进去，这样机器才会干活，而这种打孔的纸带只有专业人员会打。打孔员是不懂程序的，只知道计算机语言的符号对应到纸带上应该是多少个孔，在什么位置，要用专用的打孔机。那时用的计算机语言是汇编语言，最简单的高级语言 Basic 也是很多年以后才有的。很难想象的是，吴文俊居然在长城 203 计算机上证明了西姆松定理。

不久，吴文俊得到一台简单的袖珍计算器 HP25，这立刻成为他心爱的工具。他曾使用这台计算器检验中国古代数学的求解三次方程的数值解法。这种计算器只有 8 个存储单元可以存放数值，吴文俊就利用这 8 个单元编写了一个小程序，求得最高至五次方程的数值解！

王选（1937—2006）院士曾讲过一个故事："中国科学院数学研究所的一位研究员告诉我，20 世纪 80 年代末一个农历除夕晚上 8 点多钟，他在数学所院外散步，看到吴文俊先生还在计算机房上机。"[1]

可以想象，那个除夕之夜，万家灯火，鞭炮齐鸣。吴文俊满足地离开机房，迎风踏雪，他献给新年的礼物就是他的"机器证明"！

---

1 王选. 金钱和荣誉不是成就的动机［N］. 光明日报. 2001 - 11 - 12（1）.

吴文俊自己上机编程、验证（20 世纪 80 年代中期）（吴天骄供图）

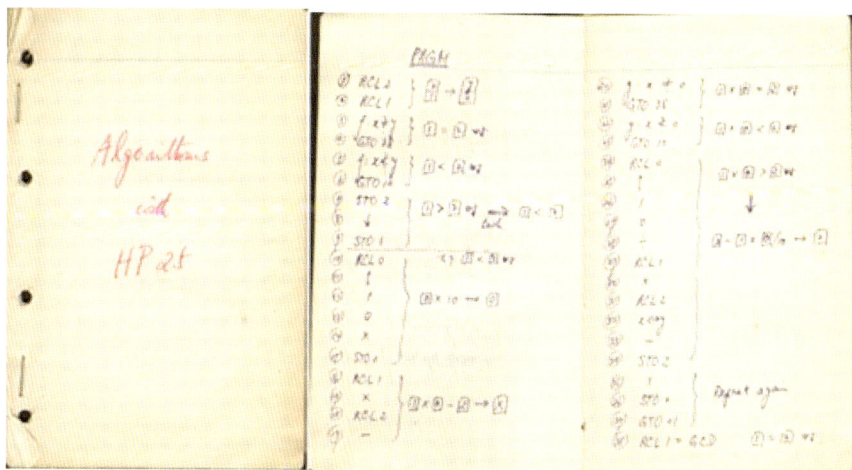

吴文俊用 HP25 编写的几何定理程序片段（约 1978 年）

"他独自使中国在该领域走上了世界领导地位"

作为中国探索"机器证明"的第一人，吴文俊在国内几乎无人交流，他只好把能找到的国外文章几乎全部找来，认真阅读。他发现国外许多讲机器证明的文章在方向上是错的，结果必然是失败的。"但失败的经验也是很重要的，它可以告诉我们那些路是走不通的。"吴文俊这样说道。这使得吴文俊对自己更充满自信："我觉得我有办法，外国人没办法，我有办法！"

令人想不到的是，吴文俊的工作得到了国外学者的钦佩与推崇。而国外学者对吴文俊工作的了解，却是一位"旁听生"带出去的。

让我们听听吴文俊自己是怎么说的吧。

我的方法非常成功，许多定理一下子就证出来了，当时国外有人验证时，能达到微秒级的，在国外相当轰动。

1978年秋，我在中科院研究生院给博士生讲课。那个时候招博士生是规定的，规定我必须要招，当时讲的是希尔伯特的《几何基础》。同时我也讲机器证明的原理，那个时候还不是怎么成形，刚开始，可是影响很大。当时我讲这种方法的书《几何定理机器证明的基本原理》还没有正式出版，但校印本已广泛地传出去了。我本来留有一张听课人的名单的，大概100多人，有旁听的，后来找不到了。

我讲课时，有一个最重要的人物在旁听呢。当时正式的博士生没几个，他是个旁听生，我起先不知道，后来才知道的。很起作用的至少有两个人，一个就是那个旁听生，他叫周咸青，后来到美国去了。我的机器证明方法就是他介绍出去的，当时机器证明在外国都不成功，我的方法一下子就成功了。

周咸青去的是美国加州的得克萨斯大学，他就把我的方法弄到那去。那个大学的数学系就在从事机器证明，几个头头都是，当然做得不成功。周咸青把我的方法介绍过去，用他们的机器做，取得了很大的成功。美国人守信

用，都非常正派，"出口转内销"，他们写信给国内的一些领导同志，方毅，
还有一些什么人我记不清楚了。[1]

　　吴文俊提到的旁听生就是周咸青。当时，他在中国科学技术大学研究生
院（即中国科学院研究生院）计算机系读博士。科大研究生院很开放，学生
们可以随便去听自己喜欢的课程，周咸青就是吴文俊的旁听生之一。也正是
这位旁听生，促进了吴文俊的"机器证明"走出国门，走向世界。

　　1981 年 1 月，周咸青去了美
国得克萨斯大学奥斯汀分校
（University of Texas at Austin,
UT）数学系。得克萨斯大学在定
理证明领域中居世界领先地位，
伍迪·布莱索（Woody Bledsoe,
1921—1995）、罗伯特·波尔
（Robert Boyer）和斯特罗瑟·摩
尔（Strother Moore）分别领导两
个研究小组，这几位教授都分别
获得了埃尔布朗奖，而且还获得
AMS、ACM 及人工智能的一系
列其他重要奖。一次课后，周咸
青向波尔提到了吴文俊的几何定
理的机器证明，波尔觉得很新奇，
就让周咸青介绍吴文俊的工作。
可是周咸青在科大时听完吴文俊

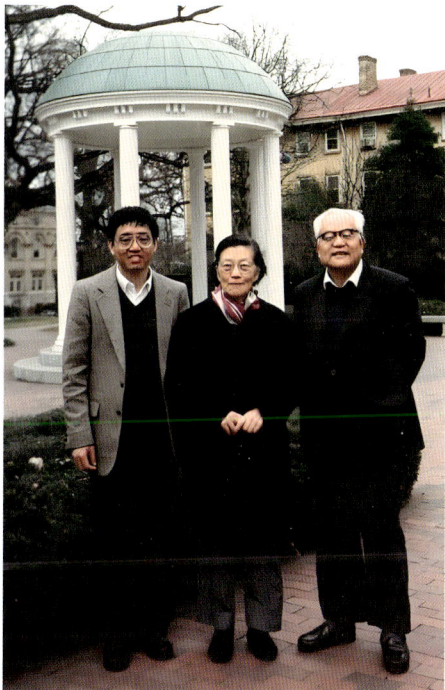

1986 年吴文俊夫妇与周咸青（左一）在奥斯汀合影

1　吴文俊. 走自己的路：吴文俊口述自传［M］. 邓若鸿，吴天骄，访问整理. 长沙：湖南教
　　育出版社，2015：253 - 254.

的课后，因忙于其他课程没有进一步学习，同在德克萨斯大学的另一位搞定理证明的研究生王铁城也讲不出所以然。波尔立即要他们俩去收集资料。

王铁城以布莱索学生的名义寄信给吴文俊要文章，吴文俊很快就寄来了两篇文章，一篇是 1977 年在《中国科学》发表的开创性文章，另一篇是 1980 年北京"双微"会议上的文章，两篇文章上都有吴文俊给布莱索的签名，日期是 1982 年 7 月 10 日。

在其后的两年中，这两篇文章连同吴文俊的签名，由得克萨斯大学复印了近百次寄向世界各地。[1]

此后的几个星期，王铁城和周咸青反复阅读吴文俊的论文，似懂非懂地读懂了些，在 7 月最后一个星期五的上午向布莱索、波尔和摩尔做了非正式报告。报告至少延续了三个小时，布莱索、波尔和摩尔三人也反复地读了这两篇文章，但不满意讨论的结果。会议结束前布莱索说，他更希望看到计算机上的结果（UT 学派非常强调实践）。他特别看了周咸青一眼，周咸青立刻明白这是暗示他应该去做这件事。这时候的周咸青只有硬着头皮接受任务。

事隔 30 年之后，当周咸青在采访中谈到这段往事的时候，内心仍然充满对吴文俊的深深敬意与感激：

很快，不到两星期，我应用吴先生的方法，在计算机上证明了第一个几何定理。在多项式的同类项合并改进为线性后，更多的定理相继证出，其中包括西姆松定理和九点共圆定理。这些定理的传统证明需要高度技巧及辅助线，用 UT 学派的两个证明器是无从着手的。我马上把这结果告诉 Boyer，他也很兴奋，并且马上要我证明"角平分线相等的三角形是等腰三角形"这一定理。我用我的程序试了，但无结果。

到 8 月 20 日左右，我的程序已证明了四十来个定理，体会到吴算法的特

1　周咸青. 吴文俊先生和几何定理证明［G］//李邦河，高小山，李文林. 吴文俊全集·附卷：回忆与纪念. 北京：科学出版社. 2019：403－406.

色，例如一个证明就能对付多种情况。但在研究中我也有不少疑问，比如，吴先生的文章中的西姆松定理产生了"特大"多项式，要有 300～400 项那么大；还有就是 Boyer 要我验证的定理用程序试了无结果等，我就写信把这些情况都告诉了吴先生。

我一直等着吴先生回信，10 月下旬，收到了他长达 6 页的回信，感动不已。吴先生在信上说，收到这封信时是 9 月 2 日，第二天要动身去德国，就匆忙收了起来。他在德国喘气刚停就马上回信。

吴先生的信中详细解释了我提出的所有问题。首先他解释了大量多项式的问题，他说他本人在 1976—1977 春节前后，用笔在一张张纸上算了上述西姆松定理，确实有 300～400 项的多项式产生！

对那个无法验证的定理，他说"角平分线相等的三角形是等腰三角形"这命题不成立，因为三角形的每个角都有内角平分线和外角平分线。这命题甚至在两条外角平分线相等时都不成立；只有在两条内角平分线相等时才成立。他进一步指出，确定内角平分线已超出他的方法的范围，因为这要用到几何中的顺序概念。他的方法适用于无序几何。在这类几何中，梯形的两腰和两条对角线是不能区分的，所以"梯形的两腰中点的连线等于上底及下底之和的一半"与"梯形的两条对角线中点的连线等于上底及下底之差的一半"是同一个定理。他同时预祝我在因式分解工作上的成功……

吴先生的信中充满热情的鼓励，他的长信大大鼓励了我研究吴算法的信心。

在 Boyer 的帮助下，我着手整理夏季实验吴方法时的心得。1982 年 12 月 3 日，Boyer 精心安排我在 UT 计算机系做大会报告，报告研究吴算法的情况，UT 的这种报告通常是请外校学者来做的。报告十分成功，会后 Boyer 和布莱索立刻决定，让我在下一年初召开的全美数学年会的定理证明专题会做 40 分钟报告。这在全美数学年会上是极少有的：一个博士生做 40 分钟报告。

1983 年 1 月，在丹佛（Denver）全美数学年会的定理证明专题会上，我的 40 分钟报告引起轰动，很多人向我索要资料，那时文字材料只有那两篇文章，于是吴文俊的文章从 UT 向北美广泛传播。[1]

丹佛会议后，组织者要求专题会的报告者每人写一篇文章，收入文集《自动定理证明：25 年回顾》（*Automated Theorem Proving: After 25 years*）。文集重新刊登吴文俊 1977 年的开创性文章，再加上吴文俊介绍近年来最新进展的另一篇文章。这样级别的文集刊登已经发表过的文章，是极为少有的。1984 年 5 月，该文集正式出版，掀起了一个世界性研究吴类几何定理的高潮。

特别值得称道的是，周咸青的导师波尔是把吴算法向世界传播的主要推动者之一，1982 年吴算法在 UT 成功实现之后，波尔很快向自动推理界其他权威人士推崇吴文俊的工作。1984 年，波尔联合布莱索和摩尔一起向中国有关部门写信，他们说："吴文俊关于计算机证明几何定理的研究是世界一流的，他独自使中国在该领域走上了世界领导地位。"[2]

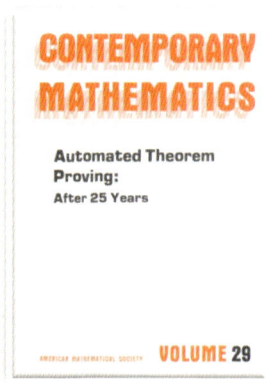

CONTEMPORARY MATHEMATICS

Automated Theorem Proving: After 25 Years

AMERICAN MATHEMATICAL SOCIETY

VOLUME 29

vi   Table of Contents

G. Nelson. Combining Satisfiability Procedures
        by Equality Sharing. 201

Wu Wen-Tsun. On the Decision Problem and
        the Mechanization of Theorem-Proving
        in Elementary Geometry. 213

Wu Wen-Tsun. Some Recent Advances in
        Mechanical Theorem-Proving of Geometries............. 235

Shang-Ching Chou. Proving Elementary
        Geometry Theorems Using Wu's Algorithm. 243

《自动定理证明：25 年回顾》（1984 年）及目录中吴文俊（Wu Wen-tsun）的两篇论文和周咸青（Shang-Ching Chou）的论文

---

1 吴文俊. 走自己的路：吴文俊口述自传［M］. 邓若鸿，吴天骄，访问整理. 长沙：湖南教育出版社，2015：257 - 258.

2 吴文俊. 走自己的路：吴文俊口述自传［M］. 邓若鸿，吴天骄，访问整理. 长沙：湖南教育出版社，2015：260.

数学机械化研究中心

20 世纪 80 年代中后期，国家科委、中国科学院和国家自然科学基金委意识到需要加大力度支持吴文俊的机器证明，却在资金拨划的渠道上受到了制约。当时国内数学口经费支持的主要来源是国家基金委，但那点经费是杯水车薪，要是多给吴文俊经费，就要挤掉其他不少项目。这当然是不可行的，吴文俊自己也坚决不同意。

经过多方调研、充分论证，成立一个专门研究机构的设想初步形成。起初有人建议将研究机构命名为"吴文俊中心"，吴文俊摇摇头说："不要太招摇！"最后定名为"数学机械化研究中心"。更令人振奋的是，国家科委高技术与基础司从特别经费中拨款人民币 100 万元专门支持数学机械化研究，在当时的数学界这几乎是天文数字啊！

1990 年 8 月 8 日下午，"数学机械化研究中心"成立大会在北京友谊宾馆的科学会堂隆重举行。国务委员、国家科委主任宋健和中国科学院院长周光召（1929—2024）到会祝贺，除此之外，与会的还有国家科委、中国科学院、国家自然科学基金委等部门的有关领导，在京的数学界的学部委员和一些院校代表等，以及很多媒体的朋友，那是一场仪式简朴的盛会。

周光召院长在讲话中高度赞许了吴文俊的研究工作，他认为吴文俊的方法既然已经发展到能够解决微分方程、微分几何中的一些问题，那么也可以进一步地发展到像无穷多维场的理论和与基本的量子场等有关问题，以及与这些有关试验之间的所有联系。周光召院长希望跟吴文俊一起工作的数学家、年青数学家能够朝这个方向努力，如果能够做出工作，一定能够改变整个物理，特别是理论物理的面貌。

他特别指出："我们现在要着重地支持有独创性的能够在一门科学领域中开辟一个新的学术方向和科学领域这样的工作。另外，我们要支持那些能够让青年科学家脱颖而出，能够培育出大批在国际上有所作为的青年科学家

数学机械化中心成立大会（1990年8月8日下午）

的方向和题目，我们基础研究要形成中国科学发展的基础，同时，也要代表中华民族在世界舞台上争取我们国家的地位。我想吴先生所领导的这个中心完全符合我们讨论的90年代在科学院内对基础研究的重点支持的要求，所以我相信这个中心会得到中国科学院的全力支持。"[1]

吴文俊在答谢发言中特别感慨地说，我们的国家还在发展中，财力有限，但我们有优越的制度，可以把有限的资金集中使用，办成了不少大事情。

随后召开了新闻发布会，100万的支持就是在这个会上对外宣布的。

100万确实是个轰动。但它首先招来的却是一位"不速之客"！

美国驻华大使馆负责科教的一位高级官员看到报道后即刻要求访问系统所，他们要知道数学机械化是一个什么概念。他们感到不可理解：为什么中

---

1 周光召. 周光召院长1990年8月8日在数学机械化研究中心成立大会上的讲话 [J]. 系统科学与数学. 1991，11（2）：193 - 194.

国政府能对一项数学基础研究给予这么大的支持力度？

其实，答案就在周光召院长的讲话之中，因为这"代表中华民族在世界舞台上争取我们国家的地位"。

人 民 日 报

"吴方法"引起国际学术界巨大反响

我国数学机械化研究中心成立

本报北京8月8日讯　记者蒋建科报道：传统的数学证明定理和求解方程，能不能同现代计算机技术结合？我国著名数学家吴文俊创立的机器证明理论，使数学机械化成为现实。这一理论在国际上被誉为"吴方法"，各国科学家竞相研究，并已开拓这一理论的应用领域。这是今天在北京召开的中国科学院系统科学研究所"数学机械化研究中心"成立大会上透露的消息。

中国科学院学部委员、系统科学研究所名誉所长吴文俊，1977年首次提出机器证明理论，为利用计算机从事数学研究提供了一个全新的理论。在国家有关科技领导部门的支持下，中科院系统所成立了以吴文俊研究员为核心的数学机械化研究小组，不仅在理论上丰富和充实了"吴方法"，而且在多项式理论、机器学、非线性规划、控制论和几何模型等应用研究方面，也获得了具有国际水平的研究成果。

据悉，数学机械化研究小组应用"吴方法"，已成功地证明了600多条定理。现在，关于计算机视觉的最新文献中，"吴方法"的应用已占据重要位置。

"吴方法"在国际学术界受到高度重视。一些国际知名学者认为，"吴方法"在自动推理领域具有划时代的意义，是最近10年中自动推理领域出现的最为激动人心的进展。欧美许多国家纷纷邀请吴文俊前往讲学，在高科技领域开发应用"吴方法"，并在某些方面获得突破性进展。

国务委员、国家科委主任宋健，中国科学院院长周光召等出席"数学机械化研究中心"成立大会。

《人民日报》专稿报道"数学机械化研究中心成立"

周光召院长（右四）访问"数学机械化研究中心"

这正是吴文俊矢志不渝的追求。而且，他做到了。

在吴文俊的口述自传中有这样一段记载：

1950 年我准备回国时，嘉当支持我回国，他支持我的选择的最主要的一点，是认为我回到中国，能够找一批年轻的人，搞一个集体来为中国发展数学事业，比只是我自己在国外做研究意义更大。而在回国以后过去的很多年间，我一直没有真正能够实现这个愿望，虽然有过很多努力。

而在从事数学机械化研究后，我的这个愿望逐步地实现着，我们国内的数学机械化队伍已经令人刮目相看了，我很得意：这个队伍是我建立起来的。

我很欣慰。[1]

这段话坦诚表露了吴文俊当年毅然从巴黎回国的心迹："找一批年轻的人，搞一个集体来为中国发展数学事业，比只是我自己在国外做研究意义更大。"而正是数学机械化让吴文俊实现了这一夙愿。

下面这两张照片很有意义。

吴文俊与研究生在讨论（1985 年）
左起：刘卓军、李子明、王东明、吴文俊

吴文俊和他的学生（1987 年）
左起：李子明、王东明、吴文俊、刘卓军、高小山

1 吴文俊. 走自己的路：吴文俊口述自传 [M]. 邓若鸿，吴天骄，访问整理. 长沙：湖南教育出版社，2015：317.

在上页左图中，你可以看到：桌面上铺展开多种数学文献，吴文俊一脸严肃，一只手掀着书页，一只手指着文献中某个公式，三位学生听得是那么认真：这不就是"耳提面命"吗？

在右图中，你可以看到：在一幢教学楼前，四位学生分列在吴文俊的两侧，他们一脸严肃，而满头银发的吴文俊却神情矍铄，脸上堆满了笑容。因为，他从年轻学生们的身上看到了数学机械化的未来！

1978年的时候，吴文俊就开始在课堂上讲授"机器证明"了。当时，这一方法虽然尚未成形，但影响却很大。那时候他的《几何定理机器证明的基本原理》还没有正式出版，但校印本已广泛地传出去了，慕名来听课的大约有100多人。

数学机械化讨论班的预印本

1983年，吴文俊开始招收研究生，他最早的几位学生是：王东明（1983年入学，博士）、胡森（1983年入学，硕士）、高小山（1984年入学，博士）、刘卓军（1986年入学，博士）、李子明（1985年入学，硕士），他们后来成了国内数学机械化研究的中坚力量。

吴文俊把在巴黎跟嘉当读书时学得的那一套用在培养学生的身上：开讨论班、出学术报告。吴文俊回忆道：

再有，就是通过讨论班来逐步培养这支队伍。当然，讨论班是普遍的做法，没有什么特别的，重要的是要坚持下来。从 1984 至 1985 年冬春之交开始，讨论班每周四下午举行，一直坚持了下来，我只要在北京，必定参加，还经常会推掉或者"逃掉"一些在旁人看来很重要的活动，回到所里参加这个讨论班。

另一个重要的事，是要把研究成果以最快的方式向世界公布。

…………

传统的期刊出版频率和周期，太慢太长，不能满足需要。我就决定，自己出研究成果的预印本。当时还没有专业排版系统，就是普通的排版系统也是非常"笨"的，数学公式的排版非常困难。我自己发明了一套记号，不使用上下标也可以比较准确地表示数学公式。我们把研究成果以预印本的形式，以尽可能快的速度向世界公布。[1]

数学机械化的讨论班坚持了二十多年，从开始的内部专题讨论、各种形式的数学机械化发展动向交流等，随着国内数学机械化研究队伍的壮大，逐步演变为邀请全国各个队伍的研究人员介绍新的研究进展、重要问题等。讨论班成为数学机械化领域学术交流的中心，为数学机械化研究和全国范围内研究队伍的发展立下了汗马功劳。

进入吴文俊的师门是一种怎样的感受？王东明是这样说的：

对吴先生的敬仰自然始于中学时代。在去拜见这位德高望重的数学大师之前我无疑兴奋不已，但更多的是诚恐诚惶。我被赐予了这样的良机，可我有能力去读懂那深奥的数学吗？见到吴先生之后，我有了难以言喻的轻松感觉。先生之言谈，娓娓动听，宛如慈父教子。先生之待人，平易可近，和蔼

1　吴文俊. 走自己的路：吴文俊口述自传［M］. 邓若鸿，吴天骄，访问整理. 长沙：湖南教育出版社，2015：285 - 286.

可亲。先生平淡的言语也蕴涵着深邃的哲理，从容的举止更辉映出大师的风采。那时，我和胡森每两个月去见一次先生，听先生解读数学的精髓和内涵、评点数学发展的历史和流派、阐释他对数学的理解和看法。从宋元算学的兴衰到布尔巴基学派的民族情结，从存在性数学的主流地位到定理证明的机械化，先生无不畅谈不倦、兴致盎然，我们听得虽是似懂非懂，但也如痴如醉。[1]

当问起吴文俊对学生影响最深的是什么，高小山的回答是：

一个人一个人的风格不一样，吴先生的风格是言传身教，吴先生的身教比较多，他说得比较少。他都是以行动告诉你该怎么做，他甚至不给你出题目。他的风格是我们一块来念书，念文章，看国际上有了什么新工作。具体做什么，他觉得你应该自己去找，你是研究生了你应该自己去找。他自己做研究就给你提供研究的榜样，你跟着他怎么做东西。而且你做了东西他会评价，这个好，不好的他就不说了（笑）。[2]

1997 年国家设立了"国家重点基础研究发展项目"，即 973 项目。按照科技部的安排，973 项目于 1998 年启动。当时，"九五"攀登预选项目"数学机械化及其应用"刚刚启动，对于是否应该争取 973 项目大家心里

吴文俊与学生高小山

1 王东明. 师予我［G］//姜伯驹，李邦河，高小山，等. 吴文俊与中国数学. 上海：上海交通大学出版社，2016：178.
2 高小山印象中的吴文俊［M］//吴文俊. 走自己的路：吴文俊口述自传. 邓若鸿，吴天骄，访问整理. 长沙：湖南教育出版社，2015：329-330.

没底。吴文俊、程民德（1917—1998）、高小山、刘卓军等对此进行了多次讨论，最后吴文俊一锤定音："箭在弦上，不得不发。"众人随即决定申请。项目的申请得到了基金委与科技部的鼓励与支持。经过激烈竞争，数学机械化首批进入国家 973 项目。在 1998 年秋天的评审中，共有 270 多个项目申请973 项目。经过三轮答辩，专家共评出 15 项，"数学机械化与自动推理平台"为其中之一。

此时吴文俊已经快 80 岁了，按科技部的规定，吴文俊因年龄原因不再担任首席科学家，改任项目学术指导。经吴文俊提议，由高小山出任首席专家，顺利实现了新老交接。对此吴文俊非常满意，他说，许多事理应交给年轻人去办，这样可以保证科研工作延绵不断地进行下去。

是啊！青年人是数学机械化发展的未来。

首届国家最高科学技术奖

2001 年 2 月 19 日，首届国家科学技术奖励大会在北京人民大会堂隆重举行。当国家主席江泽民把由他亲笔签发的《国家最高科学技术奖》荣誉证书和 500 万元奖金分别授予吴文俊和袁隆平的时候，庄严、神圣的人民大会堂里响起了春潮般的热烈掌声！[1]

吴文俊和袁隆平素昧平生，却一见如故。吴文俊记得他是这样"吹捧"袁隆平的："我们数学讲测量，是靠你们农业起来的，你们要量地呀。"

吴文俊说得对！

"几何"（geometry）的字头 geo，源自"土地"（geography），字根则是"测量"（metria）。中国《九章算术》的第一章"方田"，讲的也是土地面积计算。

---

1 蒙梓. 以国家的名义：重奖科学家：记 2000 年度国家最高科学技术奖获得者吴文俊、袁隆平 [J]. 神州学人. 2001，（4）：8 - 11.

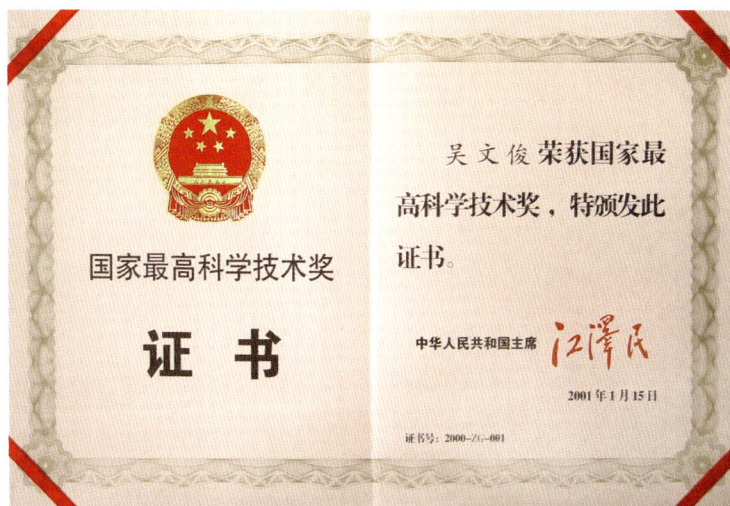

吴文俊荣获国家最高科学技术奖证书

两位首届国家最高科学技术奖获得者吴文俊和袁隆平在北京人民大会堂一见如故（2001年）（吴天骄供图）

对这件事，袁隆平是这样说的：

记得有件十分有趣的事，就是这次到北京，中央电视台对我和吴文俊先生做一个专访的节目。这是我们两人的头一次见面，但却是一见如故，相谈甚欢。吴老对我说："大家都称你是'杂交水稻之父'，按学科说，农业和数学关系向来非常密切，数学是起源于农业的，数学计算最早来自对农田的丈量。比如'几何'一词即来自希腊文'丈量土地'。从历史上看，要发展农业，必须观天测地，观天发展成天文，测地发展成几何，这就说明了几何的来源。从中国来看，尤其是这样。因为中国社会向来是以农业为主的，历史上，中国的数学发展过程里面，有许许多多的问题都来自农业。"我跟他说："数学是科学之母，任何科学技术发展到最高阶段都要数量化、公式化。"他则说："搞数学、搞科学的人都要吃饭，农业也应该算是科学之父。"我又说起小时候数学成绩不好，初中时向老师提问为什么"负负得正"，到现在也还是没弄清楚。吴老听后大笑起来。后来听说，他老先生原来在中学时对"负负得正"也是很不理解的。结果呢，他是知难而进的，成了大数学家。[1]

"知难而进，方见其勇！"这正是对吴文俊开拓数学机械化历程的生动刻画。也正是这样一种"勇毅奋发，笃行不怠"的品格造就了吴文俊的大气势、大格局和大成果。

20世纪80年代，吴文俊的数学机械化在国内还属鲜为人知，但90年代起，吴文俊就因在数学机械化方面的成就获得了一系列国际科技奖项，特别是自动推理界的最高奖。

据邓明立统计，1992年以来，吴文俊获得的重要奖项有：

1992年，获得第三世界科学院数学奖，当选第三世界科学院院士。

---

1 袁隆平. 袁隆平口述自传［M］. 辛业芸，访问整理. 长沙：湖南教育出版社，2010：184 - 185.

吴文俊接受第三世界科学院数学奖（1992·科威特）

1993 年，获得香港陈嘉庚基金会数理科学奖。

1994 年，获得首届香港求是基金会的"杰出科学家"奖。

1997 年，获得自动推理界大奖"埃尔布朗自动推理杰出贡献奖"。这个奖是自动推理会议（CADE）1992 年为纪念法国数学家雅克·埃尔布朗（Jacques Herbrand, 1908—1931）设立的，主要奖给在自动推理领域做出杰出贡献的个人或团体。在吴文俊之前，该奖共颁发三次，1992 年授予拉里·沃斯（Larry Wos, 1903—2020），1994 年授予伍迪·布莱索（美国人工智能学会前主席），1996 年授予约翰·阿兰·罗宾逊（John Alan Robinsun, 1930—2016，1985 年获得国际人工智能联合会与美国数学会共同颁发的"里程碑奖"）。这几位自动推理领域的权威学者对吴文俊的工作极为推崇。布莱索说："吴关于平面几何定理自动证明的工作是第一流的，他独自使中国在该领域进入国际领先地位。"沃斯称赞道："吴在自动推理领域的杰出贡献是极为辉煌的，不可磨灭的，没有一个数学领域像自动推理这样从一个人那里得到这样多的贡献。"[1]

2006 年，获得第三届邵逸夫数学科学奖。这是一项国际大奖，美国著名数学家、菲尔兹奖获得者大卫·曼福德（David Mumford）教授共获此项殊荣。邵逸夫数学奖的得主，第一届是整体微分几何的奠基者陈省身先生，第二届是证明费尔马大定理的安德鲁·怀尔斯（Andrew Wiles）教授。第三届数学奖的评委都是国际上顶尖的数学家，五位评委中有三位是菲尔兹奖获得者。给吴文俊的授奖词是这样的：

表彰他对数学机械化这一新的交叉领域的诸多贡献。

（For his contributions to the new interdisciplinary fields of mathematics mechanization.）

这一重要奖项标志着国际数学界对数学机械化研究的认同，也表明了国际数学界对吴文俊在数学机械化领域研究的高度肯定。

面对这些大奖，吴文俊的心中又在想什么呢？

1994 年 10 月，为庆祝吴文俊连续三年获得大奖，系统所举行了庆祝大会。从科技部、中国科学院和基金委的有关领导，所领导和同事们，到学界的同行们，整个会议大厅坐得满满当当。吴文俊在答谢发言中说：

奖不是我一个人的。不管一个人做出什么工作，都是在整个社会、国家的支持下完成的，是在许多前辈所做工作的基础上更进一步而已。我们在财力、装备上可能比不上西方发达国家，但我们有优越的社会制度，可以集中力量支持重点研究。我的成就的取得就离不开国家的支持。我要继续努力，为发展我国数学事业做出新的贡献。[2]

---

1 邓明立. 吴文俊和他所获的奖励［G］//姜伯驹，李邦河，高小山，等. 吴文俊与中国数学. 上海：上海交通大学出版社，2016：265 - 273.

2 吴文俊. 走自己的路：吴文俊口述自传［M］. 邓若鸿，吴天骄，访问整理. 长沙：湖南教育出版社，2015：305 - 306.

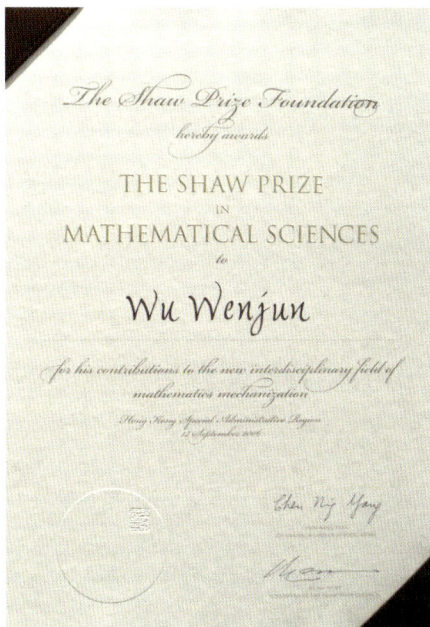

吴文俊荣获邵逸夫数学科学奖的奖状　　　　　吴文俊在邵逸夫数学科学奖获奖仪式上发言

永远把祖国装在心中，这正是科学家精神之魂的第一要义。

法国数学家、物理学家让·傅里叶曾有过这样的名言："对自然的深入研究，是数学发现最丰富的源泉。"然而，这还是不够的，还应该加上这样一句话：数学内容的不断丰富和在更深层次的成熟发展，必然对自然界的认识、理解和改造产生更大的作用。

吴文俊所倡导的数学机械化研究，一方面继承了古代中国数学思想的精华，一方面适应了现代科学技术的发展。数学机械化的研究最先在几何定理机器证明方面取得了突破性的成果，随着时间的推移、工作的积累和方向的拓展，这一成果能够为中国乃至世界数学的发展做出积极的贡献，也能够将使数学更好地为科学技术服务，尤其是为高科技提供理论武器和有效的工具。从几何的机器证明到内容更为丰富的数学机械化是一种必然的趋势。这里采撷几朵绚丽的奇葩，以展示数学机械化的应用和它对当代高科技的影响。

第一，物理规律的发现。

数学在解释物理现象、解决物理问题方面所处的重要地位是毋庸置疑的。今天，科学家们对于借助计算机和数学理论来发现物理规律的热情依旧不减。

在科学史上，牛顿通过观测和试验从开普勒（Kepler）定律导出万有引力定律是一个重要的历史事件。但是如何通过理论推导来重现牛顿的伟大发现，这一点在现行的教科书里几乎没有触及。相反地，教科书中大量介绍了从牛顿定律推导开普勒定律的方法。

1986 年吴文俊访问美国阿贡（Argonne）国家试验室，加布里埃尔（Gabriel）教授正为如何借助计算机和数学工具，从开普勒定律推导出牛顿定律而绞尽脑汁。回国后，吴文俊用自己的方法，通过计算机，完成了这一推导工作，并因此博得了许多科学家的称赞。国际自动推理研究领域的著名科学家、阿贡实验室的沃斯教授认为，吴文俊的这一贡献对自动定理证明领域是一次极为重要的拓广，表现了吴文俊的非凡的洞察力和卓越的智慧。进一步的工作揭示，假设对牛顿定律一无所知，仅仅从开普勒定律的微分代数方程描述出发，经过整序运算，计算机自动产生了新的微分代数表达式，再加上一些技术性的分析，表达牛顿定律的微分代数表达式就蕴含在其中——也就是说，这是在假设开普勒定律的前提下，用计算机自动地发现了牛顿定律。牛顿多年的心血，现在只需一刻钟的工夫就重现于眼前，这真是一个激动人心的结果！

第二，机器人与机构学。

机器人的制造是多学科共同发挥作用的复杂的系统工程。工业机器人的主体基本上是一只类似于人的上肢功能的机械手臂，或是无关节结构，或是关节式结构。如果要在三维空间对物体进行作业，一般需要具有六个自由度，即沿三个坐标轴的直线移动和绕这三轴的转动。例如，PUMA560 机器人就是六自由度关节型电动机械手臂。对于这个具体的机器人，求解运动学方程，要决定各关节应转动的角度 q_1，q_2，…，q_6 分别是多少。这需要解一组非线性方程组，如果采用数值迭代方法，求解过程很慢，同时也不能保证求出所有的解。一个自然的问题就是能否找出 q_i 的封闭解。虽然就PUMA560 来说，封闭解已被决定，但对于一般的 PUMA 型机器人，用吴文俊方法，依然可以求出特征列意义下的封闭解。而这是以往的方法很难达到的。

机构学是现代各种机械设计的基础，平面机构运动学分析与综合又是机构学的基础。此类问题研究主要依据的是德国学者布尔梅斯特（Burmester）所建立的运动几何学方法，按照这个理论，平面机构综合问题有图解法和解析法两类。图解法过程繁复，工作量很大且不精确；解析法建模复杂，求解也复杂；若用数值法求解，又不易得到全部解。现在，借助吴文俊整序方法，这类问题已获得了特征列形式的封闭解。

第三，计算机科学中的应用。

数学机械化在中国得以迅速发展，一个很重要的因素是计算机的介入。现在，一个可喜的良性循环已经形成，即数学机械化对于促进计算机科学自身的发展，对于计算机科学中的一些应用领域都产生了积极的影响，形成了投桃报李的局面。计算机视觉是一个重要的应用研究领域。这一方面，任何有意义的新结果，必然会促进机器人的发展。1988 年和 1991 年，纽约大学的卡普尔（Kapur）教授和通用电气公司的芒迪（Mundy）博士，敏锐地把中国学者创立和发展的特征列方法引入高科技的应用当中。用芒迪博士自己的话说，"最近我们发觉把吴文俊三角化方法和求根技术结合起来，可以形成解非线性约束问题的有效方法。我们在把这一方法用于机器视觉和过程控制"。

第四，数学机械化与机械化数学。

机械化数学是数学的一部分，随着计算机大规模地渗透人们的生活，人们的学习、工作和从事研究的方式也被改变，一张纸、一支笔的情景基本上已成为历史。机械化数学的未来就是要将数学的各个领域一部分一部分地机械化，从而使传统数学的许多方面由于有了数学机械化而面貌一新。这里仅列举一二。

微分几何、代数几何是引人入胜的数学分支，它们不但在理论的发展长河中考验了一大批杰出的数学家，在许多工程应用中也起到了不可替代的作用。克利福德代数与重要的嘉当（E. Cartan）外微分运算相结合，形成了局部微分几何定理的机器证明的新算法，利用这一结果可以给出陈省身关于曲面论中一个十分深刻的定理的非常简单的证明。代数几何中，在等价的意义下做分类，是非常重要且基本的问题。在一维情形下，用机械化数学的方法做出同构意义下的分类处理，是值得继续扩展成果的方向。

非线性发展方程的解，不仅仅是偏微分方程理论中关心的重要问题，同时还具有十分明显的物理应用背景，一些著名方程，如力学、固态物理、等离子体物理和化学物理等领域中出现的一类非线性波方程，需要求钟状、纽结状的孤立波解。现在已经应用特征列方法解过几十个非线性波方程，所得结果除涵盖已知解外，还发现了许多新解。

相辅相成、互惠互利，是机械化数学与一般数学关系的绝妙写照。

1981 年吴文俊在《数学的机械化与机械化的数学》一文中指出：

我们的研究工作还只是一个开端。如何继续发扬中国古代传统数学的机械特色，对数学各个不同领域探索实现机械化的途径，建立机械化的数学，则是本世纪以至可能绵亘整个 21 世纪才能大体趋于完善的事。[1]

近 20 年来，在吴文俊的积极倡导下，中国的数学机械化研究已初现丰富多彩之势。展望 21 世纪，我们有理由相信，机械化数学和数学机械化必将为数学以至整个科学注入新的活力。

---

1 吴文俊. 数学的机械化与机械化的数学［M］//吴文俊. 吴文俊论数学机械化. 济南：山东教育出版社，1981：429.

1997 年吴文俊获得国际自动推理最高奖"埃尔布朗自动证明杰出贡献奖"，授奖词对吴文俊的工作给予了详尽描述与评价：

"吴文俊在自动推理界以他于 1977 年发明的（定理证明）方法著称。这一方法是几何定理自动证明领域的一个突破""几何定理自动证明首先由 Herbert Gerlenter 于 20 世纪 50 年代开始研究。虽然得到了一些有意义的结果，但在"吴方法"出现之前的 20 年里这一领域进展甚微。在不多的自动推理领域中，这种被动局面是由一个人完全扭转的。吴文俊很明显是这样一个人。""吴的工作由 80 年代初期在德克萨斯大学学习的周咸青介绍给了西方学术界。周咸青（基于吴方法）的证明器证明了数百条几何定理，进一步显示了吴方法的潜力。至此，几何定理证明的研究已全面复兴，变为自动推理界最活跃与成功的领域之一。""吴继续深化、推广他的方法，并将这一方法用于一系列几何，包括平面几何，代数微分几何，非欧几何，仿射几何，与非线性几何。不仅限于几何，吴还将他的方法用于由 Kepler 定律推出 Newton 定律，用于解决化学平衡问题，与求解机器人方面的问题。吴的工作将几何定理证明从自动推理的一个不太成功的领域变为最成功的领域之一。在很少的领域中，我们可以讲机器证明优于人的证明。几何定理证明就是这样的一个领域。"[1]

2011 年起，中国人工智能学会设立"吴文俊人工智能科学技术奖"，迄今已连续举办了 11 届。这是吴文俊数学机械化催生的又一朵绚烂的报春花！

---

1 高小山. 吴文俊与数学机械化［G］//姜伯驹，李邦河，高小山，等. 吴文俊与中国数学. 上海：上海交通大学出版社，2016：9.

第六篇
在"丝路精神"的指引下

可以说中国古代的数学家们通过"丝绸之路"与中亚甚至欧洲的同行们进行了活跃的知识交流。今天我们有了铁路、飞机甚至信息高速公路，交往早已不再借助"丝绸之路"，然而"丝绸之路"的精神——知识交流与文化融合应当继续得到很好的发扬。

吴文俊在 2002 年北京国际数学家大会上的开幕致辞

第一章　吴文俊的"狂想曲"

丝绸之路上的数学足迹

建元三年（公元前 138 年），张骞肩负着汉武帝联合大月氏抗击匈奴的使命，出陇西、入大宛、至大夏，历经坎坷磨难，于元朔三年（公元前 126 年）返回汉朝。张骞出使西域促进了汉夷文化的频繁交往，中原文明通过张骞开辟的西域通道迅速向四周传播。张骞"凿空"西域在中外文明交流史上具有特殊的意义。[1]

1877 年，德国地理学家费迪南·冯·李希霍芬（Ferdinand von Richthofen，1833—1905）在其著《中国：我的旅行与研究》（*China, Ergebnisse eigner Reisen und darauf gegründeter Studien*，*1877—1912*）一书中，把从公元前 114 年至公元 127 年间，中国与中亚、中国与印度间以丝绸为主要贸易媒介的这条西域通道命名为"丝绸之路"（Seidenstraßen），这一名词很快被学术界和大众所接受，并正式运用。

自张骞"凿空西域"，丝绸之路上的商贸交流即绵延不绝，古代中国和印度的数学知识随之传入阿拉伯，进而西传欧洲。16 世纪末，耶稣会士梯航东来，沿海上丝绸之路进入中国，带来了西方的数学知识。这样，沿丝绸之路数学知识的交流与传播，构成了东方与西方相遇的"历史的闭环"，同时也构成了"中国与西方的伟大相遇"（the Great Encounter of China and the

---

1　张骞"凿空"西域之说见司马迁《史记·大宛列传》："骞所遣使通大夏之属者皆颇与其人俱来，于是西北国始通于汉矣。然张骞凿空，其后使往者皆称博望侯，以为质于外国，外国由此信之。"司马迁. 史记［M］. 北京：中华书局，1959：3169.

莫高窟第 323 窟《张骞出使西域图》，反映的是西汉张骞出使西域，临行时汉武帝送别的场景

West）。

　　在东西方交往的陆地丝绸之路与海洋丝绸之路上，不仅有丝绸玉器、陶瓷琉璃、香料药材，还有佛教、景教、摩尼教、伊斯兰教、儒家思想和道教方术。火药、指南针、造纸术和印刷术也沿着丝绸之路传向西方。[1] 而对于中外数学文化交流来说，数学知识沿丝绸之路的传播与交流，一直为学者们所关注。

　　1925 年，钱宝琮发表论文《印度数学与中国算学之关系》，比较了中国数学与印度数学的若干关系，论述了佛教与中印数学的传授。值得注意的是，钱宝琮在论文开篇指出：

1　韩琦. 中国科学技术的西传及其影响［M］. 石家庄：河北人民出版社，1999：前言 1 - 5.

西算史论印度算史者，有谓印度算学除小部分传自希腊外，创造甚富。有谓印度算学大多取材于中国算学。持第一说者漠视中国算学与印度算学之关系。持第二说者对于中国算学又往往过事夸大，易启疑窦。皆未明中国算学之过也。[1]

1927 年，钱宝琮发表《〈九章算术〉盈不足术流传欧洲考》。在"结论"部分，钱宝琮指出：

中国算学西传，为西域诸民族，及欧洲中古算学所采用者，其例甚多。盈不足术，特其显而易见者耳。但近人熟悉中国算学者少。撰世界算学史者，往往藐视中国算学之地位，以为中国僻处东亚，其算学传授，可以存而不论。兹编述盈不足术之世界史，以补西洋算书之缺憾。取《〈九章算术〉盈不足术流传欧洲考》为本篇题目者，将以引起读者之注意耳。[2]

西方学者的相关论述则以李约瑟为代表。在其巨著《中国科学技术史·数学》（第三卷）中，李约瑟专用一节来讨论中国传统数学与其他文明的"影响与交流"。李约瑟指出："关于在中国数学与旧大陆其他重要文化区的数学之间似乎发生过的接触，把我们收集到的资料放在一起也没有多少……但是，当问到有什么数学概念似乎是从中国向南方和西方传播过去的时候，我们却发现有一张相当可观的清单。"[3]

但是，李约瑟的这份"清单"并没有得到学界的一致赞同。法国学者马若安（Jean-Claude Martzloff, 1943—2018）指出李约瑟的论证因其"年代

1 钱宝琮. 印度算学与中国算学之关系 [G] //中国科学院自然科学史研究所. 钱宝琮科学史论文选集. 北京：科学出版社，1983：75 - 82.

2 钱宝琮.《九章算术》盈不足术流传欧洲考 [G] //中国科学院自然科学史研究所. 钱宝琮科学史论文选集. 北京：科学出版社，1983：83 - 96.

3 李约瑟. 中国科学技术史·第三卷 数学 [M]. 北京：科学出版社，1978：323.

学"和"方法论"的不严密而颇受争议，提出质疑，但并不否认中外数学交流的存在及其意义。马若安指出：

> 然而，有关数学知识传播问题的回答并不令人满意，并不是说这一问题并未产生，更不意味着这一问题并不重要。只要这一问题继续存在，中国科学思想的起源就难以给出清晰的判断。无论如何，可以确定地说，在不同的历史时期，中国通过陆路和海路都保持着与外界的接触。[1]

所以，马若安在自己的书中也设立专章"影响与传播"，视野所及比李约瑟还要广泛。马若安讨论的问题有：中国与塞琉古（Seleucid）的可能接触、中国与印度的数学交流、中国与伊斯兰国家间的数学交流、中国数学在朝鲜与日本的传播、中国与蒙古的接触、中国与越南的数学交流、中国与欧洲的数学交流。[2]

在中外数学史讲习班的讲话

20世纪80年代，国内数学史的研究出现了一个高潮。为了推进数学史教育在大专院校的普及和提高，1984年7月21日至8月17日教育部委托北京师范大学举办了全国高校中外数学史讲习班。讲习班为期四周，有80余位高校老师参加，邀请了中国科学院和各高校的著名专家、学者前来讲学。这真是一次盛会。7月22日讲习班举行开学典礼，著名数学家江泽涵、吴文俊和王梓坤应邀到会发表讲话。

1　J C MARTZLOFF. A History of Chinese Mathematics [M]. Berlin: Springer-Verlag, 1997: 93.

2　J C MARTZLOFF. A History of Chinese Mathematics [M]. Berlin: Springer-Verlag, 1997: 94 – 122.

　　江泽涵，出生于安徽旌德，数学家，教育家，中国科学院院士，北京大学教授。江泽涵主要从事不动点理论、莫尔斯理论、复迭空间与纤维丛等领域的研究工作。但在讲话中江泽涵"爆料"了他和数学史的一段情缘：在南开大学读书时，钱宝琮先生的中国数学史讲座激发了江泽涵对数学史的浓厚兴趣。毕业到厦门大学工作后，他特地写信给钱先生，说想跟钱先生谈数学史问题。后来钱先生回信说："你暂时不要谈，不要搞数学史，你还是忙你的吧！"[1] 虽然学习中国数学史搁了下来，不过，江泽涵学点数学史的念头，从那个时候就有了。有一件事情可以说明江泽涵对数学史的贡献，那就是他参与翻译了 M. 克莱因的《古今数学思想》。

　　王梓坤，1929 年 4 月出生于湖南零陵，数学家，教育家，中国科学院院士，北京师范大学教授。1977 年，他的《科学发现纵横谈》发表在《南开大学学报》上，社会影响很大，次年上海人民出版社出版了单行本，后又由北京师范大学出版社、中华书局等出版。1981 年此书荣获"全国新长征优秀科普作品奖"，1995 年，此书被中宣部、教育部、文化部、新闻出版署和团中央联合推荐为百种爱国主义教育图书之一。苏步青先生在该书的序言中说："王梓坤同志纵览古今，横观中外，从自然科学发展的历史长河中，挑选出不少有意义的发现和事实，努力用辩证唯物主义和历史唯物主义的观点，加以分析总结，阐明有关科学发现的一些基本规律，并探求作为一个自然科学工作者，应该力求具备一些怎样的品质。"[2]

　　讲习班开班的前两个月，王梓坤被任命为北京师范大学校长。在代表学校对讲习班表示热烈祝贺后，王梓坤讲了他对数学史的感受：

　　　我不是学数学史的。可是，我对数学史很感兴趣。我的数学史水平是停

1　江泽涵. 在教育部主办的全国高校中外数学史讲习班开学典礼上的讲话［C］//吴文俊. 中国数学史论文集（二）. 济南：山东教育出版社，1986：2.

2　王梓坤. 科学发现纵横谈［M］. 上海：上海人民出版社，1978：1-2.

留在看小故事的那个水平上，看看欧拉的故事、高斯的故事。但是，这些故事却使我深受启发，办这样的数学史讲习班，不仅对数学史而且对数学教育都会起很大的推动作用。[1]

吴文俊为这次讲话做了认真的准备。在讲话的开篇，他首先强调了解数学史的重要性：

历史，特别是数学史，正象江老已经说过的，它的重要意义是不言而喻的。假如你对数学的历史发展，对于一个领域的发生和发展，对一个理论的兴旺和衰落，对一个概念的来龙去脉，对一种重要思想的产生和影响等这许多历史因素都弄清了，我想，对数学就会了解得多，对数学的现状就会知道得更清楚、深刻，还可以对数学的未来起一种指导作用，也就是说，可以知道数学究竟应该按怎样的方向发展，可以收到最大的效益。[2]

接着，吴文俊阐述了他关于数学发展两种主流的认识：

从历史来看，我总觉得有两条发展路线，一条是从希腊欧几里得系统下来的，另一条是发源于中国，影响到印度，然后影响到世界的数学。这一条线现在不太显著，所以一讲到数学就是欧几里得统治下的、以演绎为主的公理化数学。可是，如果看看中国古代的数学，它的味道、它的体系或者说它的思想是不一样的。我们中国的古代数学，看不出有什么公理、定理这一套的词，演绎体系也不是很明显的。可是，它自己有一套体系，这个体系也不是很清楚……总而言之，我觉得数学的发展有这么两个大的体系，大的思

1　王梓坤. 在教育部主办的全国高校中外数学史讲习班开学典礼上的讲话［C］//吴文俊. 中国数学史论文集（二）. 济南：山东教育出版社，1986：8.

2　吴文俊. 在教育部主办的全国高校中外数学史讲习班开学典礼上的讲话［C］//吴文俊. 中国数学史论文集（二）. 济南：山东教育出版社，1986：3.

想，大的方向，它们是很不相同的。[1]

那么，中国古代数学的体系是什么？方向在哪里？思想有何特点？吴文俊在讲话里指出：中国古代数学的精髓就是"机械化的思想""机械化的方法"：

> 如果"公理化"是导源于希腊欧几里得的西方数学的主要思想，则我认为，我们中国的数学注重的"着眼点"就完全不一样。我用一个名称，叫"机械化"，"机械化"这个词过去是没有的，但现在它有特别的意义。现在是所谓"第三次浪潮"，是计算机、信息时代。我国古代数学的精髓是一种机械化的思想，一种机械化的方法，正好符合于现时代的要求和状况。因此，我觉得对中国古代的数学要特别加以重视。这一点在希腊欧几里得体系里是找不到的。我的这个看法是比较个别的，像江老说的是"一家之言"吧，这里提出来希望今后研究数学史时能注意这一点。[2]

接下来，吴文俊评价了两部在西方享有盛誉的数学史著作，一部是江泽涵在讲话中谈到的 M. 克莱因的《古今数学思想》。吴文俊肯定这部书"着重在数学的思想，讲数学思想在历史上的发生、发展和影响。这本书是要把古今的数学思想介绍给读者，这些数学思想作者都是非常了解的"，但也指出"作者讲它的书里不包括中国的数学，因为他没法儿懂。这还是比较实事求是的精神。书里还讲到许多印度数学，没有讲中国的数学。我想，这是数学史上这几十年应该弄清楚的一个问题"[3]。

1　吴文俊. 在教育部主办的全国高校中外数学史讲习班开学典礼上的讲话［C］//吴文俊. 中国数学史论文集（二）. 济南：山东教育出版社，1986：4.

2　吴文俊. 在教育部主办的全国高校中外数学史讲习班开学典礼上的讲话［C］//吴文俊. 中国数学史论文集（二）. 济南：山东教育出版社，1986：4.

3　吴文俊. 在教育部主办的全国高校中外数学史讲习班开学典礼上的讲话［C］//吴文俊. 中国数学史论文集（二）. 济南：山东教育出版社，1986：4.

M. 克莱因这本书叫《古今数学思想》（*Mathematical Thought from Ancient to Modern Time*），1972 年由牛津大学出版社出版，甫经面世，即博得了好评，被赞为"就数学史而论，这是迄今为止最好的一本"[1]。1979 年，上海科学技术出版社就推出了该书的中译本，2014 年再度隆重出版，它已成为国内数学史研究者与爱好者案头必备之书。

M. 克莱因本人深受哥廷根大学数学传统的影响，注重研究数学史和数学教育，是一位著名的应用数学家和数学教育家，因此，他很能体会到读者的心情。今天，学生们的数学知识主要是从数学课程中获得的。通常，数学课程给出的是一个系统的逻辑叙述，这些课程经过编纂者的锤炼，成为"完美"的典范。这就使学生们淹没在成串的定理中，并产生一种幻象：数学就是从定义到定理、数学家们都是无坚不克的英雄。历史却恰恰相反，M. 克莱因在该书的序言中指出：

　　课本中的字斟句酌的叙述，未能表现出创造过程的斗争、挫折，以及在建立一个可观的结构之前，数学家所经历的艰苦漫长的道路。学生一旦知道这一点，他将不仅获得真知灼见，还将获得顽强地追究他所攻问题的勇气，并且不会因为他自己的工作并非完美无缺而感到颓丧。实在说，叙述数学家如何跌跤，如何在迷雾中摸索前进，并且如何零零碎碎得到他们的成果，应能使搞研究工作的任一新手鼓起勇气。[2]

每一位数学工作者、数学教师、数学系的大学生，甚至普通的数学爱好者，都会被克莱因的这番话拨动自己的心弦。

然而，M. 克莱因在序言中的一句话，也深深扎疼了中国读者的心：

---

1 邓东皋. 翻译说明［M］//M. 克莱因. 古今数学思想（第一册）. 张理京，张锦炎，译. 上海：上海科学技术出版社，1979：ii.

2 M. 克莱因. 古今数学思想（第一册）［M］. 张理京，张锦炎，译. 上海：上海科学技术出版社，1979：序 vii.

我忽略了几种文化，例如中国的、日本的和玛雅的文化，因为他们的工作对于数学思想的主流没有影响。[1]

事实上，在 20 世纪 70 年代，能够直接读懂中国古代数学文献的西方学者为数甚少，用英文介绍中国古代数学史的文献也十分鲜见。这也就是吴文俊在讲话中所说的"他没法儿懂"。

吴文俊在讲话中提到的另一部数学史著作是 D. J. 斯特洛伊克（Dirk Jan Struik, 1894—2000）的《数学简史》（*A Concise History of Mathematics*, 1948）。斯特洛伊克是 20 世纪数学史领域的传奇人物，他活了 106 岁，一生跨越三个世纪。1926 年 6 月，在洛克菲勒基金会的资助下，斯特洛伊克访问了哥廷根。他跟随大卫·希尔伯特、理查德·柯朗（Richard Courant, 1888—1972）学习，还与众多的数学家进行交流，如埃米·诺特（Emmy Noether, 1882—1935）、范·德·瓦尔登（van der Waerden, 1903—1996）等。哥廷根游学之旅给斯特洛伊克留下了深刻的印象，帮助他开启了数学史研究之路。1948 年，斯特洛伊克的《数学简史》出版了，1967 年再版，1987 年修订版出版。这部仅有 300 多页的数学史"小册子"，却被翻译为德、法、意、俄、中、荷、波斯、乌克兰、西班牙语等多种语言，畅销世界，历经 70 年而不衰。[2]

吴文俊充分肯定了斯特洛伊克这部书的特色：

比如说，我非常赞成的一个地方，他说现在的中学教科书可以明显看出两个部分：一个部分是几何里面的欧几里得的希腊讲法，还有一部分算术、代数是东方色彩。如果把中学教科书拿出来看，这两个体系是贯穿在一起但

---

1 M. 克莱因. 古今数学思想（第一册）[M]. 张理京，张锦炎，译. 上海：上海科学技术出版社，1979：序 v.

2 刘钝. 数学、历史和马克思主义：介绍美国数学史家 D. J. 斯特洛伊克 [J]. 科学技术与辩证法，2002，19（2）：72-76.

并不是很调和的。也就是说，希腊的那个体系想在中学占统治地位，但它又是统治不了的。而且是根本不可能的。这是我的看法，也许武断了一些。当然，它还是很重要的。斯特洛伊克在那本书中把这一点指出来是很出色的。[1]

但是，话锋一转，吴文俊对书中对中国数学史的误解提出了严厉的批评：

然而，有一处引起我非常反感和气愤的是他讲《海岛算经》。在《海岛算经》中有一个公式，它是公元 3 世纪（263 年）得到的。那个时候，应该有东西方数学交流了。斯特洛伊克下了一个武断的结论，说这是从西方传过来的。我觉得这简直是荒谬透顶！这里有一种西方学者们牢不可破的"优越感"，即：我这里什么都有，你的肯定是从我西方传过去的。我想，他是受这样一种思想支配的。[2]

的确，斯特洛伊克《数学简史》第二章《古代的东方》第八节对《海岛算经》是这样描述的："有一些三角学，主要是在'海岛'算经中，但是，由于这算经被归之于纪元后第三世纪，我们就不可以不考虑西方影响了。"[3]那个时候的斯特洛伊克不会知道，所谓西方对中国数学的直接影响要等到 1607 年利玛窦与徐光启合作翻译欧几里得《几何原本》才开始。这也不怪斯特洛伊克，在第一版中他坦率地承认："研究古代中国数学由于缺乏令人满意的译述而大大受到限制，所以我们就不得已而用间接的来源，主要是三上义夫、毕欧和毕尔那茨基的报告，而这些报告又都是很概括的。"[4]

---

1 吴文俊. 在教育部主办的全国高校中外数学史讲习班开学典礼上的讲话［C］//吴文俊. 中国数学史论文集（二）. 济南：山东教育出版社，1986：5.

2 吴文俊. 在教育部主办的全国高校中外数学史讲习班开学典礼上的讲话［C］//吴文俊. 中国数学史论文集（二）. 济南：山东教育出版社，1986：5.

3 D. J. 斯特洛伊克. 数学简史［M］. 关娴，译. 北京：科学出版社，1956：24.

4 D. J. 斯特洛伊克. 数学简史［M］. 关娴，译. 北京：科学出版社，1956：23.

值得赞许的是斯特洛伊克在第四版中对中国古代数学的论述做了大幅补充，并在序言中写道：

有一天，一位访问北京的朋友发现了一册中文译本（北京，1956 年）并送给了我。该译本的序言赞扬了本书，却对书中有关中国数学的论述提出了异议。因为我也存有一些疑惑，就索性重写了有关章节。在这一版里，古代中国数学是按照应有的地位作为中世纪和中世纪以前的一部分来讲的，而不是把它当作科学发展主流之外的一种现象。[1]

斯特洛伊克说到的中译本序言的作者是著名数学家关肇直先生。“文革”后期关肇直在数学所号召并积极推动学习中国古代数学，唤起了吴文俊对中国古代数学的兴趣，吴文俊阅读的《九章算术》还是从关肇直那里借来的。[2]

斯特洛伊克不仅把中国古代数学归入中世纪科学发展的主流，同时也认识到中国古代数学对其他文明的影响。他说道：

一般地说，中国数学家在解决复杂的算术与代数问题上的能力不仅与他们的印度同行以及那些阿拉伯文的作者不相上下，有时还是他们的师父，例如，在后来撒马尔罕人（Samarkand）凯西的著述中就不难看到霍纳算法和十进位小数。[3]

---

1 D. J. 斯特洛伊克. 数学简史（第四版）［M］. 胡滨，译. 北京：高等教育出版社，2018：
   Ⅰ-Ⅱ.

2 吴文俊. 走自己的路：吴文俊口述自传［M］. 邓若鸿，吴天骄，访问整理. 长沙：湖南教
   育出版社，2015：217.

3 D. J. 斯特洛伊克. 数学简史（第四版）［M］. 胡滨，译. 北京：高等教育出版社，2018：
   93-94.

在介绍元代数学家朱世杰的数学成就的时候，斯特洛伊克评价说：

　　朱世杰被认为是那一批数学家中最重要的一位，他在书中最有造诣地呈现了中国的算法性—代数性—计算性方法。他还将一次代数方程组的"矩阵"解法扩充到有几个未知数的高次方程，所用方法很像 19 世纪的西尔维斯特（Sylvester）。[1]

　　遗憾的是，斯特洛伊克这些修订后的表述，直到 2018 年《数学简史》第四版被翻译后才为人所知。但是，吴文俊在 1984 年的讲话中突出强调的正是要把中西方数学知识的交流搞清楚。吴文俊说：

　　我讲这一些，是要说明：我们讲数学史现在中、西分开来介绍，将来更重要的一步是要弄清楚东、西方数学的关系。东方数学和西方数学，正象斯特洛伊克那本书里讲的，是明显不同的两个体系，有不同的思想在里面。要说那么长的岁月里没有交流嘛，这是不可想象的。当然，不是像"欧洲中心论"和"西方至上论"的那些学者讲的，东方的东西是从西方传过去的。这是荒谬的。我们应该作为历史问题来考虑，应该实事求是，从我们掌握的资料来追查当时东方、西方学术上的交流是怎样的。一般说来，总是文化高的地区流向文化低的。[2]

　　吴文俊接着讲述了自己亲身经历的一件事：他曾经和江泽涵一起去北大历史系（也可能是其他系）拜访过一位教授，谈到阿拉伯的数学时，这位教授就说："水总是由高处向低处流的，文化一定是从文化高的地方传到文化

1　D. J. 斯特洛伊克. 数学简史（第四版）［M］. 胡滨，译. 北京：高等教育出版社，2018：93.

2　吴文俊. 在教育部主办的全国高校中外数学史讲习班开学典礼上的讲话［C］//吴文俊. 中国数学史论文集（二）. 济南：山东教育出版社，1986：6.

低的地方。"这引起了吴文俊的共鸣。回忆完这段往事后,吴文俊接着说道:

> 应该是这样。这是从古代来讲的,现在东方落后了,当然应该接受西方先进的文化,引进他们的成就。所以,现在西方的学术流向我们中国是很自然的,只能说我们中国人自己不争气,落后了,不能不引进。而在古代是相反的,我们东方的文化是处在先进的地位,而欧洲是非常落后的。是一个宗教的"黑暗时代",没有什么文化。十二、三世纪,他们甚至连加法都认为是学术上很难的东西,数学教科书上讲加法就很不错了。像这样落后的状况,你却说东方的文化不流向西方,而是西方的反而流到东方,这合理吗?当然,这是从"情理"方面来讲的,推测应该是这样的,查无实据。这个实据,我想应该是存在的,等待地下资料的发掘,这个发掘既需时日,也靠不住。我们不能把希望完全寄托在这上面。事实上,我相信在现有的资料里面,在我们大家所能看到的、能掌握的资料里,就可以分析出东方、西方交流的情况。这是要下功夫的事![1]

吴文俊的讲话,不仅强调了探讨中外数学知识交流的重要性,同时也指明了研究方向和实践途径,那就是:文献分析和语言学习。他特别强调要掌握第一手资料,强化语言学习:

> 下功夫不是一朝一夕的。而且你还要从第一手材料里来,不能从第二手、第三手的材料中来。我们拿一本西方的数学史书来看,它们多得很,其中每一本数学史都是从希腊这样传下来的,那都是第二手、第三手的经过种种加工才写成的。你要真正了解历史,就必须追查第一手材料……要看第一手材料,就要过文字关。少说一点,是希腊文、拉丁文啰。而你要真正弄清

1 吴文俊. 在教育部主办的全国高校中外数学史讲习班开学典礼上的讲话 [C] //吴文俊. 中国数学史论文集(二). 济南:山东教育出版社,1986:6.

楚东、西方交流的历史，你就得掌握阿拉伯文、波斯文，懂得土耳其文，懂得这几个地区的文字。当然，现在我们是不可能做到的。可是，我想我们应该有志气来做！……那么，中国人就没有一种志气、一种能力可以掌握阿拉伯文、土耳其文、中亚细亚各国的文字？我想，这是应该做到的。[1]

吴文俊希冀：

应该使下一代把这个任务担当起来。要彻底把东、西方数学交流的问题弄清楚。这是能做到的！[2]

他最后说道：

今天，我拉拉扯扯说了一些，有一些是我个人的想法说得好听是"一家之见"，或者是一个人的"狂想"，随便说说。这次讲习班是第一次，以后继续干下去，中国数学史和西方数学史可以在全国各个高等院校普及，将来再进一步深入到两者历史上的关系，就可以呈现一种非常新的面貌！[3]

这是多么明确的目标！这是多么艰巨的任务！这又是多么神圣的使命！这就是吴文俊的"狂想曲"。

---

1 吴文俊. 在教育部主办的全国高校中外数学史讲习班开学典礼上的讲话［C］//吴文俊. 中国数学史论文集（二）. 济南：山东教育出版社，1986：6-7.

2 吴文俊. 在教育部主办的全国高校中外数学史讲习班开学典礼上的讲话［C］//吴文俊. 中国数学史论文集（二）. 济南：山东教育出版社，1986：7.

3 吴文俊. 在教育部主办的全国高校中外数学史讲习班开学典礼上的讲话［C］//吴文俊. 中国数学史论文集（二）. 济南：山东教育出版社，1986：7.

第二章 数学与天文丝路基金

"夙愿"与"还愿"

2001年2月19日，首届国家科学技术奖励大会在北京人民大会堂隆重举行。

吴文俊手捧获奖证书的照片给人们留下了深刻印象：他神情严肃，目光如炬，凝视前方。此刻，在他的胸中已经谋定了一项重大抉择：他要用这笔奖金设立两个基金，一项支持数学机械化，一项支持丝绸之路数学与天文知识的传播与交流研究，即"数学与天文丝路基金"（以下简称"丝路基金"）。

"丝路基金"的设立，让人们大为惊愕：吴文俊为什么要把重金投入这个在当时尚不为人们所知的研究领域呢？

吴文俊荣获首届国家最高科学技术奖

颁奖大会闭幕不久，黄祖宾编辑对吴文俊做了一次专访，访谈以《走近吴文俊院士》为题刊登在《广西民族学院学报》上。下面是访谈的部分摘录。

黄（祖宾）：据说，您获得的 500 万元的大奖中，属于您个人的仅仅是很少的部分，绝大部分是用作科研基金，是这样的吗？

吴（文俊）：是的。其中 50 万元属个人所得，用于改善生活条件；450 万元自主选题，用作科学研究经费。目前已经设立了两大基金，一个是数学机械化方法应用推广专项经费，启动资金 120 万元，50 万元来自获奖经费，20 万元由数学与系统科学院支持，中国科学院院长基金再匹配 50 万元。另外，用 50 万元作为启动经费，设立了"数学与天文丝路基金"，用于鼓励并资助年轻学者从事有关古代中国与亚洲各国数学与天文交流的研究……[1]

黄：您为什么愿意拿出这么多经费来开设"数学与天文丝路基金"？

吴：这是一项有鲜明特色和深远意义的研究计划。目前中国数学研究水平总体落后于西方国家。但是，在中世纪欧洲处于文化"黑暗时期"时，中国古代数学曾领先于世界。从公元前二世纪到公元十二三世纪，中国科技明显高于西方，虽然许多数学成果湮灭在历史尘埃之中，但一部分重要成果沿丝绸之路流传到中亚各国并进而传播至欧洲，促成了东西文化的结合与近代科学的孕育。澄清古代中国与亚洲各国特别是沿丝绸之路数学与天文交流的情况，对于进一步发掘中国古代数学与天文遗产，探明近代数学的源流，具有重要的学术价值和现实意义。这方面的研究以往由于语言和经费等困难一直没有得到应有的开展。因此，我要拨出 50 万元设立"数学与天文丝路基金"，用于鼓励并资助年轻学者研究古代中国与世界进行数学交流的历史，揭示部分东方数学成果如何从中国经"丝绸之路"传往欧洲之谜。

黄：这样说来，丝路基金设立的意义的确重大。

吴：当前世界科技界对中国数学的认识存在很多偏见，很多人只看到中国数学落后的一面。澄清古代中国与亚洲各国的交流情况，对进一步发掘中国古代数学遗产，探明近代科学的源流，具有重要的学术价值和现实意义，更可以鼓舞中国人在数学研究上的自信心和发愤图强的勇气。

1　作者注：吴文俊后来又拨划了 50 万元，总经费达到 100 万元。

这项工作需要有勇气和牺牲精神的年轻人来做，因为耗费大量时间和精力的发掘数学遗产工作最终完全有可能一无所获。此外，这些人在专业知识的基础上，还要掌握阿拉伯语、波斯语等中亚国家的语种，能够查阅第一手资料。这方面的研究以往由于语言和经费等困难一直没有得到应有的开展，而推动这方面的研究也是我多年来的一个夙愿。因此自己拿出这笔钱，只是对这些有志者的一点微薄鼓励。[1]

这个"夙愿"，就是 1984 年吴文俊在北京师范大学数学史讲习班讲话中他说的"狂想"。现在，机会来了，条件也更加成熟了，吴文俊立刻把 1984 年的"狂想"付诸行动。

丝路流长，硕果飘香

丝绸之路之起源，最早可以追溯到商周、战国，其基本走向则奠定于汉代：以长安城为起点，向西穿过河西走廊，经新疆、中亚地区而通往欧洲、北非和南亚。在以后的数千年中，丝绸之路虽然历经拓展，但其主要干线却维持稳定。人们习惯上称经中亚通往欧洲和北非的路线为西线，称经中亚而通往南亚的路线为南线，另有自长江与杭州湾口岸城市（扬州、宁波等）东渡日本或从辽东陆路去朝鲜半岛的路线，称丝绸之路东线。吴文俊"丝路基金"支持的研究对象，原则上包括所有这三条路线，战略重点则在西线。

"要彻底把东、西方数学交流的问题弄清楚。这是能做到的！"[2]

1　黄祖宾，吴文俊. 走近吴文俊院士：科学史家访谈录之四 [J]. 广西民族学院学报（自然科学版），2004，10（4）：2-5.

2　吴文俊. 在教育部主办的全国高校中外数学史讲习班开学典礼上的讲话 [C] //吴文俊. 中国数学史论文集（二）. 济南：山东教育出版社，1986：7.

吴文俊（前排右二）与"丝路基金"学术委员及项目负责人在北京合影（2003 年 9 月）

吴文俊（左五）在北京主持"丝路基金"学术委员会扩大会议（2003 年 9 月）

这是 1984 年 7 月吴文俊在北京师范大学数学史讲习班的讲话中发出的号召，但这一念头早在 1975 年他的第一篇数学史论文中就已经产生了。在这篇论文中，吴文俊抓住通向西方近代数学的两大创造"解析几何"和"微积分"，高屋建瓴地指出：

一般认为这些创造纯粹是西欧数学的成就。但是中国的古代数学决不是不起着重大作用（甚或还是决定性的作用）。[1]

对于解析几何，吴文俊认为：

事实上几何与代数的统一处理乃是我国古代数学的一个传统特色。从九章以来就向来如此，花剌子模的著作据 Cajori ［6］[2] 与希腊印度无关，如果不是阿拉伯自己的发明创造，则必然渊源于中国，从著作的风格看来，后者是不无可能的。这一段历史自然是值得重视并予以澄清的。[3]

对于微积分，吴文俊的分析更值得注意：

微积分，这是西欧数学一跃而居世界领导地位的重大发明创造，在我国似乎是没有份的。但是微积分的发明从 Kepler 到牛顿有一段艰难的过程。在作为产生微积分所必要的准备条件中，有些是我国早已有之，而为希腊式的数学所力所不及的。例如（见 Scott，［9］[4]，页 138）：

"极限的概念，作为微分学的真正基础，对于希腊头脑来说完全像一个

---

1 顾今用. 中国古代数学对世界文化的伟大贡献［J］. 数学学报，1975，18（1）：18-23.

2 原注［6］：Cajori F.，A history of mathematics，2nd ed，1919.

3 顾今用. 中国古代数学对世界文化的伟大贡献［J］. 数学学报，1975，18（1）：18-23.

4 原注［9］：Scott，A history of mathematics，1958.

外国人。"[1]

吴文俊继续说道：

在微积分的创作过程中起了如此重大作用为西方数学史家盛称的所谓 Cavalieri 原理，事实上早就见之于祖冲之、祖暅父子的著作，即所谓"幂势既同则积不容异"并具体用之于球体积的计算，比 Cavalieri 的发现要早了 1100 多年。[2]

据此，吴文俊推断：

上面所举两个例子可以说明（微积分）发明过程中中国古代数学的作用远优于希腊式的数学，我们甚至不无理由可以这么说，微积分的发明乃是中国式数学战胜了希腊式数学的产物。[3]

注意，这里的"中国式数学""希腊式数学"并非是吴文俊自己一时兴起之说，而是从钱宝琮先生《中国古代数学的伟大成就》一文中借用而来。吴文俊在此文中还特地引述了钱宝琮论文中的一段话：

第五世纪以后，大部分印度数学是中国式的，第九世纪以后，大部分阿拉伯数学是希腊式的，到第十世纪中这两派数学合流，通过非洲北部于西班牙的回教徒，传到欧洲各地。于是欧洲人一方面恢复已经失去的希腊数学，

1　顾今用. 中国古代数学对世界文化的伟大贡献［J］. 数学学报，1975，18（1）：18-23.
2　顾今用. 中国古代数学对世界文化的伟大贡献［J］. 数学学报，1975，18（1）：18-23.
3　顾今用. 中国古代数学对世界文化的伟大贡献［J］. 数学学报，1975，18（1）：18-23.

一方面吸收有生力量的中国数学。近代数学才得开始辩证的发展。[1]

吴文俊把这段话简洁而鲜明地概括为下面的简图，清晰地绘出沿丝绸之路数学知识的传播路线：

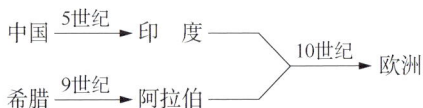

中国 —5世纪→ 印　度 ——＼
　　　　　　　　　　　　　　　10世纪→ 欧洲
希腊 —9世纪→ 阿拉伯 ——／

最后，吴文俊铿锵有力地说道：

根据前面的论证，我们认为有理由可以进一步说：近代数学之所以能够发展到今天，主要是靠中国的数学，而非希腊的数学，决定数学历史发展进程的主要是中国的数学而非希腊的数学。[2]

他也坦诚地表示：

以上抛砖引玉，论证粗疏不全之处，希望进一步补充阐发。论证偏激不当之处，则希望引起争鸣。[3]

从论文的最后一句话，我们可以感受到吴文俊内心深处翻起的汹涌波涛。

吴文俊深深知道，在一些西方学者的心中，"欧洲中心论"或"数学起源一元论"的文化偏见是根深蒂固的。

郭世荣教授讲述了一个令人深省的例子，那就是范·德·瓦尔登的"共

---

1 钱宝琮. 中国古代数学的伟大成就 [J]. 科学通报. 1951，2（10）：1041-1043.
2 顾今用. 中国古代数学对世界文化的伟大贡献 [J]. 数学学报，1975，18（1）：18-23.
3 顾今用. 中国古代数学对世界文化的伟大贡献 [J]. 数学学报，1975，18（1）：18-23.

同起源说"（the common origin）和"口口相传说"（the oral tradition）。[1]

范·德·瓦尔登的"共同起源说"是这样的：

首先，任何一项数学成就只能起源于一个地方，其他地方的相同知识只能是传播的结果。再者，在新石器时代，存在一个前巴比伦文明，其中心在中欧。

所以，当范·德·瓦尔登发现中国《九章算术》中的数学成就时，他承认这些数学成就，并给出了高度评价，但却把这些成就归为"口口相传"：

似乎这种口口相传的最忠实的反映存在于中国的《九章》中，从中我们可以看到十进制运算的完整说明，包括用欧几里得算法进行约分。欧氏算法只见于中国和希腊，在众多的巴比伦和埃及文献中却不见其踪迹。在《九章》中我们也发现了开平方和开立方的系统方法，还有关于用矩阵法解任意多个未知数的联立线性方程组的全面而又清晰的解说。从这些方面来说，中国的这部数学著作是无与伦比的。[2]

从这个例子，我们可以看出吴文俊设立"丝路基金"的坚定决心和远见卓识，即：

澄清古代中国与亚洲各国的交流情况，对进一步发掘中国古代数学遗产，探明近代科学的源流，具有重要的学术价值和现实意义，更可以鼓舞中国人在数学研究上的自信心和发愤图强的勇气。[3]

———————————

1　郭世荣. "吴文俊数学与天文丝路基金"与数学史研究［J］. 广西民族学院学报（自然科学版），2004，10（4）：6-11.

2　B L WAERDEN. Geometry and algebra in ancient civilizations［M］. Berlin: Springer，1983：67.

3　黄祖宾，吴文俊. 走近吴文俊院士：科学史家访谈录之四［J］. 广西民族学院学报（自然科学版），2004，10（4）：2-5.

"丝路基金"首批支持 6 个研究项目，它们是：中亚地区数学天文史料考察研究、斐波那契《计算之书》的翻译与研究、中世纪中国数学与阿拉伯数学的比较与交流研究、中国朝鲜数学交流史研究、中国数学典籍在日本的流传与影响研究、中国传统数学传播日本的史迹调研。

作为吴文俊"丝路基金"资助项目部分研究成果的"丝绸之路数学名著译丛"，首批 5 种也已经出版，它们分别是：

(1) 阿尔·花拉子米：《算法与代数学》（依里哈木·王素甫、武修文编译，郭园园审核）

本书由阿尔·花拉子米的两部著作《算法》《代数学》的中文译本组成。花拉子米（al-Khwārizmi，约 780—850）是中世纪阿拉伯的领头数学家，他的名字已与现代数学两个最基本的术语——"算法"（Algorithm）与"代数"（Algebra）联系在一起。《算法》一书主要介绍十进位值制算法，而十进位值制的故乡恰恰是中国。该书原无书名，国外文献习称《印度计算法》，系西方学者所加。《代数学》一书阿拉伯文原名《还原与对消计算概要》，系统讨论一元二次方程的解法，在西方文献中，它已成为以解方程为主题的近代代数学之开端，而代数方程求解正是中国古代数学的主要传统。

(2) 阿尔·卡西：《算术之钥》（依里哈木·王素甫译注）

阿尔·卡西（Al-Kashi，约 1380—1429）领导的著名的撒马尔罕天文台聚集了来自欧亚各地的学者，其中应该也有中国历算家。在已公开出版的传世阿拉伯数学著作中，阿尔·卡西的《算术之钥》是反映中国古典数学传播与影响信息最为丰富的一部。

(3) 斐波那契：《计算之书》（纪志刚等译）

斐波那契是文艺复兴酝酿时期最重要的欧洲数学家。他所生活的意大利地区作为通向欧洲的丝绸之路的终点，成为东西文化的熔炉。斐波那契的《计算之书》可以说正是中国、印度、希腊和阿拉伯数学的合金。连西方学者都早已指出："无论如何，中国人在解决数字问题方面确实展现出与印度人和阿拉伯人相似的天赋。莱昂纳多·比萨（Leonardo of Pisa，即斐波那契）于 1202 年出版的关于算术的巨著中，包含了许多源自东方的问题，这一点不容否认。"[1]

这里给出一道著名的"物不知数"算题：

《孙子算经》卷下：今有物不知其数。三三数之，剩二；五五数之剩三，七七数之，剩二。问物几何。答曰：二十三。术曰：……凡三、三数之，剩一，则置七十；五、五数之，剩一，则置二十一；七、七数之剩一，则置十五。一百六以上，以一百五减之，即得。

《计算之书》（12 章）：设计一个数，除以 3，除以 5，也除以 7……对于除以 3，所剩余的每个单位 1，要记住 70；对于除以 5，所剩余的每个单位 1，要记住 21；对于除以 7 所剩余的每个单位 1，要记住 15。这样的数如大于 105，则减去 105。其剩余就是所设计的数。

显然，二者的设问数字与算法完全相同。中文全译本使我们能发掘其中更多、更明显的东方元素。总之，斐波那契《计算之书》对于揭示文艺复兴近代数学的东方来源和中国影响，具有特殊的意义。[2]

（4）婆什迦罗：《莉拉沃蒂》（徐泽林等译）

婆什迦罗（Bhāskara II，1114—1185）的《莉拉沃蒂》是古典印度数学的巅峰之作。从这部 12 世纪的印度数学著作中，人们不难看到《九章算术》的影子。这部有着美丽的名字及传说的著作，也是反映沿丝绸之路南线发生的数学传播与交流情况的华章。

1　L C KARPINSKI. The history of arithmetic [M]. New York: Rand Mcnally, 1925: 30.

2　纪志刚，马丁玲. 斐波那契《计算之书》中与中国古代数学相近的算题与算法 [J]. 广西民族学院学报（自然科学版）. 2004, 10 (4): 18 - 21.

（5）关孝和等：《和算选粹》（徐泽林译注）

和算无疑是中国古代数学在丝绸之路东线绽放的一朵奇葩。以关孝和、建部贤弘等为代表的日本数学家（和算家）的著述渗透着中国古代数学的营养，同时也闪耀着和算家们在中国传统数学基础上创新的火花。《和算选粹》是经过精选的、有代表性的和算著作选集（以关孝和、建部贤弘的为主）。

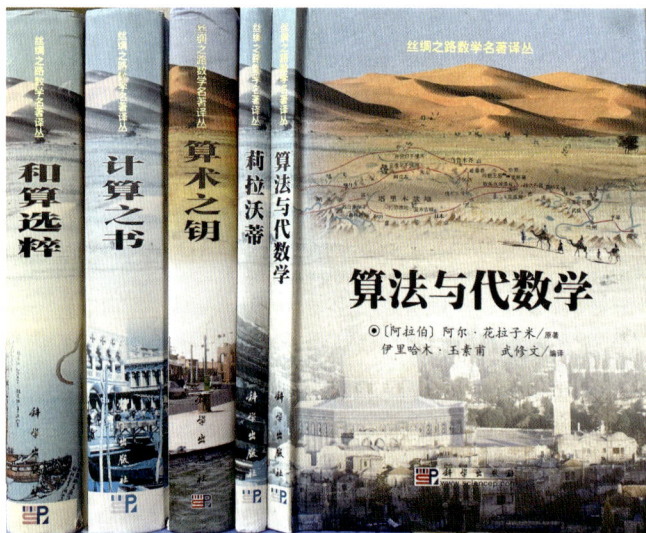

丝绸之路数学名著译丛（首批）

上述五种著作，都是数学史上久负盛名的经典、丝绸之路上主要文明数学文化的珍宝。该译丛为了解中外数学交流的历史面貌和认识中国古代数学的世界影响提供了原始资料和整体视角。在整个编译过程中，编译者们对"欧洲中心论"者们所表现的西方偏见感到惊讶。他们看到，在以往的一些西方文献中，这些著作所反映的大量的东方元素或中国元素是怎样被视而不见或轻描淡写的。他们发现，执"欧洲中心论"的学者们，在评判东西方数学的价值问题上，所持的往往是双重标准。以上面提到的"相似性"论之：按照正常的逻辑，当不同的文明在某个知识点上出现相似性时，最有可能和合理的解释应当是从年代久远者向年代晚近者传播，从高文化向低文化传播，然而有人却不可思议地提出"对于这些相似性的唯一合理解释是共同起源"，即把这种相似性归结为所谓数学的"共同起源"（the common origin）——一种"口口相传的算术、代数和几何"[1]，并把这个源头设定在新石器时代的欧洲。真是荒唐的逻辑和地道的子虚乌有，没有任何实证和凭据，连备受"欧洲中心论"者们顶礼膜拜的欧几里得几何演绎法则也被抛到了九霄云外！

"丝绸之路数学名著译丛"的编译使我们认识到科学文化的"欧洲中心论史观"的劣根性，对于这类偏见的回答只能是：数学知识的传播，既不是将一杯水从 A 处移到 B 处，更不是虚无缥缈的"口口相传"，而是遵循着文化发展自身的规律。对这种规律的认识，不能是沙文主义的臆造，而应该是客观的科学探讨。我们不赞成狭隘民族主义的文化观，而一元论的科学史观恰恰是一种与历史真相不符的文化沙文主义，因此从根本上是对科学发展的障碍。只有探明科学的多元文化来源，才能恢复历史的本来面目，古为今用，促进科学的共同繁荣与真正进步。这正是吴文俊设立"丝路基金"的初衷。[2]

此外，"比较数学史丛书"也在"丝路基金"资助下顺利出版。它们是：
《阿拉伯数学的兴衰》（包芳勋、孙庆华著）
《希腊数理天文学溯源——托勒玫〈至大论〉比较研究》（邓可卉著）
《中国数学典籍在朝鲜半岛的流传与影响》（郭世荣著）
《中日数学关系史》（冯立昇著）

---

1 B L WAERDEN. Geometry and algebra in ancient civilizations [M]. Berlin: Springer, 1983: 67.

2 李文林. 丝路精神，光耀千秋 [M] //李文林. 丝绸之路数学名著译丛. 北京：科学出版社，2008：iv - xii.

比较数学史丛书

　　这样，两套丛书各具特色，相互呼应，充分展现出"丝路基金"的意义和影响，对推动国内数学史研究、引导具有创新意义数学史成果起到了积极作用。

第三章　丝路精神，光耀千秋

"有一个，就会有十个！"

曾几何时，中国学者要通过俄语、德语、法语、英语等二手甚至三手文献去了解埃及、巴比伦、印度和伊斯兰等文明的数学知识，这种尴尬的局面严重阻碍了跨文明知识交流和比较的深入研究。

吴文俊在讲话中列举了几位精通汉语的西方数学史家，如比利时数学史家莱伯热西（即李倍始，Libbrecht，1928—2017），他著有《十三世纪的中国数学》（*Chinese Mathematics in the Thirteenth Century*，1973），此书后面有一张术语表（glossary），即《数书九章》所用术语中英文对照表，吴文俊夸赞他"读书时真正读懂了"。还有一位是著名汉学家李约瑟，"李约瑟的书中所引的中国书之多，我看中国人自己的书中也很少能看到那么多的"。

吴文俊对此颇有感慨：西方学者能够学好中文，难道中国人就没有志气和能力去掌握阿拉伯文、土耳其文，以及中亚细亚等国的文字吗？吴文俊希望数学中的年轻一代把这个任务承担起来，并坚信：

要彻底把东、西方数学交流的问题弄清楚。这是能够做到的！[1]

这是吴文俊为沿丝绸之路中外数学知识的交流研究吹响的冲锋号角。

"丝路基金项目"一开始就着眼于人才培养，遴选有献身精神的年轻人

1　吴文俊. 在教育部主办的全国高校中外数学史讲习班开学典礼上的讲话［G］//吴文俊. 中国数学史论文集（二）. 济南：山东教育出版社，1986：7.

学习阿拉伯语、梵语等古典语言。上海交通大学科学史与科学文化研究院的数学史团队，坚持把东西数学传播交流为主要研究方向，培养了一批专攻伊斯兰、印度等东方数学经典以及中西数学传播交流的研究生。他们经过多年的努力，取得了一系列突出的成果，形成了"国内第一个专长于东西数学传播与交流研究的团队"[1]。这支队伍中已有掌握阿拉伯语、梵文、拉丁语、希腊语、意大利语等语言，能直接解读翻译相关数学文献的青年学者。这个团队先是翻译了《东方数学选粹：埃及、美索不达米亚、中国、印度与伊斯兰》，后又出版了首部中外数学交流史专著《西去东来：沿丝绸之路数学知识的传播与交流》，这部书是教育部哲学社会科学立项课题成果，出版后又被列入 2022－2023 年度国家社科基金中华学术外译项目，即将翻译成英语出版。

《东方数学选粹：埃及、美索不达米亚、中国、印度与伊斯兰》

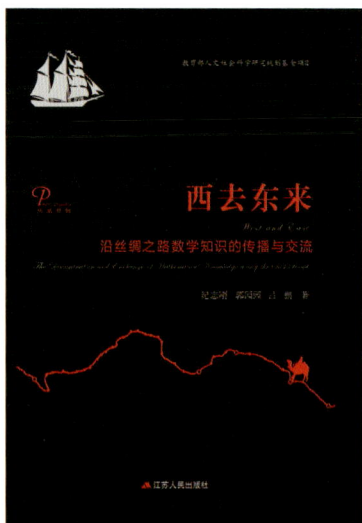

《西去东来：沿丝绸之路数学知识的传播与交流》

---

1 李文林. 中译本序［M］//维克多·J. 卡兹. 东方数学选粹：埃及、美索不达米亚、中国、印度与伊斯兰. 纪志刚，郭园园，吕鹏，等译. 上海：上海交通大学出版社，2019：1-5.

有一次丝路基金专家组负责人向吴文俊汇报丝路基金项目进展情况，谈到了研究中东地区数学的语言困难，告诉他到目前为止只有一名年青人坚持下来掌握了阿拉伯语。吴文俊静默片刻后意外地说了一句：

"好，有一个就会有十个！"[1]

这是吴文俊对"丝路基金项目"的充分肯定和最大支持。

可以告慰吴文俊的是，这几位年青学者已经开始培养自己的研究生，其中一位获得国家留学基金资助，在法国攻读博士学位，他的研究方向依然是古代梵语文献中的数学与天文研究。

"丝路基金"的第三代"传人"正在路上！

从"传播·影响"到"交流·融合"

2002 年 8 月 20 日下午，国际数学家大会在北京举行，来自 100 多个国家的 4 200 多位数学家参加了在人民大会堂举行的大会开幕式，这是 21 世纪的第一次国际数学家大会，也是历史上第一次在发展中国家举行的国际数学家大会。

作为大会主席，吴文俊在开幕典礼的致辞中指出：

现代数学有着不同文明的历史渊源。古代中国的数学活动可以追溯到很早以前。中国古代数学家的主要探索是解决以方程式表达的数学问题。以此为线索，他们在十进位值制记数法、负数和无理数及解方程式的不同技巧方

---

1 李文林. 中译本序 [M] //维克多·J. 卡兹. 东方数学选粹：埃及、美索不达米亚、中国、印度与伊斯兰. 纪志刚，郭园园，吕鹏，等译. 上海：上海交通大学出版社，2019：1-5.

面做出了贡献。可以说中国古代的数学家们通过"丝绸之路"与中亚甚至欧洲的同行们进行了活跃的知识交流。今天我们有了铁路、飞机甚至信息高速公路，交往早已不再借助"丝绸之路"，然而"丝绸之路"的精神——知识交流与文化融合应当继续得到很好的发扬。[1]

吴文俊在 2002 年国际数学家大会开幕式上致辞（吴天骄供图）

如果说 1984 年吴文俊在"中外数学史讲习班"上的讲话，把对探讨中外数学交流的关注点集中于"把东、西方数学交流的问题弄清楚"，重点在数学知识的传播与影响，那么在 2002 年国际数学大会上的致辞中，吴文俊则把东西方数学交流的意义升华到了"丝绸之路的精神"，即"知识交流与文化融合"。这是一种崭新的数学史观，更是一种"合和共生"的全球史观，为中外数学交流史的研究指明了新的方向。[2]

我们要践行吴文俊倡导的"丝路精神"，积极推进中外数学知识的交流，

---

1 W T WU. Proceedings of international congress of mathematicians［C］. Beijing：Higher Education Press. 2002：I-21-22.

2 纪志刚. 吴文俊"丝路精神"及其对中外数学交流研究的意义［J］. 上海交通大学学报（哲学社会科学版），2019，27（125）：72-81.

扎实开展沿丝绸之路各文明数学典籍的考据性研读，通过史料比照，整理出东西方相近的数学概念、数学问题与数学方法，确定其交流的时间节点和传播的社会背景。要注重梳理数学知识、算法用语、典型算法，对若干典型的算题与算法（如分数算法、比率算法、盈不足术、百鸡术、物不知数、不定分析等）进行算理结构解剖与分析，从而奠定研究工作的文献基础，特别是通过对梵语、阿拉伯语和拉丁语的原始文献研究，实现从第一手资料获得研究结果的重要突破。

我们要弘扬吴文俊倡导的"丝路精神"，积极拓展中外数学文化的融合，在扎实的文献研究基础上，结合社会文化背景，对重要算题、算理和算法，探本溯源、察疑发微；既注意"相似性问题"的地域特点，又避免"相似即同源"的片面影响；既认真吸收前人成果，又不迷信专家权威；既努力探寻历史上中国古代数学在欧洲传播的史实，又不囿于狭隘"民族主义"的制约；力求客观展示中国古代数学与印度、阿拉伯的关系，以及在中世纪欧洲的传播，求实分析沿丝绸之路不同文明之间数学文化的相互交流，探讨西方数学知识对中国传统数学产生的历史影响。

今日，沙漠中的驼队早已渐行渐远，海上的白帆也化为万吨巨轮。然而，"丝路精神"则从历史深处回荡出了千年梦想，承载着重构人类命运共同体的历史使命。古老的丝绸之路见证了陆上"使者相望于道，商旅不绝于途"的盛况，也见证了海上"舶交海中，不知其数"的繁华。古老的丝绸之路不仅是一条通商易货之道，更是一条知识交流之路。更为重要的是，商品和知识交流带来了观念的变革与思想的创新。在这当中，也包含着数学的知识、概念与方法："印度-阿拉伯数码"已成为整个人类共同的文化遗产；阿拉伯的"还原与对消计算"（*al-jabr wal-muqābala*）演变成今日的"代数"（Algebra）；欧几里得《原本》也随传教士们的航船东来，演变成"几何之学"，从而进入中国"寻常百姓家"；更重要的是源自东方的十进位位值制已经成为繁茂参天的数学之树的扎实根基，更成为人类文明的共同语言。

2013 年 9 月和 10 月，中国国家主席习近平在出访中亚和东南亚国家期间，先后提出共建"丝绸之路经济带"和"21 世纪海上丝绸之路"的重大倡议，得到国际社会高度关注。写下了《丝绸之路：一部全新的世界史》一书的英国历史学家彼得·弗兰科潘（Peter Frankopan）说："丝绸之路曾经塑造了过去的世界，甚至塑造了当今的世界，也将塑造未来的世界。"[1]

在丝绸之路这条古老的纽带中，不同文明之间数学知识的传播与交流，共同绘就了一幅数学发展史上融合共生的宏伟画卷。

"'丝绸之路'的精神——知识交流与文化融合应当继续得到很好的发扬！"这是 2002 年吴文俊从人民大会堂发出的声音，至今仍余韵回荡！

"文明因交流而多彩，文明因互鉴而丰富。文明交流与互鉴，是推动人类文明进步和世界和平发展的重要动力。"[2] 作为研究中西数学知识传播与交流的后辈学人，我们应当承继吴文俊"古为今用"的思想，实践吴文俊"古证复原"的原则，牢记吴文俊"两种主流"的内涵，遵循吴文俊"丝路精神"的指引，共同推进中外数学文化"交流与互鉴"事业的进一步发展。[3]

1 本刊评论员. 世界共赢的中国方案 [J]. 创新世界周刊. 2018 (6)：9.

2 习近平. 文明交流互鉴是推动人类文明进步和世界和平发展的重要动力 [J]. 求是. 2019 (9)：4 - 10.

3 田春芝，纪志刚. 从"古为今用"到"丝路精神"：吴文俊数学史观的形成与演变 [J]. 自然辩证法通讯. 2021，43（4）：55 - 62.

第七篇

吴心归处是祖国

著名的中国人民解放军军歌，首句是："向前，
向前，向前！我们的队伍向太阳，脚踏着祖国的大
地，背负着民族的期望……"我喜欢。

这也是我对中国数学发展的期望。

吴文俊《走自己的路——吴文俊口述自传》

第一章　心中装着中国数学

心中的最爱

吴文俊最喜欢读《光明日报》。大约从 1974 年起，他自费订阅，每天必读。他对儿子吴天骄说："这份报纸，讲的是知识分子的事，就是咱们的事，我一定要看的！"吴天骄上了中学后，就扛起了每年为爸爸订报的"大任"：当他怀揣着父亲给的订报费，向中关村黄庄邮局大步走去的时候，似乎有着一种庄严的使命感。[1]

吴文俊也常常在《光明日报》上刊发普及数学知识和思想的文章。这些文章往往大获好评，令吴文俊引以为荣。1978 年 4 月 14 日，吴文俊在《光明日报》刊发了《数学的抽象与数学的应用》，不久，一位中学老师来信称赞说，这样的文章"真是别开生面，大长知识。我如获至宝，读了又读"[2]。

正是因为这份情缘，光明日报社的记者成了吴文俊家的常客，很多篇关于他的采访报道，都发表在《光明日报》的专栏上。吴文俊人生中的每个重要节点，《光明日报》都曾报道和关注。

2011 年的一个夏天，光明日报社的记者再次采访吴文俊，一走进房门，就发现原来熟悉的屋子有了一些变化：家中书房里一整面墙的书柜已不复往日的拥挤，书柜上也略显空荡。原来前不久，吴文俊将部分书籍和资料捐给

1　吴天骄. 首届国家最高科技奖获得者吴文俊：这份报纸，讲的就是咱们的事. 光明日报，2024 − 05 − 23（1）.

2　吴天骄. 首届国家最高科技奖获得者吴文俊：这份报纸，讲的就是咱们的事. 光明日报，2024 − 05 − 23（1）.

《首届国家最高科技奖获得者吴文俊：这份报纸，讲的就是咱们的事！》刊登于《光明日报》2024 年 5 月 23 日头版

了数学院图书馆[1]，记者问道："您心里放得下数学吗？"爱笑的吴文俊顿时敛起了满脸笑容，严肃地说：

我当然放不下，我老师去世的前一天还在钻研学问，有句话说"鞠躬尽瘁，到死方休"！

记者心生感慨，深情地写道：

一台电视、一组沙发、一张饭桌、四面白墙，这就是吴文俊院士的家。面对如此简单的陈设，日前前去采访的笔者不免诧异，吴文俊却笑言："我一辈子大多数的事情都马马虎虎地过去了，省下来的时间用来专心研究，我觉得特别有意思！"对吴文俊而言，物质生活是可以归到"马马虎虎"那一类的，而数学，则是他心中的最爱。[2]

1　据吴天骄先生告知，吴文俊的图书资料分别捐赠给了中国科学院数学与系统科学研究院图书馆、数学机械化中心、清华大学数学系和中国科学院大学，此外，他自己也留存了一部分。

2　詹媛. 吴文俊：数学是他的最爱 [N]. 光明日报，2011－8－22（6）.

2015 年 4 月 3 日，这一天距吴文俊 96 岁的生日不到一个月，他仍然精神矍铄，思维清晰，应国家科学技术奖励办公室的邀请写下了一段题词：

科技是国家强盛之基
创新是民族进步之魂

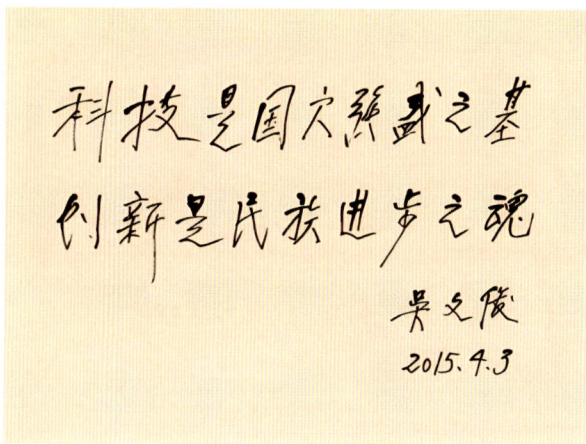

吴文俊手书

创新是吴文俊的毕生追求，也是吴文俊整个数学研究生涯的主旋律。中国科学院万哲先院士这样说道：

吴文俊先生是一位杰出的数学家，从事数学研究近七十年，无论是从事拓扑学研究，或是中国数学史研究，或者数学机械化研究，他都有卓越的战略眼光，富于想象力和创造性，他总是独辟蹊径，攀上一个又一个的科学顶峰，为中国数学的发展建立了丰功伟绩。[1]

1 万哲先. 吴文俊先生的高尚品质［G］//姜伯驹，李邦河，高小山，等. 吴文俊与中国数学.
  上海：上海交通大学出版社，2016：41－42.

对于创新，吴文俊说得很直白，那就是"要有自己的东西"！

吴文俊性情温和，一生中几乎没有与人发生过争吵。但是，当他所坚守的创新原则被质疑的时候，他会奋力辩驳，不惜与对方"红脸"。

他和数学所的一位领导就曾因为学术理念的不同争执过，但后来却"爆发"为真正的"吵架"。事情的起因恰恰是"机器证明"：

在一个什么场合不大记得了，他说外国机器证明都是用逻辑的，你怎么没有用逻辑的？我就火了，我这次火了。外国人用逻辑我干吗就要用！我这次跟他吵起来了，真正吵就这一次。

我对于"要有自己的东西，不能跟着别人跑"的信念是非常坚决的。你不能说外国人怎么干我就非得怎么干，没这道理！外国人有道理我当然会跟，我不是不学外国，外国的东西我都看了，并不是不看，我吸收我觉得是正确的部分，不能说外国人怎么搞我就得怎么搞，没这道理！[1]

2009 年年底，系统所举行成立 30 周年庆祝大会，会议间隙，吴文俊向郭雷院士讲了这个故事，依然十分激动。郭雷回忆说，吴先生说他平时很少发火，但那一次他真的"发大火"了。[2]

"东方数学的使命"

吴文俊的"发火"不是偶然的，他的心中一直怀有一团炽热的"火"，

1 吴文俊. 走自己的路：吴文俊口述自传 [M]. 邓若鸿，吴天骄，访问整理. 长沙：湖南教育出版社，2015：277 - 278.

2 郭雷. 一位真正的大学者 [G] //姜伯驹，李邦河，高小山，等. 吴文俊与中国数学. 上海：上海交通大学出版社，2016：53.

那就是"为复兴中华数学开未来"[1]。作为一位战略科学家，吴文俊的胸中有一个"大局"：

> 我们的目标是明确的，即推行数学的机械化，使作为中国古代数学传统的机械化思想，光芒普照于整个数学的各个角落。[2]

吴文俊多次倡导要"复兴构造性的数学"[3]。2003 年，吴文俊把这一思想汇聚为"东方数学的使命"，刊发在《光明日报》上。

> 一提到科学或者数学，脑子里想到的就是以欧美为代表的西方科学和数学。我要讲的是，除了以西方为代表的科学和数学之外，事实上还有跟它们完全不同的所谓东方科学与数学。这个意见也不是我第一次这样讲，在《中国科学技术史》这一鸿篇巨著里面就已经介绍了这一点。李约瑟在著作里讲，东方不仅有科学和数学，而且跟西方走的是完全不同的道路，有不同的思想方法。究竟怎么不一样呢？
>
> 所谓东方数学，就是中国的古代数学及印度的古代数学。东西方数学的异同，也就是现在欧美的数学跟东方数学（主要是古代的中国数学）有什么异同。我们学现代数学（也就是西方数学），主要内容是证明定理；而中国的古代数学根本不考虑定理不定理，没有这个概念，它的主要内容是解方程。我们着重解方程，解决各式各样的问题，着重计算，要把计算的过程、方法、步骤说出来。这个方法步骤，用现在的话来讲，就相当于所谓算法。美国一位计算机数学大师说，计算机数学即是算法的数学。中国的古代数学是

1　张鸿庆. 为复兴中华数学开未来 ［G］//姜伯驹，李邦河，高小山，等. 吴文俊与中国数学. 上海：上海交通大学出版社，2016：136.

2　吴文俊. 吴文俊文集 ［M］. 济南：山东教育出版社，1986：前言 1 - 2.

3　吴文俊. 复兴构造性的数学 ［J］. 数学进展，1985，14（4）：334 - 339.

一种算法的数学，也就是一种计算机的数学。进入到计算机时代，这种计算机数学或者是算法的数学，刚巧是符合时代要求，符合时代精神的。从这个意义上来讲，我们最古老的数学也是计算机时代最适合、最现代化的数学。这是我个人的一种看法。

我们再来说一下东方数学，也就是中国古代数学的精神实质是什么。我们古代数学的精髓就是从问题出发的精神，和西方的从公理出发完全不一样。为了从问题出发，解决各式各样的问题，就带动了理论和方法的发展。从问题出发，以问题带动学科的发展，这是整个数学发展的总的面貌。

为什么解决问题要解方程呢？原因很简单：一个问题有原始的数据，要求解决这个问题得出答案，这个答案也应是以某种数据的形式来表示的。在原始数据和要求数据之间，有某种形式的关系，这种由已知数和未知数建立起来的关系就是一种方程。为了解决形形色色的问题，就要解决形形色色的方程。因此，解方程变成中国两千多年历史发展中主要的目标所在。

我想特别提到一点，就是我们经常跟着外国人的脚步走。我们往往花很大的力气从事某种猜测的研究，希望能够解决或者至少推进一步。可是不管你对这个猜测证明也好，推进也好，提出这个猜测的人，就好比老师出了一个题目，即使你把这它解决了，也无非是把老师的题目做出来，还是低人一等，出题目的老师还是高你一等。在计算机时代，这个问题值得思考。当然，不管谁提出来这样的问题，我们都应想办法对其有所贡献，可是不能止步于此，我们应该出题目给人家做，这个性质是完全不一样的。

我们正在进入计算机时代，计算机只能处理有限的问题，所以相应的数学应该是一种处理有限事物的数学，在数学上叫"组合数学"。历史上，组合数学创始于中国，以贾宪为首，一系列的成就不断涌现。我们在数学方面得到许多这样的成就绝不是偶然的。东方的数学有一定的思考方法，是有计划、有步骤、有思想地进行的。具体地讲，它有一个基本的模式，就是从实际问题出发，形成一些新的概念，产生一些新的方法，再提高到理论上，建立一般的原理（就像牛顿有关的定理），用这样的原理解决形形色色更复杂、更重要、更艰深的实际问题，这样数学就不断地上升和发展。这就是古代数学发展的大致理论体系。

我们现在拥有计算机这样的便捷武器，又拥有切合计算机时代使用的古代数学。怎样进行工作，才能对得起古代的前辈，建立起我们新时代的新数学，并在不远的将来，使东方的数学超过西方的数学，不断地出题目给西方做？我想，这值得我们大家思考和需要努力的方面。[1]

"对得起古代的前辈"——这是吴文俊的历史情怀。

"建立我们新时代的新数学"——这是吴文俊的务实工作。

"使东方的数学超过西方的数学"——这是吴文俊的毕生追求。

"不断地出题目给西方做"——这就是吴文俊倡导的"东方数学的使命"！

这些朴实无华的语言，却蕴含着深刻的哲理，凝聚了几代中国数学人的共同心声：

方向已明，涓滴虽微，有成江河之理；持之以恒，日就月将，学有缉熙于光明。[2]

"国运盛，数学盛"

吴文俊不是一个把自己关在"象牙塔"内的学者，也不是局限于数学一隅的研究员。他襟怀广阔，谋略深邃，洞察广远。自己切身的经历，使他深

1　吴文俊. 东方数学的使命 [N]. 光明日报. 2003 - 12 - 12 (1).

2　张鸿庆. 为复兴中华数学开未来 [G] //姜伯驹，李邦河，高小山，等. 吴文俊与中国数学. 上海：上海交通大学出版社，2016：144.

深地感到"国运盛、数学盛"！这是吴文俊学习"三个代表"重要思想后吐露的心声：

科学技术是第一生产力，数学是发展与发扬这一生产力的必要手段与重要保障。数学也正是因为如此，而与国家的命运紧密结合在一起，数学的兴盛与否，是与国家的兴旺与否紧密相依的，说国运盛，数学盛，似非过甚之辞。

最近传来的一个好消息，我国申请举办2008年奥运会获得成功，这是体育界对党的八十周年纪念的一份厚礼。消息传来，举国欢腾。同样，数学界也有一份厚礼献给党的八十周年纪念：我国已成功地争取到2002年国际数学家大会的主办权，并将于2002年8月间在北京举行。

国际数学家大会（ICM），是数学科学领域中最高水平的全球性学术盛会，它每四年举行一次，由国际数学联盟（IMU）主持其事。

国际数学家大会能够在一国举行，通常被看作是该国数学发展水平和国际学术地位提高的标志。迄今为止，国际数学家大会几乎都在欧美发达国家举行，在欧美以外，仅在日本（1990年东京）举行过一次。所以，ICM'2002不仅是我国举办的第一次国际数学家大会，而且是历史上第一次在发展中国家举办的国际数学家大会，并将以21世纪的第一次国际数学家大会载入史册。

去年10月，江主席接见国际数学联盟主席帕利斯（J. Palis）教授等人时，帕利斯教授代表IMU邀请江主席出席2002年ICM的开幕式，江主席表示届时只要在京就可出席开幕式。接见时，江主席还指出："中国政府支持2002年在北京召开国际数学家大会，并希望藉此契机，力争在下世纪初，将中国的数学研究和人才培养推向世界前列，为中国的科技发展奠定坚实雄厚的基础。"

目前，IMU和ICM'2002组织委员会又表示希望能请江主席出任ICM'2002大会的名誉主席，并在开幕式上颁发国际上有重大声誉、有数学上的诺贝尔奖之称的菲尔兹（Fields）奖。这充分说明了，国际数学界对中国近年来成就的肯定，更表达了对江主席的崇高敬意。这是对我国数学界的极大的鼓舞，增强了我国数学工作者为进一步攀登数学高峰，为进入世界数学强国之列的愿望，增强了动力和信心。

就我本人而论，作为一名数学工作者，将借助学习江主席"三个代表"的精神鼓励，一如既往，把自己的一生献给祖国的数学事业。[1]

1　胡作玄，石赫. 吴文俊之路［M］. 上海：上海科学技术出版社，2002：186 - 188.

第二章　"我们的队伍向太阳"

光荣入党

1942 年，吴文俊在上海培真中学当教员。当时，培真中学的校长是一位中共地下党员，他借给吴文俊很多进步书籍，带着吴文俊参加了很多进步活动，在他身上播下了追求光明的种子。

1980 年 4 月，吴文俊加入中国共产党。

系统所成立后，系统所党委考虑在高级知识分子中发展党员的工作，吴文俊自然成为发展对象。吴文俊一生从事数学研究，为祖国的数学事业做出巨大贡献，在国内、国际数学界享有很高的声誉。吴文俊的品德有口皆碑：他平易近人，从不令人生畏；他淡泊名利，从不计较个人得失；他治学严谨，从不浮躁；他为人师表，从不结派，他生活俭朴，不尚奢华。系统所党委认为，吴文俊长期热爱共产党，一贯拥护党的方针路线，有加入党的愿望，尤其在粉碎"四人帮"后，这种愿望更为迫切。

系统所党委书记胡凡大和副书记关肇直出面和他交换意见。吴文俊入党的愿望久已有之，欣然提出了入党申请。[1]

吴文俊在《入党志愿书》中庄严写道：

党已经完成了第一次革命的历史任务，把一个贫穷落后半封建半殖民地的旧中国，改建成为一个统一的、初步繁荣富强的、政治上完全独立、经济

1　胡作玄，石赫. 吴文俊之路 [M]. 上海：上海科学技术出版社，2002：118 - 121.

上也能独立自主的新中国。虽然我并未参加这段的革命工作，但对党的伟大功绩是清楚的，对党的伟大事业是衷心拥护的……现在党已进入第二阶段的革命时期，我国的科学文化也应像政治与经济那样，急需改变几百年的落后面貌，走上独立自主的发展道路，把我国改建成一个科学上最先进的国家，四个现代化更是亿万人民的心愿……作为一个从事科学工作的知识分子，我决心在党的领导下，为党的四个现代化这一新的伟大历史任务克尽绵薄。

……

我决心为实现社会主义与共产主义而奋斗终生。[1]

迈向数学大国

1984 年 1 月，吴文俊当选中国数学会第四任理事长，任期四年。在他的主持下，中国数学会第四届常务理事会讨论决定，次年在上海举行中国数学会 50 周年年会，隆重纪念学会成立 50 周年。经过一年多的筹备，1985 年 12 月，中国数学会 50 周年年会在上海复旦大学召开。来自全国的 200 多名代表，以及代表 10 个国家和地区数学会的 15 位数学家参加了这次年会。非常遗憾的是，1985 年 6 月 12 日，著名数学家、中国数学会第一、二、三任理事长华罗庚先生在日本不幸辞世。华先生生前十分关心这次纪念大会，还为会议纪念册题词。

吴文俊主持大会开幕式，他提议全体起立表达对华罗庚先生的不幸辞世表示哀悼。他在开幕词中说：

1 吴文俊. 走自己的路：吴文俊口述自传［M］. 邓若鸿，吴天骄，访问整理. 长沙：湖南教育出版社，2015：279.

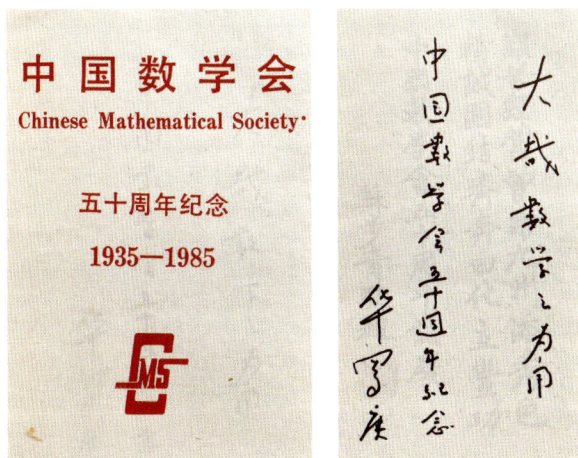

华罗庚为中国数学会 50 周年纪念题词

　　我们这次在上海举行庆典，有着特殊的意义，因为上海是中国数学会的诞生地。五十年前，我们的前辈数学家，毅然挑起了在中国开展现代数学教育和研究的重任，开始组织我国的数学工作者队伍，于 1935 年 7 月 25 日至 27 日在上海交通大学召开数学年会，正式成立了中国数学会，当时的会员只有几十人，但他们是在我国传播现代数学的火种。经过半个世纪前仆后继的奋斗，在我国形成了规模可观的数学大军。今天的中国数学会，已拥有两万多名会员，他们在促进实现我国四个现代化的征程上，在繁荣数学科学的大业中，已经并正在发挥越来越大的作用。抚今追昔，不禁使我们无限怀念五十年来为我国数学事业做出过卓越贡献、而今天已经去世的数学家，担任中国数学会理事长 30 多年的华罗庚教授就是他们中的杰出代表。

　　半个世纪以来，整个数学科学有了突飞猛进的发展。对于数学各分支学科之间深刻联系的探索，数学跟其他自然科学和社会科学的相互渗透，计算机在数学研究中的应用，等等，这一切向数学工作者提出了新的艰巨的任务。同时，也为我们展现了数学科学发展的光明前景。

我们一定要紧密地团结在党和政府的周围，为中国数学会的兴旺发达，为祖国数学事业的腾飞，为四个现代化的最终实现，勇往直前，奋斗不息![1]

当时任上海市市长的江泽民同志，在上海国际饭店会见了来华出席中国数学会 50 周年年会的 15 位外国数学家和部分中国数学家，周培源、周光召、吴文俊等参加了会见。吴文俊赴法留学时的老师、法国科学院院士、法国数学会前会长嘉当也应邀参加了这次年会，这是吴文俊特意邀请的。此前，他一直希望嘉当能到中国来访问，但由于嘉当的疑虑而未能成行。这次借庆祝中国数学会成立 50 周年之机，吴文俊再次力邀嘉当访华，经过努力，嘉当终于下决心访问中国。他和夫人踏上中国的土地，亲眼见到新中国的情景，与他从西方传媒得到的歪曲报道完全不一样，这令老人极为兴奋。嘉当夫妇在做学术报告之余，还游览长城，参观故宫，散步天坛，泛舟昆明湖，为中国古老的文化倾倒。[2]

全国人大常委会副委员长严济慈在人民大会堂会见并设宴款待了嘉当夫妇，吴文俊夫妇、钱三强、汪德昭等出席，众人畅谈中法之间的学术交往。嘉当夫妇的这次访问，使两位老人了解了新中国的发展进步，目睹中国老百姓生活的不断改善，看到了中国数学界的兴旺，知道了许多真实的情况，彻底改变了对共产党领导下的中国的看法。

吴文俊在数学会理事长的任期内促成了一件大事——中国数学会加入国际数学联盟（IMU）。1986 年 7 月 31 日至 8 月 1 日，国际数学联盟在美国加州奥克兰举行第十届会员代表大会。中国数学会理事长吴文俊和秘书长杨乐应国际数学联盟执行委员会的邀请，以观察员的身份代表中国数学会参加大会。这届大会讨论通过了中国数学会（Chinese Mathematical Society）和位于中国台北的数学会（The Mathematical Society Located in Taipei, China）

1　胡作玄，石赫. 吴文俊之路［M］. 上海：上海科学技术出版社，2002：127－128.

2　胡作玄，石赫. 吴文俊之路［M］. 上海：上海科学技术出版社，2002：129.

严济慈等接见嘉当夫妇并合影（1985 年）
左起：吴文俊、汪德昭、成平、嘉当、严幼光、严济慈、石赫、嘉当夫人、陈丕和、钱三强

作为一个整体——中国（China）加入国际数学联盟。

这不禁让我们想到，1951 年当吴文俊决定回国的时候，嘉当对吴文俊说："你回中国去，可以招一批年轻的人，搞一个集体，为中国发展数学事业。"

35 年过去了，在中国的大地上，吴文俊用自己出色的工作回应了嘉当的期望。

16 年后，2002 年北京成功举办第 24 届国际数学家大会，吴文俊出任大会主席。"这一切标志着中国数学发展水平与国际地位的提高，同时也吹响了新世纪中国数学赶超世界先进水平、建设数学强国的进军号角。"[1]

---

1 李文林. 数学史概论［M］. 北京：高等教育出版社，2021：410.

"把自己毕生的力量献给祖国"

吴文俊四岁时被送进里弄的一间小学，这所小学的名字叫作"文蔚小学"。

"文蔚"有一个典故，《周易》革卦称："君子豹变，其文蔚也。"寓意君子应像豹子一样成长，出生时可能很普通，但经过自己后天的努力修养，最终像成年的豹子一样，矫健而美丽。

从"文蔚小学"走出来的吴文俊，真正实现了自己的"君子豹变"！[1]

没有人会想到，一个曾经数学零分的中学生，日后能在巴黎掀起拓扑地震。

没有人会想到，一个捧着比自己脑袋还大的书本，在弄堂里摇头晃脑的小囝，日后能从共和国主席的手中接过国家最高科学技术奖！

回顾自己一生的数学道路，吴文俊充满深情地说：

科学家都是知道感恩的，知道用自己绵薄的力量回报党和祖国。人的年纪大了，各种各样的"债务"就越来越多。我现在正忙于"还债"。我愿意把自己毕生的力量献给祖国。有的"债务"一下子就能还清，有些事情必须花时间。我得上图书馆查资料，我必须充分利用一切空余的时间。我一般上所里的图书馆，或者中国科学院图书馆，国家图书馆。数学所的图书馆局限于数学，而我喜欢考虑各式各样的问题。所以经常去"拜访"院里的图书馆和国家图书馆。

数学有一种说不清的魅力，一旦上了道就恋恋不舍，不由自主地去爱好，不肯丢掉，从而从低级走向高级。数学事业不是一个人或几个人就可以

---

1 蔡天新. 君子豹变：吴文俊的百年数学人生（上）［EB/OL］. (2018-05-06)［2015-05-21］. http：//wxxcx. zhishifenzi. com/depth/character/223. html.

做好的，它需要大家的共同努力。我不想当社会活动家，我是数学家、科学家，我最重要的工作是科研。我欠的"债"，是科学上的"债"，也是对党和国家的"债"。数学机械化目前仍然处于起步阶段，来日方长，需要大家的努力，尤其是要靠年轻一代。数学机械化一方面要推广应用，一方面要防止滥用，要避免盲目扩大化，避免一哄而上。有关研究应主要在数学内部进行。在适当范围扩大。

创新是科学的生命。我不希望中国科学家像一些欧美科学家那样"早熟早衰"。取得成绩就不见了哪行？只要活着就要创新！科研要不怕失败，成功也不该成为前进的包袱。几年前，我曾公布了一项世界重大课题的研究成果，但事实证明该结果不正确。但这没有关系，不能怕打败仗，关键要勇于反败为胜。因为打败仗比没打仗多了许多宝贵经验。

创新不是年轻人的专利，但年轻人是创新的主体。我虽年逾八旬，但却愿与年轻人一道，开拓创新，为党和人民的事业奋斗终生。[1]

"独出蹊径，不袭前人"

1994 年，著名香港企业家查济民（1914—2017）先生及其家族在香港创立"求是科技基金会"，邀请陈省身、杨振宁、周光召、李远哲和简悦威等五位科学家为顾问。当年，基金会首度评选出十位在数学、物理、化学及医学等科技领域中有杰出成就的中国资深科学家，颁发"杰出科学家奖"，吴文俊是荣膺此项大奖的第一位数学家。8 月 20 日，首届求是奖颁奖典礼在北京钓鱼台国宾馆芳菲苑隆重举行，国务院总理李鹏、人大委员长万里出席颁

1　胡作玄，石赫. 吴文俊之路［M］. 上海：上海科学技术出版社，2002：194.

吴文俊荣获 "杰出科学家奖"

奖仪式，李鹏总理在会上发表讲话并主持颁奖。[1]

更让吴文俊惊喜的是陈省身在颁奖典礼上为他宣读 "祝贺词"！

吴文俊与陈省身的师生情缘始于 1946 年的上海，在陈省身的引领下，吴文俊很快走到了拓扑学的前沿，他对惠特尼公式的精彩证明获得了陈省身的称赞。吴文俊赴法留学，也是陈省身将其引荐给嘉当的。不过，就在临行前，陈省身却想让吴文俊留下来。

吴文俊回忆道：

有一天，在中央研究院数学所的楼道里，我碰到陈先生，站在那我们俩就聊了起来。陈先生说，他的主要目标是大范围或整体微分几何。他说 E. 嘉当的理论是一个宏伟的结构，应该深入研究，"我真正非常想做的是大范围微分几何，研究拓扑算是一些准备性的工作，很希望你能留下来，再多留一年，和我一起研究"，他说在这一年里，他会教我 E. 嘉当的理论与方法，然后再考虑去美国或法国。[2]

但这个时候，吴文俊已经办好所有的出国手续，亲朋好友也为他饯行了。几天后，吴文俊登上了赴法国的邮轮。自此师徒二人天涯两分，甚至 1951 年吴文俊回国后，由于连年的政治运动，吴文俊与陈省身几乎二十年

1　邓明立. 吴文俊和他所获得的奖励 [G] //姜伯驹，李邦河，高小山，等. 吴文俊与中国数学. 上海：上海交通大学出版社，2016：265 - 273.

2　吴文俊口述，邓若鸿，吴天骄访问整理. 走自己的路—吴文俊口述自传 [M]. 长沙：湖南教育出版社，2015：79 - 80.

没有联系。

1971年，"小球撼动大球"，在"乒乓外交"的推动下，中美关系出现了转机。这年10月间，吴文俊突然收到陈省身的来信，信中说道：

> 文俊：
>
> 多年未通音信，近报振宁教授返美，谈及国内进步情形，十分向往。我来加州已十一年，虽年近六十，精神如旧，工作仍能继续。另邮件寄上复印本若干，当可见（近）年来工作方向。很希望早得来信，当续告一切。别来廿余年，盼见面之期不远也。
>
> 忽此顺祝
>
> 近好
>
> 省身上
>
> 七一、十、廿一[1]

陈省身在南开数学研究所

改革开放之后，陈省身为推进中美之间的数学交流做出了重要贡献，1984年陈省身退休，决定回国内定居，吴文俊建议他"到清净的地方去！"，这正是当年陈省身给吴文俊的建议（为他选择了斯特拉斯堡）。现在，陈省身选择了南开大学，并在南开建立了数学研究所。

陈省身的"祝贺词"简短而精辟，字里行间蕴含着老师对自己学生获得成就的自豪。全文如下：

> 数学史上的一件大事，是17世纪微积分的发现。从此数学的发展，有

---

1 吴文俊. 走自己的路——吴文俊口述自传 [M]. 邓若鸿，吴天骄访问整理. 长沙：湖南教育出版社，2015：69.

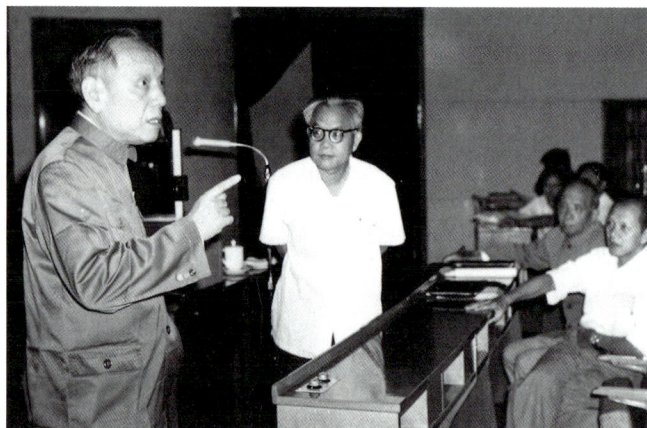

1974年吴文俊主持陈省身首次回国学术讲座（李文林供图）

了一个系统的步骤，数学便取得了长足而深入的进步。这门数学现在叫做分析，是十八、十九世纪数学的主要物件。它的要点是要了解无穷，无穷大或无穷小。到了 20 世纪，这个探讨便扩充了，便产生了拓扑学。拓扑的发展是 20 世纪上半叶在纯粹数学的最大成就。

吴文俊教授在拓扑学有好几个重要的工作，列举如次：

1. 球丛对偶定理的简单证明。

2. 实向量丛及复矢丛的统一性的拓扑性质的确定。

3. 上同调环的运算的基本性质，一般称为吴氏公式。

4. 流形嵌入的新不变式。

此外结果还有很多。

近二十年来吴教授从事于"机器证明"的研究，把电脑应用到纯粹数学。他利用代数几何，把方程式求解的问题，做了系统的研究。以此问题吴教授引进了许多独特而创新的观念。

历史上的许多大数学家，往往对纯粹数学与应用数学都有贡献。吴教授保持了这个传统。我有幸同吴教授有深切的关系：1946 年在上海，我从前在西南联大的一个学生，把他引荐给我。他那时大约不知什么是拓扑空间，不到一年，他给出了球丛对偶定理的证明，举重若轻，令人赞叹。一般说来，吴教授的工作，都是独出蹊径，不袭前人，富创造性。

他的机器证明理论，保持了中国数学的传统：数学上一个普通的问题，是解方程组，代数的或微分的。数学的许多基本结果是所谓"存在定理"：在某种条件下断定方程组有解。中算则注重求解的方法，寻求最有效的手段。文俊最近的工作，符合中算的精神。

这是一个十分杰出的数学家! [1]

真是"知徒莫若师"。陈省身在致辞中精炼地概括了吴文俊在拓扑学领域中的四项主要成就，而后突出赞誉了吴文俊在"机器证明"领域内做出的"独特而创新"的贡献。更为惊叹的是，陈省身夸赞吴文俊的机器证明理论"保持了中国数学的传统"，完全符合"中算的精神"。

"独出蹊径，不袭前人，富创造性。"

这是陈省身对吴文俊学术研究的精辟概括。

"文俊最近的工作，符合中算的精神。"

这是两位大师之间心灵共鸣。

"这是一个十分杰出的数学家!"

这是老师对自己学生的由衷夸赞!

1 陈省身. 吴文俊的研究工作 [G] //李邦河，高小山，李文林. 吴文俊全集·附卷：回忆与纪念. 北京：科学出版社，2019：145.

那么，吴文俊又是怎样看待自己的一生的呢？

"我的不等式"

2006 年，中央电视台《大家》栏目对吴文俊做了一次专访。一位数学家怎样回顾自己的数学人生呢？解说员说道："这位数学大家用六个漂亮的不等式诠释了自己的一生。"

这一节是本书正文的最后一小节，我们用吴文俊"我的不等式"来为本书画上句号，是对吴文俊的最好纪念。

吴文俊在书房的小黑板上写下"我的不等式"

不等式 1：数学家 ≠ 最喜欢数学

少年时期的吴文俊喜欢历史和物理，根本没有想过去当一位数学家。担任吴文俊物理课程的赵贻镜老师认为吴文俊物理学得好是因为数学好，极力推荐吴文俊报考上海交通大学数学系，所在中学提供奖学金。当时吴文俊的家境比较困难，就只好接受了。

吴文俊：我相信我在物理上面一定也会搞出一些东西，因为从我的个性，从我学习钻研的精神，（从）这个方面来看，我相信我也会搞出东西来。

解说员：在吴文俊看来，自己的钻研精神源自对客观世界的好奇。但是成功是要付出代价的。

吴文俊：我为了要把这个目标要搞清楚，我没有很多时间，我就得牺牲。把别的事情就稀里糊涂过去了，就不求甚解了，省出一些时间来，那么我可以在某一个方面求其甚解，就是说我要理解得比所有的人都高。

"求其甚解"！这四个字吴文俊几乎说得一字一顿，而且对"甚解"要求更严苛："要理解得比所有的人更高！"正是这种孜孜不倦的钻研精神，才使得吴文俊在数学人生的征途上攀上了一座又一座高峰。

不等式2：数学≠人为制造

吴文俊在大学毕业后做一些数学研究，但"如同盲人骑瞎马，找不到出路"。五年后，吴文俊对数学有点心灰意冷了，这时，陈省身的出现，彻底改变了吴文俊的一生。

陈省身引导吴文俊走进当时最前沿的数学领域——拓扑学，特别让他为美国数学大师惠特尼"对偶定理"的公式补上证明，吴文俊做到了，完成了他数学人生第一篇重要的论文。

解说员非常困惑："一个刚入门的青年后生，只用了不到一年的时间，就在号称难学的拓扑学中取得了重大成果，这让许多人觉得不可思议。"

事实上，吴文俊不等式中的"人为制造"道破了个中玄机。

这件事还要从吴文俊跟随陈省身进入数学研究的开始讲起，1946 年，吴文俊第一次去见陈省身，带上了自己的一篇"习作"，陈省身看了之后立刻就否定了，严肃地说："此文方向不对!"初见大师，就被否定了，吴文俊对此记忆深刻：

陈先生这样讲，现实中重要的应该是这样子，你非得有这个概念不可，没有这个概念你就没法清晰地描述对象以及其间的关系。为了逻辑推理而造出来的概念，人为造出来，然后追求这之间相互逻辑关系，不符合对客观世界的认识，他大体上是这么说的。一席话，我马上醒悟了。

陈省身的意思是：初入数学领域年轻人不要去想自己"向壁虚构"的问题，或一些没有多少研究价值的问题，而是应该在大师的引导下去解决大师的问题。

这是吴文俊成功的第一步!

不等式 3：大师的声音 ≠ 一定正确

吴文俊在法国斯特拉斯堡时注意到了拓扑学的一个重要问题：二维示性类出现了两个公式，一个是惠特尼的，另一个是庞特里亚金的，它们形式不同，因此"谁对谁错"成了一个公开的疑问。在二维示性类都真相难寻的情况下，吴文俊给出了三维等于零的证明。当时的拓扑学权威霍普夫认为这简直就是胡闹，带着一队人马从瑞士专程到斯特拉斯堡找吴文俊讨论此事，用吴文俊的话说，就是"兴师问罪"。吴文俊耐心地给霍普夫做了解释：两种结论看起来表面上不一样，但实质上是一样的。

惠特尼、庞特里亚金、霍普夫，他们三位可谓是拓扑学界的顶级大师。而当时只有 28 岁的吴文俊并不畏惧大师的权威，敢向惠特尼、庞特里亚金挑战；面对霍普夫的质问，泰然自若地娓娓道来，让霍普夫完全信服!

不等式4：数学家≠书呆子

这一节吴文俊讲述了他的生活故事。讲到认识陈丕和不到两个星期就结婚了的时候，吴文俊开心地大笑，"人家讲我是闪电战"，这一牵手就是一辈子。视频中闪现过他"勇攀"象鼻、蟒蛇缠身、为夫人拉黄包车、吹熄80岁的生日蜡烛的画面……

吴文俊为夫人拉黄包车

吴文俊和夫人一起吹熄80岁的生日蜡烛

这些生动的画面让我们看到了一个热爱生活、充满童心的吴文俊。"老伴说吴文俊是个自由自在贪玩的人。"解说员补充道。

除了数学，吴文俊最大的爱好就是看电影。

这是视频中的一个长镜头：吴文俊穿着短裤、赤脚穿着凉鞋，急匆匆地向电影院奔去。接着吴文俊和主持人聊起了最近看的一部电影《南极大冒险》，吴文俊眉飞色舞，影片中的"狗明星"给他留下了深刻印象：对人忠实、对自己的伙伴很讲义气。

你怎么能想到，一身短打，坐在影院中为狗的故事击节赞赏的这位80多岁的观众，是著名的数学家吴文俊呢？

正是这份未泯的童心和率真的心态，才让吴文俊在数学王国里心无旁骛，自由驰骋，永葆创新活力。

不等式 5：认识了古代数学＞得 Fields 奖

在巴黎时吴文俊与托姆、塞尔、保莱尔被誉为拓扑学界的"四大天王"，他们的工作引发了一场数学界的"拓扑地震"。后来托姆和塞尔都获得了菲尔兹奖，而且他们获奖的工作都受到吴文俊的影响。有传言说"如果当年吴文俊没有回国，肯定能得到菲尔兹奖"[1]。媒体对此事非常感兴趣，在采访中经常会刻意提到这个问题，吴文俊大都用"我不在乎"一笑带过。[2] 但这一次，采访人再次说起此事，吴文俊很郑重地回答了这个问题，特地写下了这个不等式：

认识了古代数学＞得 Fields 奖

吴文俊说：

（没有得 Fields 奖）这是小问题，这是小事情，我不拿这个奖，我可以拿别的奖，我有别的成绩，我也可以拿别的奖，国外的奖多得很，这个无所谓，可是我对中国古代数学认识如果没有国内的经历，我不可能想到，这是我觉得是非常欣慰的。应该说是我做得对了。

他还严肃地说：

中国的这个数学的道路跟欧几里得传统的所谓公理化的数学道路，是不一样。我最自豪的就是，中国古代数学我把它认识清楚了，这是我最自豪

---

1 吴文俊. 走自己的路：吴文俊口述自传 [M]. 邓若鸿，吴天骄，访问整理. 长沙：湖南教育出版社，2015：111.

2 中华儿女新闻网. 吴文俊：数学机械化之父的圆满句号 [G] //吴文俊. 李邦河. 高小山. 李文林，等. 吴文俊全集·附卷：回忆与纪念. 北京：科学出版社，2019：461.

的，比什么机器证明其他的我都感到自豪。我觉得我是第一个把中国古代数学认识清楚究竟怎么回事，这是我最感自豪的。

不等式 6：成功了 ≠ 没有人反对

最初，数学机械化不被所有人理解，甚至还有一些偏见，被说成是"旁门左道""离经背道"，吴文俊对此淡然置之。但是，当数学所的一位"重要人物"质疑吴文俊为何不用外国人的"数理逻辑"的方法时，吴文俊就冒火啦！

时隔多年，再次谈及此事，吴文俊依然按捺不住激动的心情，慷慨激昂地说道：

外国人搞的，我就不搞。外国人不搞了，我就搞。这是我的基本原则。

这就是一位中国数学家的文化自信！

"这是我的基本原则"

在采访的最后，吴文俊充满深情地说道：

我觉得将来的数学，应该走中国古代数学的道路，而不是西方欧几里得道路，这是我总的见解。体力劳动机械化，我们没有份，结果我们一落千丈了，处处挨打了，这个是有关系的。现在脑力劳动机械化，你不能错过这个机会，错失这个机会，那么永世不得翻身。这个是我一直坚决强调的，所以我对我的数学机械化是寄予厚望了。

采访结束了，屏幕上是吴文俊渐渐远去的背影……

结 语
未曾远去的背影

你干你的，我干我的。我终于找到了立足国内不受国外影响的中国自己的道路：源于中国古代数学的机械化数学！！！

吴文俊 2003 年 12 月 10 日手书

1989 年，中国科学院系统科学研究所庆祝建所 10 周年，一并祝贺吴文俊的 70 岁生日。吴文俊口吟小诗一首：

> 七十不稀奇，
> 八十有的是，
> 九十诚可贵，
> 一百亦可期。

1999 年，大家给吴文俊过 80 岁生日，吴文俊说，我再赋诗一首吧：

> 八十不稀奇，
> 九十有的是，
> 百岁诚可贵，
> 百十亦可期。

众人开怀。这是十年前那首小诗的"变形"：每句加了十岁。

在数学史组的庆祝会场，内蒙古师范大学罗见今教授在黑板上写下：

> 冀枝叶之峻茂兮又树蕙之百亩
> 乘骐骥以驰骋兮来吾道夫先路

这是集自《离骚》的诗句，古朴深邃，蕴意绵长，表达出对吴先生的崇高敬意：

> 吴先生如枝叶峻茂的大树，嘉蕙广被；
> 吴先生如奔腾驰骋的骏马，开辟先路！

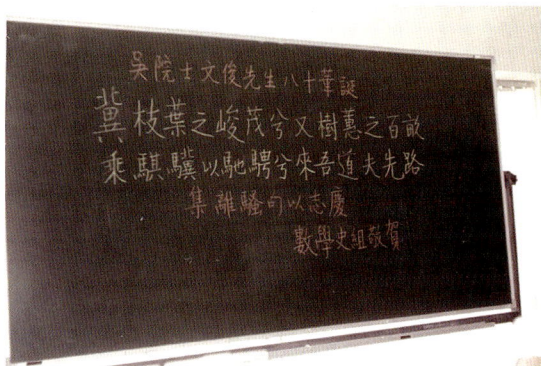

罗见今书写的庆祝吴文俊先生八十华诞贺词

2009 年，吴文俊迎来了自己的 90 岁生日。这是中国数学界的一大盛事！数学界的名家、吴文俊的好友、同事和学生，从不同的视角撰文介绍吴文俊在拓扑学、数学机械化和古今数学史研究等方面的学术成就，讴歌吴文俊为推动中国数学事业发展做出的杰出贡献和他的高尚品德，表达了数学界同仁的共同景仰之情。

为庆祝吴文俊（前排左十）90 岁生日举行的"数学机械化国际会议"（ICMM'09）

作为文集的主编，姜伯驹院士在序言里充满深情地写道：

吴文俊先生今年九十大寿，我国数学界同声庆贺。

…………

吴先生得到数学界的特别爱戴，不只因为他多方面的学术成就，不只因为他平和公正的品格。他有着深厚的爱国情怀，眼光远大，与我们一起亲历

《吴文俊与中国数学》

过风浪和曲折，亲身感受数学界的呼声，所以他的看法更切实，更有说服力。他以自己顽强的探索与实践，鼓舞了我们的自信心，告诉我们要勇于思考，勇于走自己的路。

在庆贺吴先生九十华诞的时候，我们非常高兴组织出版《吴文俊与中国数学》中文文集，非常感谢著名物理学家、诺贝尔奖得主杨振宁教授为此文集作序。本文集邀请了数学界的名家、友好和学生们从不同的视角撰文介绍吴先生的学术成就、对中国数学界的杰出贡献和他的高尚品德，以这种方式表达我们共同的景仰之情。

谨以此书作为献给吴文俊先生的一份寿礼。敬祝吴先生健康长寿！[1]

杨振宁先生欣然挥笔为文集作序：

很多年以前就听陈省身先生说吴文俊是他的学生，在拓扑学方面做了极重要的工作。后来又听说他在几何问题用计算机证明方面作了开创性的贡献。

---

[1] 姜伯驹，李邦河，高小山，等. 吴文俊与中国数学［G］. 上海：上海交通大学出版社，2016：1-2.

1980 年代在北京我终于认识了他。2000 年他获得首届中国国家最高科技奖。

2002 年香港邵逸夫先生和夫人邀我帮他们成立邵逸夫奖理事会。成立后决定每年颁发三个奖：天文学、生命科学与医学及数学科学，自 2004 年开始。每一奖项每年邀请国际专家提名，然后由一个五人委员会遴选推荐该年该奖项的获奖人。

2006 年遴选委员会主席是英国大数学家 Atiyah，委员是 Griffiths, Hironaka, Nobikov 与张恭庆。那年邵逸夫数学奖获得者是吴文俊与 David Mumford。他们二位的获奖得到世界数学界的普遍赞同与认可，因为他们都在中心数学（Core Mathematics）里做了重要工作，又都开拓了数学科学的新前沿领域。

吴文俊的独立思考、开辟新领域的研究风格会给很多中国青年数学家鼓励与启发。[1]

这个 90 岁的生日，吴文俊过得十分开心，从他挥刀切蛋糕的照片中，我们似乎都能听到他那爽朗的笑声。

吴文俊准备切他的 90 岁生日蛋糕，左为吴天骄（2009 年 5 月）

1 姜伯驹，李邦河，高小山，等. 吴文俊与中国数学［G］. 上海：上海交通大学出版社，2016：1 - 2.

吴文俊性格率真，坦荡开朗。人们真心盼望他预言"百十亦可期"的那天到来。然而……

2017年5月7日，吴文俊在北京病逝，享年98岁。

这位数学老人几乎走完了他的百年数学人生。

文华逾九章，拓扑公式彪史册；

俊杰胜十书，机器证明誉寰球。

这副挽联是对吴文俊的毕生成就的高度概括。[1]

巨星陨去，天上的"吴文俊星"将永远闪烁！

2010年，一颗国际编号为7683号的小行星被命名为"吴文俊星"。

2010年5月4日吴文俊（右四）在国家最高科学技术奖获奖者小行星命名仪式上
（吴天骄供图）

---

1 这幅挽联取自物理学家李定先生为吴文俊九十诞辰撰写的"嵌字对联"。参见嘉兴发布《吴文俊，这位彪炳史册的数学家"老顽童"是嘉兴人》，2022年5月12日。

哲人其萎，他是当之无愧的"国家脊梁"！

2018年，《世纪人物》"致敬逝去的国家脊梁"，吴文俊赫然在列。

大师远行，国家永远铭记他的卓越功勋！

2019年，吴文俊被授予"人民科学家"国家荣誉称号。

…………

大师没有走远！

——你可以在电影院里找到他：

看电影是吴文俊一生中的最大乐趣，他自己透露说，买不到票的时候，他甚至在电影院门口等退票！在应邀与袁隆平一起做采访时，两位获得"国家最高科技奖"的老人，在看电影上找到共同的乐子，回忆起对《上尉的女儿》一片的感想。

——你可以在游乐园里找到他：

他坐过"过山车"，他骑过大象的鼻子，更离谱的是他居然曾让一条胳膊粗的蟒蛇缠绕在两臂上，后来还吐着舌头说："有些凉飕飕的！"

——你可以在针灸室里找

吴文俊荣获首届"人民科学家"功勋奖（吴天骄供图）

吴文俊在泰国骑象鼻（吴天骄供图）

吴文俊在澳大利亚与蟒蛇亲密接触（吴天骄供图）

到他：

20世纪70年代，那时不敢公开讨论纯粹数学，吴文俊闲来无事就与同事聊些与数学无关的事，比如针灸疗法。他还真的去买了一包针，而且在自己身上做试验，过几天他告诉同事，实践的结果是"一针见血"，就是说他把自己扎得鲜血直流！

——当然，你可以在教室里找到他：

吴文俊这样一位数学大家，心里却有一道数学阴影：怎样讲"负负得正"？他曾经回忆道：

　　一直到现在我还不知道怎么教负负得正，我先这么教，后来发现不成，换一个教法，又不成。本来改了一下以为可以，到后来又不对头，学生就乱算一气了。反正教负负得正，一直是失败的。[1]

　　现在吴文俊走进了课堂，胸有成竹，因为他找到了一个办法："减掉一个负数就相当于加上一个正数!"

　　…………

　　吴文俊曾自嘲道："数学是给笨人干的"，"我就是个笨人"。[2]

　　听! 响起的不是下课的铃声，而是嘹亮的军号和铿锵有力的军歌：

　　著名的中国人民解放军军歌，开首句是："向前，向前，向前! 我们的队伍向太阳，脚踏着祖国的大地，背负着民族的期望，……"我喜欢。

　　这也是我对中国数学发展的期望。[3]

　　在奔腾向前的中国数学大军的队伍中，一定有吴文俊的身影。

　　他，一定是排头兵!

1　吴文俊. 走自己的路：吴文俊口述自传［M］. 邓若鸿，吴天骄，访问整理. 长沙：湖南教育出版社，2015：120.

2　吴文俊. 走自己的路：吴文俊口述自传［M］. 邓若鸿，吴天骄，访问整理. 长沙：湖南教育出版社，2015：113.

3　吴文俊. 走自己的路：吴文俊口述自传［M］. 邓若鸿，吴天骄，访问整理. 长沙：湖南教育出版社，2015：317.

吴文俊大事年表[1]

1919 年　5 月 12 日，出生于上海市。

1923 年　就读于上海文蔚小学。

1930 年　秋，就读于铁华中学。后转到民智中学读初二，至初中毕业。

1933 年　秋，就读于正始中学，至高中毕业。

1936 年　8 月，考入国立交通大学数学系。

1940 年　7 月，毕业于国立交通大学。

　　　　　9 月，到租界育英中学教书，兼任教务员。

1942 年　9 月，到上海培真中学任教，兼任教务员。

1945 年　9 月，到之江大学代课。

1946 年　1 月，到上海临时大学任郑太朴教授的助教。

　　　　　8 月，被陈省身招入中央研究院数学研究所，开始拓扑学研究。

　　　　　夏，报考国民政府教育部主办的留法交换生。

1947 年　春，随陈省身至清华大学讲学，其间完成惠特尼乘积公式和对偶定理的证明。

　　　　　10 月，赴法国留学，到斯特拉斯堡大学攻读博士学位，师从查尔斯·埃瑞斯曼。

1948 年　受海因茨·霍普夫邀请，到瑞士苏黎世理工大学访问。

1949 年　7 月，完成博士论文 "Sur les Classes Caractéristiques des Structures Fibrées Sphériques"（《论球丛空间结构的示性类》），获法国国家科

1　本年表以《走自己的路：吴文俊口述自传》所附年表为基础改编，感谢吴天骄先生的授权与帮助。

学博士学位（其博士论文与瑞伯的博士论文共同成书，1952 年由厄尔曼出版社出版）。

秋，去巴黎，跟随 H. 嘉当继续拓扑学研究。参加法国国家科学研究中心（CNRS）研究工作，任助理研究员（Attaché de Recherche）。

1950 年　春，证明史梯费尔-惠特尼示性类的拓扑不变性，并引进新的示性类，后被称为"吴示性类"，提出了"第一吴公式"，而后又提出"第二吴公式"，使示性类可以计算。他的工作成为示性类研究的分水岭。

1951 年　升为 CNRS 研究员（Chargé de Recherche）。

　　7 月，启程回国。回国后在北京大学数学系任教授。

1952 年　12 月，调入新成立的中国科学院数学研究所任研究员。

1953 年　5 月，与陈丕和在上海结婚。

　　开始非同伦性拓扑不变量的研究，由此引入示嵌类。

1956 年　5 月，与陈建功、程民德教授等应邀参加罗马尼亚第四次数学大会。

　　6 月，赴苏联参加第三届全苏数学会议，做《论多面体在欧氏空间中的实现》报告。

　　10 月，同苏步青教授参加在索菲亚召开的保加利亚数学会年会。

1957 年　1 月，获 1956 年度中国科学院科学奖金（自然科学部分）一等奖。

　　3 月，当选中科院学部委员（院士）。

　　9 月，赴波兰、东德访问。

　　12 月，赴法国访问讲学。

1958 年　在巴黎大学讲学，系统介绍示嵌类的工作，6 月回国。

　　9 月，到中国科学技术大学任教，开始博弈论研究。

1959 年　年初，发表论文《关于博弈论基本定理的一个注记》，是中国第一个博弈论的研究成果。

1960 年 9 月，负责中国科学技术大学数学系 1960 级 "一条龙教学"。

1961 年 9 月，参加中国数学会在颐和园龙王庙召开的会议，讨论学科发展方向，在会上提出关于开展微分拓扑研究的建议。

1962 年 开始对奇点理论以及代数几何的研究。

1963 年 秋天，在中国科学技术大学数学系主持设立 "几何拓扑专业化" 课程，教学内容包括代数几何和代数拓扑，这是国内首次开设代数几何课程。

1965 年 7 月，赴安徽省六安县苏家埠参加 "四清" 工作队。

1971 年 到北京无线电一厂参加劳动。

1972 年 年中，为准备陈省身回国讲学，在数学所组织的讨论班讲授微分几何学基础知识。

1973 年 开始 I^* 函子理论的研究。

1974 年 春，开始研究中国古代数学。

1975 年 3 月，以 "顾今用" 的笔名在《数学学报》发表论文《中国古代数学对世界文化的伟大贡献》。

1976 年 10 月，出席北京数学史座谈会，宣读论文《我国古代测望之学重差理论评介——兼评数学史研究中的某些方法问题》。

冬，开始几何定理机器证明的研究。

1977 年 春节，以手算用 "吴方法" 证明了第一个几何定理，11 月在《中国科学》发表首篇机器证明论文《初等几何判定问题与机械化证明》。

5 月 6 日—6 月 3 日，参加中国古代数学史考察队，分别在西安师范学校和西北大学做《中国古代几何学的方法和成就》和《近代数学中的统一与机械化》的学术报告。

8 月，应邓小平邀请参加部分科学和教育工作者座谈会。

1978 年 兼任中国科技大学数学系副主任。

获全国科学大会奖。

1979 年 1 月，访问美国普林斯顿高等研究院等。

4 月，应邀赴加州大学伯克利分校参加陈省身荣休庆祝会，会上做关于 I^* 函子报告。

10 月，与关肇直、许国志共同创建中国科学院系统科学研究所，任副所长（至 1984 年）。

秋，在中国科技大学研究生院开设机器证明的课程。

1980 年 4 月，加入中国共产党。

8 月，国内举办首届"双微"（微分方程与微分几何）会议，任组织委员会主席。

1981 年 7 月，参加第一次全国数学史学术讨论会并做报告。

1982 年 11 月，访问西德马克斯–普朗克数学研究所。

1983 年 访问美国加州大学洛杉矶分校、芝加哥大学等多所大学。

1984 年 1 月，当选中国数学会理事长。专著《几何定理机器证明的基本原理》由科学出版社出版。

由布莱索等编辑的 *Automated Theorem Proving：After 25 Years*（《自动推理证明：25 年后》）出版，收录吴文俊的奠基性论文，其机械化数学思想在国际上得到广泛传播。

7 月，应邀在北京师范大学举办的全国高校中外数学史讲习班发表讲话，强调数学发展史上的两种主流。

1985 年 10 月，组织刘徽数学讨论班。

1986 年 6 月，赴美访问。参加在加拿大滑铁卢大学举行的符号与代数计算研讨会（SYMSAC）。

8 月，作为中国数学会理事长，与秘书长杨乐一起以观察员身份代表中国数学会参加在美国奥克兰举行的国际数学联盟第十届会员代表大会。这届大会讨论通过了中国加入国际数学联盟。

应邀在第 20 届国际数学家大会（伯克莱）上做 45 分钟分组报告"Recent Studies of the History of Chinese Mathematics"（《近年来的

中国数学史研究》)。

1987 年　5 月，访问东德，参加莱比锡欧洲计算机辅助语言教学协会（Eurocal'87）会议。

7 月，访问意大利卡塔尼亚大学，参加数学自动推理国际会议。

1988 年　9 月，参加巴黎托姆（Thom）纪念会，并做报告。到法国斯特拉斯堡大学计算机科学系和西德哥廷根大学进行学术访问。

1990 年　8 月，参加在香港召开的首届亚洲数学大会，做报告"方程求解与定理求证"。

8 月 8 日，国家科委拨专款 100 万的中国科学院系统科学研究所数学机械化研究中心成立，任中心主任（至 1999 年）。

10 月，赴美国洛杉矶微分几何暑期学校，为陈省身教授祝寿。

1991 年　4 月，到巴黎对法国高等科学研究院（IHES）、巴黎第七大学、综合工科学校进行学术访问。

1992 年　7 月，与程民德共同主持在北京举行的数学机械化国际会议（IWMM'92），会议论文集后由国际学术出版社（International Academic Publishers）出版。

8 月，赴奥地利参加几何推理的代数途径会议（AAGR），对约翰·开普勒林茨大学符号计算（RISC）研究所进行学术访问。当选第三世界科学院院士，赴科威特接受 1990 年第三世界科学院数学奖的颁奖。

国家攀登计划项目"机器证明及其应用"获得通过，任首席专家。

任中国科学院数理学部主任（至 1996 年）。

1993 年　任第八届全国政治协商会议常委（至 1998 年）。

3 月，随科学家代表团访问台湾。

10 月，去韩国庆北大学几何拓扑研究所访问。

荣获 1993 年度陈嘉庚数理科学奖。

1994 年　8 月 22 日，荣获首届香港求是基金会"杰出科学家奖"。

1995 年　5 月，接受香港城市大学名誉博士学位。

8 月，参加由中日联合举办在北京举行的第一届"亚洲计算机数学研讨会"（ASCM'95），任会议主席。

12 月，去新加坡参加第一届亚洲数学科技会议。

开始担任"数学天元基金学术"领导小组组长。

1996 年　攀登项目"机器证明及其应用"验收通过，并获准延续，更名为"数学机械化及其应用"，吴文俊仍任首席专家。

任天元基金领导小组组长。

著作《吴文俊论数学机械化》由山东教育出版社出版。

1997 年　7 月，赴澳大利亚汤斯维尔参加自动推理会议，并接受自动推理的最高奖 Herbrand 奖颁奖。访问堪培拉澳大利亚国立大学。

1998 年　"数学机械化与自动推理平台"首批入选"国家重点基础研究规划项目"（973），吴文俊任学术指导。

著作 *Mathematics Mechanization*: *Geometry Theorem Proving*, *Geometry Problem-Solving and Polynomial Equation-Solving* （《数学机械化：几何证明，几何问题和多项式方程求解》）由科学出版社出版，该书为吴文俊 1997 年以来关于数学机械化的工作总结。

主编《中国数学史大系》开始出版，该书全 10 卷，至 2004 年齐。

1999 年　5 月 23 日，在北京举行"数学与数学机械化研讨会"，并庆祝吴文俊八十寿辰。

2000 年　1 月，在澳门举行的"数学及其在文明中的作用"国际会议上做邀请报告 "A tentative Comparatives Study of Mathematics in Ancient China and Ancient Greece" （《古代中国和古希腊数学的比较研究》）。

论文集 *Mathematics Mechanization* （《数学机械化》）由克吕韦尔学术出版集团 （Kluwer Academic Publishers）出版。

2001 年　荣获首届国家最高科学技术奖，2 月 19 日在人民大会堂举行授奖大会。

2 月，访问德国马克斯-普朗克数学研究所。

5 月，从荣获的首届国家最高科技进步奖奖金中拨专款设立吴文俊"数学与天文丝路基金"。

9 月，在中国科协的 2001 年学术年会，做大会报告《脑力劳动机械化与科学技术现代化》。在上海现代数学国际会议上做大会邀请报告 "On Algebraic Differential Geometry and Algebraic Differential Equations"（《代数微分几何和代数微分方程》）。出席在香港举行第九届国际中国科学史会，做大会邀请报告 "On Some Characteristic Features of Chinese Mathematics"（《中国古代数学的一些特点》）。

10 月，访问香港城市大学。在天津南开大学数学所举行的"二十一世纪的中国数学"学术报告会做报告《21 世纪的中国数学》。

2002 年 8 月，第 24 届国际数学家大会（ICM'2002）在北京举行，吴文俊担任大会主席，并致开幕辞。做 ICM'2002 的公众报告"中国古算与实数系统"。

9 月，应香港凤凰电视台邀请，在清华大学做演讲《计算机时代的中国数学》。

2003 年 1 月，在"数学机械化软件研讨会"上做报告《计算机时代的脑力劳动机械化与数学机械化》。

2004 年 10 月 31 日，国务院总理温家宝到吴文俊家看望。

2005 年 7 月，参加第 22 届科学史国际会，致开幕辞，并做报告 "On the Development of Real Number System in Ancient China"（《中国古代实数系统的发展》）。

2006 年 3 月，访问日本京都大学。

6 月，获第三届邵逸夫奖数学奖。

9 月，在香港接受第三届邵逸夫奖数学奖颁奖。

2008 年	1 月，中共中央总书记、国家主席、中央军委主席胡锦涛到吴文俊家看望。
2009 年	5 月 10—12 日，中国科学院等单位在北京召开"庆祝吴文俊院士九十华诞暨数学机械化国际学术研讨会（ICMM）"。
	7 月，获得全国侨界"十杰"荣誉称号。
2010 年	5 月 4 日，国家最高科技奖获奖者吴文俊、金怡濂、王永志和叶笃正小行星命名仪式在京举行。经国际天文学联合会小天体命名委员会批准，将国际永久编号第 7683 号小行星永久命名为"吴文俊星"。
	4 月，由姜伯驹、李邦河、高小山、李文林主编的《吴文俊与中国数学》由八方文化创作室出版。
	8 月 7 日，中共中央政治局常委、国务院总理温家宝看望吴文俊。
2011 年	1 月，由中国人工智能学会发起主办、中兴通讯公司牵头捐资的吴文俊人工智能科学技术奖正式设立，该奖每年颁发一次，被视为"中国人工智能领域的最高荣誉"。吴文俊被尊为"中国人工智能先驱"。
	5 月 19 日，中国科学技术大学以中国科学技术大学数学所为基础组建了中国科学院吴文俊数学重点实验室。
2012 年	5 月，首届吴文俊人工智能科学技术奖揭晓。
2014 年	5 月 13 日，中国科学院数学与系统科学研究院召开"庆祝吴文俊院士九十五华诞暨吴文俊先生学术思想座谈会"。
2015 年	9 月，吴文俊口述，邓若鸿、吴天骄访问整理的《走自己的路：吴文俊口述自传》由湖南教育出版社出版。
2017 年	5 月 7 日 7 时 21 分，因病医治无效，在北京医院逝世。
2018 年	上海交通大学"吴文俊人工智能博士班"举行开班仪式。
2019 年	5 月，《吴文俊全集》由科学出版社出版。
	5 月 9—10 日，上海交通大学举办纪念吴文俊先生诞辰一百周年暨

数学科学与数学史国际学术研讨会，上海交通大学"吴文俊数学中心"在开幕式上正式揭牌成立。纪志刚、徐泽林主编的《论吴文俊的数学史业绩》由上海交通大学出版社出版。

5月12日，中国科学院数学与系统科学研究院举办吴文俊学术思想国际研讨会——纪念吴文俊先生百年诞辰。

5月12日，中国人工智能学会在京举行研讨会纪念中国人工智能先驱吴文俊百年诞辰。

9月17日，被授予"人民科学家"国家荣誉称号。

9月29日，中华人民共和国国家勋章和国家荣誉称号颁授仪式在人民大会堂隆重举行。

9月25日，"最美奋斗者"表彰大会在北京举行，吴文俊被授予"最美奋斗者"称号。

2022年 9月，国家邮政局发行四位科学家（程开甲、刘东升、吴文俊、袁隆平，按年龄排序）邮票一套及首日封。

2023年 4月21日，中宣部文化部与中国科学院文联联合制作的微电影《科技脊梁——吴文俊》举行首映式。该片获第十届亚洲微电影优秀短故事片奖。

2024年 《吴文俊全集-教材卷·博弈论讲义》由科学出版社出版。

12月，《文逾九章：吴文俊》（"中国科技之魂"丛书之一、中宣部主题出版重点出版物）由上海交通大学出版社出版。

参考文献

一、 典籍著作

［1］ J HUDECK. Reviving ancient Chinese mathematics：mathematics，history and politics in the work of Wu Wen-Tsun ［M］. New York：Routledge Talor &Francis Group，2014.

［2］ W T WU，G REEB. Sur les espaces fibrés et les variétés feuilletées. Paris：Hermann & Cie Éditeus，1952.

［3］ 蔡天新. 数学家画传：吴文俊 ［M］. 上海：华东师范大学出版社，2019.

［4］ 胡作玄，石赫. 吴文俊之路 ［M］. 上海：上海科学技术出版社，2002.

［5］ 纪志刚，徐泽林. 论吴文俊的数学史业绩 ［M］. 上海：上海交通大学出版社，2019.

［6］ 姜伯驹，李邦河，高小山，等. 吴文俊与中国数学 ［M］. 上海：上海交通大学出版社，2016.

［7］ 柯林娟. 吴文俊传 ［M］. 南京：江苏人民出版社，2009.

［8］ 李邦河，高小山，李文林. 吴文俊全集·附卷：回忆与纪念. 北京：科学出版社，2019.

［9］ 林东岱，李文林，虞言林. 数学与数学机械化 ［M］. 济南：山东教育出版社，2001.

［10］ 吴文俊. 几何定理机器证明的基本原理（初等几何）［M］. 北京：科学出版社，1984.

［11］ 吴文俊.《九章算术》与刘徽［M］. 北京：北京师范大学出版社，1982.

［12］ 吴文俊. 力学在几何学中的一些应用［M］. 北京：中国青年出版社，1962.

［13］ 吴文俊. 王者之路：机器证明及其应用［M］. 长沙：湖南科学技术出版社，1999.

［14］ 吴文俊. 吴文俊论数学机械化［M］. 济南：山东教育出版社，1996.

［15］ 吴文俊. 走自己的路：吴文俊口述自传［M］. 邓若鸿，吴天骄，访问整理. 长沙：湖南教育出版社，2015.

［16］ 吴文俊著，李文林编订. 吴文俊全集・数学史卷［M］. 北京：科学出版社，2019.

［17］ 吴文俊著，李文林编著. 吴文俊全集・数学思想卷［M］. 北京：科学出版社，2019.

二、 学术论文

A. 期刊

［1］ W T WU. On the product of sphere bundles and the duality theorem modulo two［J］. Annals of mathematics，1948，49（2）：641 - 653.

［2］ 顾今用（吴文俊）. 中国古代数学对世界文化的伟大贡献［J］. 数学学报，1975，18（1）：18 - 23.

［3］ 郭世荣.“吴文俊数学与天文丝路基金”与数学史研究［J］. 广西民族学院学报（自然科学版），2004，10（4）：6 - 11.

［4］ 黄祖宾，吴文俊. 走进吴文俊［J］. 广西民族学院学报（自然科学版），2004，10（4）：2 - 5.

［5］ 纪志刚. 吴文俊丝路精神及其对中外数学交流研究的意义［J］. 上海交通大学学报（哲学社会科学版），2019，27（125）：72 - 81.

［6］ 纪志刚. 吴文俊与数学机械化 ［J］. 上海交通大学学报（哲学社会科学版），2001，9 (23)：14 - 18.

［7］ 李文林. 论吴文俊院士的数学史遗产 ［J］. 上海交通大学学报（哲学社会科学版），2019，27 (125)：63 - 95.

［8］ 蒙梓. 以国家的名义：重奖科学家：记 2000 年度国家最高科学技术奖获得者吴文俊、袁隆平 ［J］. 神州学人. 2001，4. 8 - 11.

［9］ 田春芝，纪志刚. 从"古为今用"到"丝路精神"：吴文俊数学史观的形成与演变 ［J］. 自然辩证法通讯. 2021，43 (4)：55 - 62.

［10］ 吴文俊. 初等几何判定问题与机械化证明 ［J］. 中国科学. 1977 (6)：507 - 516.

［11］ 吴文俊. 对中国传统数学的再认识 ［J］. 百科知识，1980 (7)：48 - 51；1980 (8)：43 - 46.

［12］ 吴文俊. 法国数学新派——布尔巴基派 ［J］. 科学通报，1951，(4)：412 - 416.

［13］ 吴文俊. 复合形在欧式空间中的实现问题 I ［J］. 数学学报，1955：5 (4)：505 - 552.

［14］ 吴文俊. 复兴构造性的数学 ［J］. 数学进展，1985，14 (4)：334 - 339.

［15］ 吴文俊. "格拉斯曼"流形中的平方运算 ［J］. 数学学报. 1952，2 (4)：203 - 230.

［16］ 吴文俊. 解方程，今与昔：在中国科学院第 11 次院士大会上的报告（摘要）［J］. 高等数学研究，2002，5 (3)：2 - 3.

［17］ 吴文俊. 论 Понтрягин 示性类 I ［J］. 数学学报，1953，3 (4)：291 - 315.

［18］ 吴文俊. 论 ПОНТРЯГИН 示性类，II ［J］. 数学学报，1954，4 (2)：171 - 199.

［19］ 吴文俊. 论 ПОНТРЯГИН 示性类，III ［J］. 数学学报，1954，4

（3）：323 – 346.

［20］ 吴文俊. 论 Понтрягин 示性类（Ⅳ）［J］. 数学学报，1955：5（1）：37 – 63.

［21］ 吴文俊. 论 Понтрягин 示性类 Ⅴ ［J］. 数学学报，1955：5（3）：401 – 410.

［22］ 吴文俊. 一个 H. Hopf 推测的证明 ［J］. 数学学报，1954，4（4）：491 – 500.

［23］ 吴文俊. 有限可剖分空间的新拓扑不变量 ［J］. 数学学报，1953，3（4）：261 – 290.

［24］ 吴文俊. 中国古算与实数系统（一）（二）［J］. 科学，2023，55（2）：3 – 7；2023，55（3）：8 – 10.

［25］ 周向宇. 中国古代数学的贡献 ［J］. 数学学报，2022，65（4）：581 – 598.

B. 文集

［26］ W WU. A tentative comparative study of mathematics developments in ancient China and ancient Greece ［M］//吴文俊著，李文林编订. 吴文俊全集・数学史卷. 北京：科学出版社，2019，171 – 206.

［27］ W WU. The out-in commentary principle ［M］//Ancient China's Technology and Science. Beijing：Institute of the History of Natural Sciences，66 – 89.

［28］ 陈克胜. "拓扑地震"：吴文俊对拓扑学发展的影响 ［C］//纪志刚，徐泽林. 论吴文俊的数学史业绩. 上海：上海交通大学出版社，2019：219 – 233.

［29］ 陈永川. 走自己的路，让事实去说话 ［C］//姜伯驹，李邦河，高小山，等. 吴文俊与中国数学. 上海：上海交通大学出版社，2016：183 – 191.

［30］ 邓明立，王涛. 吴文俊早期与惠特尼的学术渊源 ［C］//纪志刚，徐

泽林. 论吴文俊的数学史业绩. 上海：上海交通大学出版社. 2019：
207-218.

[31] 邓明立. 吴文俊和他所获的奖励 [C] //姜伯驹，李邦河，高小山，
等. 吴文俊与中国数学. 上海：上海交通大学出版社，1999：265-
273.

[32] 高小山. 吴文俊与数学机械化 [C] //姜伯驹，李邦河，高小山，等.
吴文俊与中国数学. 上海：上海交通大学出版社，2016：9.

[33] 郭金海. 中国科学院科学奖金评奖吴文俊折桂始末 [C] //纪志刚，
徐泽林. 论吴文俊的数学史业绩. 上海：上海交通大学出版社，
2019：234-245.

[34] 郭雷. 一位真正的大学者 [C] //姜伯驹，李邦河，高小山，等. 吴
文俊与中国数学. 上海：上海交通大学出版社，2016：52-54.

[35] 郭世荣. 吴文俊院士与我国高校数学史研究 [C] //姜伯驹，李邦河，
高小山，等. 吴文俊与中国数学. 上海：上海交通大学出版社，
2016：246-257.

[36] 李文林. 古为今用的典范：吴文俊教授的数学史研究 [C] //林东岱，
李文林，虞言林. 数学与数学机械化. 济南：山东教育出版社，
2001：49-60.

[37] 李文林. 忆"吴龙" [C] //姜伯驹，李邦河，高小山，等. 吴文俊与
中国数学. 上海：上海交通大学出版社. 2016：238-245.

[38] 林力娜. 一位外国学者眼中的中国数学史学会 40 年：为庆祝中国数学
史学会成立 40 周年而作 [C] //徐泽林. 与改革开放同行：中国数学
史事业 40 年. 上海：东华大学出版社. 2021：407-408.

[39] 林群. 一位超人 [C] //姜伯驹，李邦河，高小山，等. 吴文俊与中
国数学. 上海：上海交通大学出版社. 2016：45.

[40] 曲安京. 我们这个时代的领袖数学史家 [C] //姜伯驹，李邦河，高
小山，等. 吴文俊与中国数学. 上海：上海交通大学出版社，2016：

258 - 264.

[41] 石赫. 数学机械化的先行者［C］//姜伯驹，李邦河，高小山，等. 吴文俊与中国数学. 上海：上海交通大学出版社，2016：126 - 135.

[42] 万哲先. 吴文俊先生的高尚品质［C］//姜伯驹，李邦河，高小山，等. 吴文俊与中国数学. 上海：上海交通大学出版社，2016：41 - 42.

[43] 王诗宬. 我心目中的吴文俊［C］//姜伯驹，李邦河，高小山，等. 吴文俊与中国数学. 上海：上海交通大学出版社，2016：115 - 117.

[44] 王子明. 师予我［C］//姜伯驹，李邦河，高小山，等. 吴文俊与中国数学. 上海：上海交通大学出版社，2019：178 - 179.

[45] 吴文俊，从《数书九章》看中国传统数学构造性与机械化的特色［C］//吴文俊主编，秦九韶与《数书九章》，北京：北京师范大学出版社，1987：73 - 88.

[46] 吴文俊，数学机械化研究回顾于展望［C］//吴文俊著，李文林编著. 吴文俊全集·数学思想卷. 北京：科学出版社，2019：113.

[47] 吴文俊，我国古代测望之学重差理论评介：兼评数学史研究中的某些方法问题［C］//自然科学史研究所数学史组，科技史文集（八）·数学史专辑. 上海：上海科学技术出版社，1982：10 - 30.

[48] 吴文俊. 出入相补原理［M］//自然科学史研究所. 中国古代科技成就. 北京：中国青年出版社，1978：170 - 188.

[49] 吴文俊.《海岛算经》古证探源［M］//吴文俊.《九章算术》与刘徽. 北京：北京师范大学出版社，1982：151.

[50] 吴文俊. 近年来中国数学史的研究［C］//吴文俊主编. 中国数学史论文集（三）. 济南：山东教育出版社，1986：83.

[51] 吴文俊. 数学的概况及其发展［M］//吴文俊著，李文林编订. 吴文俊全集·数学思想卷. 北京：科学出版社，2019：28.

[52] 吴文俊. 数学的机械化与机械化的数学［M］//吴文俊. 吴文俊论数

学机械化. 济南：山东教育出版社，1981：423-429.

［53］ 吴文俊. 我的数学底子是在交大打好的［C］//李邦河，高小山，李文林主编. 吴文俊全集（附卷）. 北京：科学出版社，2019：213-225.

［54］ 吴文俊. 在教育部主办的全国高校中外数学史讲习班开学典礼上的讲话［C］//吴文俊. 中国数学史论文集（二）. 济南：山东教育出版社，1986：3-7.

［55］ 张鸿庆. 为复兴中华数学开未来［M］//姜伯驹，李邦河，高小山，等. 吴文俊与中国数学. 上海：上海交通大学出版社，2016：136-145.

［56］ 周咸青. 吴文俊先生和几何定理机器证明［C］//李邦河，高小山，李文林主编. 吴文俊全集·附卷：回忆与纪念. 北京：科学出版社，2019：403-406.

三、 书序

［1］ 吴文俊. 导言［M］//吴文俊. 几何定理机器证明的基本原理. 北京：科学出版社，1984：i-ix.

［2］ 吴文俊. 前言［C］//吴文俊文集. 济南：山东教育出版社，1986：1-2.

［3］ 吴文俊. 前言［C］//吴文俊主编.《九章算术》与刘徽. 北京：北京师范大学出版社，1982：1.

［4］ 吴文俊. 序［M］//白尚恕.《九章算术》注释. 北京：科学出版社，1983：i.

［5］ 吴文俊. 序［M］//沈康身. 中算导论. 上海：上海教育出版社，1986：1-2.

［6］ 吴文俊. 序言［M］//郭书春. 汇校《九章算术》. 沈阳：辽宁教育出

版社，1990：一-三.

［7］ 吴文俊. 序言［M］//李继闵. 东方数学典籍《九章算术》及其刘徽
注研究. 西安：陕西人民教育出版社. 1991：i-v.

［8］ 吴文俊. 序言［M］//中外数学简史编写组，中国数学简史. 济南：
山东教育出版社，1985：3.

四、 档案报纸

［1］ 《1956 年吴文俊的中科院科学奖金推荐书及学术鉴定》吴文俊获数学
一等奖材料［A］. 北京：中国科学院档案，1956-02-052.

［2］ 奖金评选工作简报及各所对科学奖金的分配意见［A］. 北京：中国
科学院档案，1956-02-080.

［3］ 王选. 金钱和荣誉不是成就的动机［N］. 光明日报. 2001-11-12：
(1).

［4］ 吴天骄. 首届国家最高科技奖获得者吴文俊：这份报纸，讲的就是咱
们的事［N］. 光明日报，2024-5-23：(1).

［5］ 吴文俊. 东方数学的使命［N］. 光明日报. 2003-12-12：(1).

［6］ 吴文俊. 发展拓扑学的研究工作［N］. 人民日报，1957-01-27：
(7).

［7］ 吴文俊. 怀念我的老友关肇直［N］. 科技日报. 1987-11-27：(4).

［8］ 詹媛. 吴文俊：数学是他的最爱［N］. 光明日报，2011-8-22：(6).

五、 视频影像

［1］ 闪光 De 国人. 中国数学家吴文俊，开创第一个中国原创领域［EB/
OL］.

［2］ 速览 24 小时.【珍贵影像! 新中国首届自然科学奖颁发现场】1957 年

1月，新中国举行了首届国家自然科学奖颁奖典礼。这段珍贵的影像中记录了上台领奖的三位科学家：华罗庚、钱学森、吴文俊［EB/OL］.

［3］ 央视网.《大家》20170517 吴文俊　我的不等式［EB/OL］.

［4］ 央视网.《国家记忆》20221115"科学巨匠"吴文俊 走自己的路［EB/OL］.

［5］ 央视网.《人物·故事》20200113 国家最高科学技术奖获得者·吴文俊［EB/OL］.

后　记

　　2023年4月28日上午，我正在学院参加数学史团队的组会，手机里跳出钱方针编辑的微信："纪老师，您好，我们想出一本《吴文俊传》，您这边可以支持不？"会议结束后，我拨通了钱编的电话，说："为吴先生写传，一定全力支持，但我正准备写另一本书，已给出版社提交了样章，可能腾不出时间，我可以推荐一位作者，肯定最合适。"我推荐的作者，就是李文林老师。我向钱编介绍说，李老师是吴先生早年在中国科学技术大学的学生，后来又和吴先生同在数学所，更为重要的是李老师深受吴先生信任，主持开展"丝路数学与天文基金"的研究，取得了瞩目的成绩，吴先生去世后，李老师参与编纂了《吴文俊全集》，这可是编写《吴文俊传》的宝贵资料。钱编让我立刻与李老师联系，我也满怀信心地拨通了李老师的电话，向他转告上海交通大学出版社要出版《吴文俊传》的计划，请他出山。李老师说，给吴先生写传记，是件好事，一定支持，但现在手边有几部书稿，都是"急件"。这些话听得我心里有些嘀咕，没想到李老师比我更忙呢！但电话那边李老师忽然说道："你还记得十年前我们的约定吗？一起为吴先生写一部传记，现在就是机会啊，我们合写吧！"

　　是啊："十年之约"，是"师命"；为吴先生写传，更是使命！

　　当晚，我把与李老师的通话告诉了钱编，她非常高兴，接着向我交底：原来上海交通大学出版社要出版的这部《吴文俊传》准备申报中国编辑学会推出的一套大型丛书"中国科技之魂"。接下来要走一系列流程：拟定编写大纲、提交内容提要、填写申报表……幸好，我和李老师都写过介绍吴先生学术成就的文章，特别是李老师新近撰写的《人民科学家——吴文俊》为此书的大纲奠定了基调。很快，5月中旬，中国编辑学会公布了《关于公布

"中国科技之魂"丛书入选选题名单的通告》（以下简称《通告》），31 家会员单位提交了申报选题，经过专委会审议，最终遴选出首期 16 个选题，《吴文俊传》入选了！钱编在发来《通告》后，接着发的微信是："纪老师，进了，我们准备写吧！"

上海交通大学出版社对《吴文俊传》非常重视，社长陈华栋亲自挂帅，建立了微信工作群，委派曹婷婷为此书的责任编辑。5 月 20 日下午召开了视频会议，陈社长介绍了策划背景，钱编对《通告》规定的编写要求做了解读。《通告》的编写要求很严格，特别是规定各分册的书名必须按照《□□□□：人名》的格式。大家开动脑筋，提出了七八个"四字格"，都不甚满意。后来，还是钱编从悼念吴先生逝世的一副挽联"文华逾九章，俊杰胜十书"中选择了"文逾九章"，组成了书名《文逾九章：吴文俊》。我则从数学史入手，以《数学史的新时代》为题完成了近一万字的样章。这两点，都得到评审专家的好评：

提供的样章文字严谨，叙述流畅，内容扎实，知识丰富，见"人"见"事"见"魂"，非常好，符合丛书写作要求。但是，作为大众读物，有些内容还是显得学术性强了一些，建议适当做通俗化处理。

提供的目录清晰明了，从大部分章节的标题都能看出传主是一位数学家，书名蕴含《九章算术》数学古籍名，文气雅致，独具风格，又不偏离丛书撰写要求。非常好。

吴先生是著名的数学家，他把自己的一生奉献给了祖国的数学事业，取得了享誉世界的杰出成就，深受爱戴。怎样能把这样一位数学大家的传记写成见"人"见"事"见"魂"的大众读物？这是一个艰巨的挑战。在和李老师几经商讨后，我们确定了基本的撰写方针："人"要鲜活，"事"要生动，"魂"要凝练。具体地说：把握吴先生生平中的重要阶段，撷取吴先生学术生涯中富有特色的代表性事件，全力突出吴先生的创新精神、价值信念和家国情怀。基于这一理念，本书的基本架构逐渐形成了。具体说来，第二篇"巴黎的'拓扑地震'"、第四篇"让世界重新认识中国古代数学"、第五篇"迈向数学机械化"主要介绍吴先生在拓扑学、数学史、数学机械化领域的研究历程、主要成就和创新精神，第六篇"在'丝路精神'的指引下"主要介绍吴先生对中外数学文化交流互鉴研究的前瞻性远见和"丝路基金"的社会影响，第三篇"归去来兮"和第七篇"吴心归处是祖国"突出吴先生的家国情怀，第一篇描述了陈省身怎样把吴文俊引到了"数学的大路上"，而在第七篇中则用一节介绍陈省身为吴文俊颁发"求是奖"，陈省身在祝贺词中称赞吴文俊"独出蹊径，不袭前人"，是"一个十分杰出的科学家"，首尾连贯，着力刻画出两位大师绵远悠长的师生情谊。书的"序幕"以一艘慢慢驶进朱家角的乌篷船作为开篇，"结语"是吴先生"未曾远去的背影"，二者跨越时空，交相辉映。我们力求通过这些典型细节的还原，描绘出吴先生生动、具体、丰满而鲜明的形象。当然，随着篇章的展开和深入，最初架构的章节也不断调正、充实，比如，原来样章第四篇的标题"数学史的新时代"就更替为"让世界重新认识中国古代数学"，个别小节甚至是在一校样、二校样中才补充进来的。

从 2023 年 5 月起，几乎一年里，我的时钟是以《吴文俊传》为中心展开的。这也给我一个机会——全面阅读、重新学习吴文俊先生的重要论述，这让我深深为吴先生卓越的思想、精辟的判断所折服。比如，1986 年，吴先生在北京师范大学中外数学史讲习班开幕典礼上的讲话中就指出："我相信在现有的资料里面，在我们大家所能看到的、能掌握的资料里，就可以分析出东方、西方交流的情况。"我们在对斐波那契《计算之书》的研究中就发现了大量与中算一致或相近的算题与算法，这就为中国古代数学沿丝绸之路向欧洲的传播找到了确凿的证据。

2024 年 2 月，春节刚过，初稿完成。5 月，丛书编委会召开了评审会，给初稿的评语是"内容丰满，材料翔实"，内容质量和文字表述评价为"优"，但也指出存在"章节过多""分割过细"等问题，建议将部分章节适当合并，增加图片，争取图文并茂。这样，又历经两个多月的打磨修改，这部书稿终于完成了。

这本书的完成首先要感谢上海交通大学出版社的全力支持。陈社长在群里多次关怀慰问，甚至亲自下场，帮助查找资料；钱编主管与丛书编委会的沟通，既尊重了编委会规定的条例，也努力争取体现本书自己的特色和风格；曹编的工作非常扎实，严谨细致，对书稿的每一篇都认真审阅，眼光敏锐，问题犀利，确保了本书的编校质量。

感谢吴天骄先生，他一直关心本书的撰写，提供了吴先生的珍贵照片、获奖证书和亲笔题词，同意我们使用他与邓若鸿合编的《走自己的路——吴文俊口述自传》一书中的图片和史料，特别是他把刊登在 2024 年 5 月 23 日《光明日报》上的文章《这份报纸，讲的就是咱们的事》发给了我们，在二校样中增加为第七篇中的一节"心中的最爱"，为读者了解吴先生提供了一个新的视角；中国科学院数学机械化重点实验室主任高小山研究员和上海交通大学文博中心欧七斤研究员为本书的撰写提供了重要的建议和珍贵的图片，极大增强了本书的历史感和阅读性。

感谢上海交通大学校长丁奎岭院士为本书撰写了热情洋溢的序言。

内蒙古师范大学罗见今教授得悉我们撰写《吴文俊传》后，发来了他珍藏的与吴先生的通信文件和图片，并表示全力支持此书的撰写；郭世荣教授特地安排研究生郑一帆扫描了吴先生与李迪先生的通信文件；东华大学徐泽林教授审阅了书稿的部分章节，提出了宝贵意见，并提供了关孝和《解伏题之法》的书影。谨此一并致谢！

国内有关吴先生的传记已有多部，如：胡作玄、石赫的《吴文俊之路》(2002)，柯琳娟的《吴文俊传》(2009)，蔡天新的《数学家画传·吴文俊》(2019)。捷克学者胡吉瑞（Jiri Hudecek）出版了《复兴中国古代数学：吴文俊著作中的数学、历史与政治》（*Reviving Ancient Chinese Mathematics：Mathematics，history and politics in the work of Wu Wen-tsun*，2014）。关于吴先生的研究论文和纪念文章更是非常丰富，这些都为本书的撰写提供了有益的启示和借鉴，谨此向他们致以衷心的感谢！

要特别感谢李文林老师，这也是我独自写此《后记》的"私心"：他确定撰写宗旨，把握编写方向，为书中涉及的敏感问题定下了表述基调，提供了丰富的文献、重要的史料和珍贵的图片。李老师特别强调要充分发挥数学史的优势。必须提到，1979 年 5 月李老师发起了"数学史西行考察队"，吴先生积极参与，他们一起访西安、下洛阳、登嵩山，坐过尘土扑面的拖拉机，睡过车站旅馆的大通铺，吴先生一路兴致盎然，做了三场学术报告，看了两场电影和一场曲剧。在回京的绿皮火车上，吴先生向李老师讲述了他的"机器证明"的思想。这是多么生动而珍贵的历史场景！李老师保存了吴先生的推演笔记，吴先生对此也有记述。这些精彩的细节构成了本书第四篇中的一节"西行论算"。

互联网上有多种吴先生的影像资料，由于版权所限，不能集录于此。2019 年 5 月，上海交通大学举行了"纪念吴文俊院士诞辰 100 周年暨数学科学与数学史国际学术研讨会"。群贤毕至，少长咸集，共同缅怀德高望重的吴文俊先生在拓扑学、数学机械化和中国数学史研究领域做出的划时代贡献。上海交通大学特地制作纪念视频"中国数学家的骄傲——吴文俊"。视频充分利用吴先生早年在交大求学的文献档案、档史办对吴先生的采访录像和吴先生重访母校的影像资料。从朱家角的水乡，到巴黎的"拓扑地震"；从科学院的首次科学奖金，到首届国家科学技术最高奖；从第一篇数学史论文的手写底稿，再到"吴文俊数学中心"的揭牌仪式，视频中的最大亮点是法国数学史家白安雅把她珍藏的吴文俊博士论文捐献给了上海交通大学！在现场采访时，白安雅激动地说："我觉得这本书应该回国……法国人和中国人都有一样的想法，吴文俊是很伟大的数学家……"视频如歌如诉，娓娓道来，展开了吴文俊多彩人生的斑斓画卷，体现了交大人对杰出校友吴文俊的敬仰之情。

中国数学家的骄傲——吴文俊

从严格的意义上来说，本书还不能说是一部完整的《吴文俊传》。丛书编委会对编写风格有着严格的要求，比如"精选、着重讲述少数代表性事件

和细节，尽可能突出其精神风貌，避免贪大求全，营造出生动、具体、鲜明的形象"，这些要求对于一部面向大众的通俗性人物传记是应该的，但对吴先生这样学术成就卓越、研究领域宽广、思想博大精深、深受广泛爱戴的著名数学家，就使编者受到了诸多限制。这也给未来更完整的《吴文俊传》留下了一个机会。

吴先生出生于 1919 年 5 月，可谓是"五四同龄人"，在他的血脉中永远流淌着中国知识分子"救国强民"的使命感。1999 年 5 月，学界为吴先生举行八十华诞庆祝会，吴先生在即席讲话中说：

作为中国的一个知识分子，从五四到今年的'五八'，经过 80 年的变迁，我们仍然肩负一个非常重大的任务，要面向当前的现实，完成我们知识分子当前的使命。

一位耄耋老人，在自己八十诞辰的生日上，仍心心念念的是"知识分子的使命"！这难道不就是中国科学家精神最生动的写照吗！

撰写此书，也是我们的"使命"，书稿完成，"使命"仍然在肩。那就是：

吴文俊院士为我们留下了宝贵的数学史遗产！我们要以他为榜样，以战斗的姿态，继承这笔遗产，捍卫这笔遗产，发展这笔遗产！

限于学力不逮，书稿中的不足与错误，敬请读者批评指正。

纪志刚

2024 年 8 月 22 日